프로크리에이트로 배우는

댈희의

카카오 이모티콘 클래스

댈희 지음

BM (주)도서출판 성안당

예제 파일 다운로드

1 성안당 홈페이지(http://www.cyber.co.kr)에 접속하여 회원가입한 뒤 로그인하세요.
2 메인 화면 왼쪽의 〔자료실〕을 클릭하고 〔자료실〕의 바로가기 ▶ 버튼을 클릭한 다음 검색 창에서 '카카오 이모티콘' 등 도서명 일부를 입력하고 〔검색〕 버튼을 클릭하세요.
3 검색된 목록을 클릭하고 자료 다운로드 바로가기 를 클릭하여 예제 파일을 다운로드한 다음 찾기 쉬운 위치에 압축을 풀어 사용하세요.

 Preface

누구나 반복되는 일상

아침에 눈을 뜨면 정신없이 아이 등원을 준비합니다. 허겁지겁 밥을 먹으면서 아내와 번갈아 가며 옷을 입히고 씻깁니다. 아이를 등원시키고 출근을 하고 돌아오면 다시 육아가 시작됩니다. 아이와 놀아 주고 집안 일을 하고 드디어 아이를 재웁니다. 시계를 보면 어느새 10시가 훌쩍 넘어간 시간. 어영부영 TV를 보다가 잠이 듭니다.

안녕하세요. 저는 육아를 하는 아빠, 직장인, 그리고 이모티콘 작가 댈희입니다. 다른 사람처럼 직장을 다니며 아이를 키우면서 나를 잃어가는 듯한 느낌으로 살아가고 있었습니다. 아빠나 직장인으로 살아가는 일은 보람되지만 때로는 답답하고 무기력해지기도 합니다.

제 어린 시절을 돌아보면 지금 제가 하는 일이 이해됩니다. 꼭 반에 몇 명은 낙서를 즐겨하고, 수업 시간에도 친구들을 웃길 수 있는 그림을 그리다가 선생님께 걸려서 벌을 받습니다. 그 벌을 받았던 아이 중에 저도 있었습니다. 그림을 잘 그린다고 자랑할 정도는 아니지만 그림을 그리는 것을 좋아하던 아이는 세월이 흐르면서 점차 그림을 그리지 않게 되었습니다. 대학에 가야 했고, 취직을 해야 했으며, 결혼하고 아이를 낳으면서 어느새 수많은 역할을 해내야 하는 족쇄 아닌 족쇄 안에 갇혀 버렸습니다.

완전히 지쳐버린 저는 한때 심한 우울감에 시달렸습니다. 그래서 저 자신을 돌아보았고, 내가 좋아하는 일을 하겠다고 마음을 먹었습니다. 그리고 돌아온 제 생일날 모든 영혼을 끌어모아 가격이 사악하기로 소문난 아이패드를 구입했습니다. 지금 생각해도 정말 고가의 제품을 아무 생각 없이 샀습니다. 이 선택이 제게 뜻밖의 선물이 되어 줄지는 꿈에도 몰랐습니다.

조금은 다른 반복되는 일상

처음에 아이패드가 손에 들어왔을 때는 정말 아무것도 몰랐습니다. 디지털 드로잉이 처음이었던 터라 프로그램도 전혀 모르고, 애플 펜슬도 너무 어색했습니다. 그래도 새로운 것을 배운다는 설렘과 나에게 무언가를 해 주고 싶다는 마음으로 혼자서 유튜브나 블로그에 있는 그림 정보를 찾으면서 독학으로 매일 1시간씩 그림을 그렸습니다.

한 달쯤 흘렀을 때, 유튜브에서 누구나 이모티콘 작가가 될 수 있다는 5분짜리 영상을 보고, 호기심에 카카오 이모티콘에 도전하게 되었습니다. 정보도 없고, 실력도 부족한 탓에 당연히 미승인을 받았습니다. 당시 자존감이 많이 떨어져 있던 저는 '미승인'이라는 글자를 보며 묘한 감정에 휩싸였습니다. 그리고 반드시 해내야만 내 자존감이 회복될 것같은 기분이 들었습니다. 그래서 쉽게 좌절하지 않도록 스스로 '100번은 도전해 보고 안 되면 그때 좌절하자'라고 생각했습니다.

계속되는 도전과 실패, 그런데 즐거워?

매일 아이를 재우고, 새벽에 일찍 일어나서 꾸준하게 3시간씩 미친 듯이 이모티콘을 그렸습니다.

어떻게 하면 승인을 받을까 생각하지 않고, 최대한 빠른 시간 안에 제안하자고 다짐했습니다. 크로키 연습을 하다 보면 시간이 다 되어서 완성되지 못한 그림이 있더라도 다음 그림을 그리게 됩니다. 저는 이모티콘도 연습이 필요하다고 생각했고, 짧으면 하루, 길면 이틀 안에 하나의 세트를 만들어 제안해 보기로 했습니다. 여러 가지 스타일로 제안을 해 보고 재미있는 아이디어도 마음껏 표현했지만 미승인은 계속 쌓여 갔습니다. 중간에 어쩌다 승인을 받긴 했지만 대부분의 도전은 실패로 끝났습니다.

그런데 이상하게 지치지도 않고 계속 그리는 저를 발견했습니다. 누군가는 그렇게 실패했는데 지치지도 않냐고 물어보며 제 정신력이 강하다고 평가했습니다. 지금 생각해 보니 정신력이 강해서라기보다는 그림을 그리는 게 즐거웠기 때문이었습니다. 미승인이건 승인이건 모든 직장일, 집안일, 육아를 끝내고 TV를 보며 아이패드에 그림을 그리는 시간은 제게 힐링이었고, 즐거운 취미였습니다.

제 아이패드 뒤의 각인입니다. "두드려라, 열릴 것이다."

그림 그리기, 이모티콘 도전에 푹 빠진 지 1년이 채 안 될 즈음, 저는 이전의 무기력감과 우울감에서 완전히 해방되었고, 자존감도 높아진 상태였습니다. 이모티콘 도전을 계속하다 보니 11개월째 승인을 9개 받았고, 이런 경험을 바탕으로 온라인 교육 플랫폼 '클래스101'에 온라인 강의를 등록했습니다. 또 유튜버로 활동하고, 이렇게 책도 쓰게 되었습니다. 이 모든 일이 꼬리에 꼬리를 물고 1년 안에 일어났습니다. 지금도 너무 신기합니다.

그저 나를 다잡고자 무식하게 앞만 보고 그림을 그렸던 시간이 주마등처럼 스쳐 지나갑니다. 짧다면 짧은 시간, 길다면 긴 시간에서 제가 얻은 교훈을 한 문장으로 정리하면,

"두드려라, 열릴 것이다."

도전하지 않으면 실패도 없습니다. 하지만 새롭게 열리는 문은 아무것도 없을 것입니다. 이모티콘 작가에 도전하는 여러분께도 이 말씀을 꼭 드리고 싶었습니다. 누구나 쉽게 할 수 있다고 하는 이 길이 생각보다 험할 수 있지만 포기하지 않고 나아간다면 끝내는 다다를 것이라 믿습니다. 독자 여러분의 성공을 진심으로 기원합니다.

감사 인사

이 책을 쓸 수 있도록 제안해 주시고, 완성할 수 있게 도와주신 출판 담당자분들께 감사드립니다. 아이 하나 키우면서도 허덕이는 저희를 물심양면으로 도와주시고 응원해 주시는 양가 부모님께 감사드립니다. 곁에서 저의 꿈을 지지하고 응원하는 아내에게 감사합니다. 사랑합니다.

 *Preview*

이모티콘 작업을 위한 과정을 알아보고 다양한 캐릭터의 멈춰있는 이모티콘과 활용도가 높은 동작을 적용하여 움직이는 이모티콘을 제작해 봅니다. 제작한 이모티콘을 여러 플랫폼에 제안하고, 승인과 미승인 이후 과정을 살펴본 다음 이모티콘을 활용해 굿즈를 만들어 봅니다.

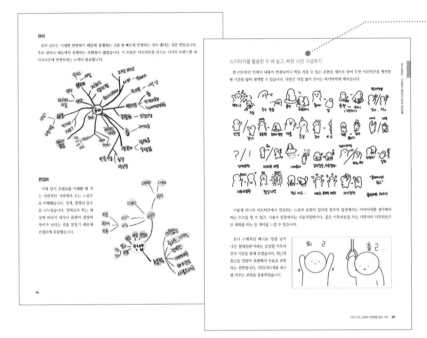

이모티콘 제작 준비하기

이모티콘을 제작하기 전에 필요한 도구부터 시안 구성, 이모티콘 작업 과정 그리고 승인된 이모티콘의 특징까지 알아봅니다.

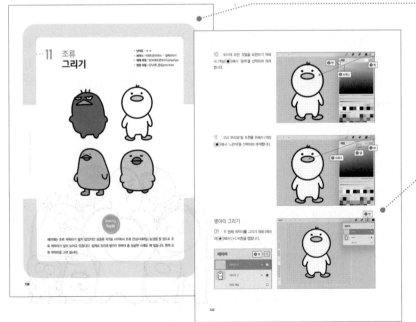

예제 미리보기

제작할 이모티콘의 난이도와 사용할 브러시를 확인하고, 완성 모습을 미리 볼 수 있습니다.

멈춰있는 이모티콘 제작하기

캔버스와 브러시를 직접 만들어 본 다음 사람 캐릭터부터 동물 캐릭터까지 다양한 멈춰있는 이모티콘을 제작합니다. 대상을 단순화하고 상황에 따른 여러 채색 방법을 배워 봅니다.

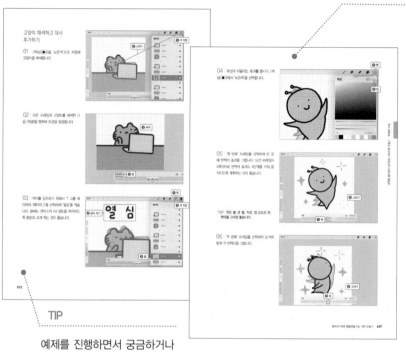

움직이는 이모티콘 제작하기

애니메이션 어시스트 기능을 이용해 인사하는 기본 동작부터 이모티콘에서 많이 볼 수 있는 동작까지 간단하고 쉽게 움직이는 이모티콘을 제작해 봅니다.

TIP

예제를 진행하면서 궁금하거나 알아 두면 좋은 내용들을 팁으로 담았습니다.

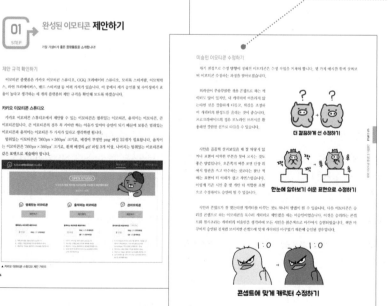

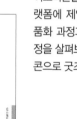

이모티콘 제안하고 굿즈 만들기

이모티콘을 제작한 다음 주요 플랫폼에 제안합니다. 승인 후 상품화 과정과 미승인 후 수정 과정을 살펴보고 내가 만든 이모티콘으로 굿즈를 제작해 봅니다.

Gesture

이모티콘 작업의 효율을 높여 주는 제스처

프로크리에이트에서는 효율적인 작업을 위해서 다양한 제스처를 제공하고 있으며, 자신이 원하는 대로 제스처를 설정할 수도 있습니다. 많은 제스처 중에서 기본적이면서도 이모티콘 작업에 가장 많이 쓰이는 유용한 제스처 14가지를 소개합니다.

탭하기

레이어나 이미지, 버튼, 빈 화면을 가볍게 터치합니다.

누르고 있기

화면을 꾸욱 누르고 있는 제스처입니다. 레이어를 이동하거나, 선을 도형화할 때, 색을 추출할 때 사용합니다.

드래그 앤 드롭

화면을 누르고 있는 상태에서 대상을 이동시키고 손을 떼는 제스처입니다. 누르고 있기와 함께 연계하여 직관적으로 활용합니다.

오른쪽으로 드래그하기

레이어 다중 선택하기, 조정 효과 적용 시 수치 조절 등에 활용합니다.

왼쪽으로 드래그하기

레이어 잠금, 복제, 삭제, 조정 효과 적용 시 수치 조절 등에 활용합니다.

누른 상태에서 이동하기

화면에 손가락을 댄 채로 자신이 원하는 방향으로 이동합니다.

두 손가락 꼬집기

레이어를 병합할 때 사용합니다.

두 손가락으로 탭하기

가장 최근 명령을 취소하는 기능입니다. 그림을 그리다가 실수하거나 마음에 안 들 때 지우개처럼 활용할 수 있어서 가장 많이 활용하는 제스처 중 하나입니다.

세 손가락으로 탭하기

두 손가락으로 탭하는 것과 반대되는 명령을 실행할 수 있습니다. 취소한 명령을 다시 되돌릴 때 활용합니다.

두 손가락으로 드래그하기

두 손가락을 화면에 댄 상태에서 원하는 방향으로 움직이면 캔버스를 이동할 수 있습니다.

두 손가락 벌리기

캔버스를 확대하거나 선택된 이미지나 텍스트를 확대할 때 사용합니다.

두 손가락 모으기

캔버스를 축소하거나 선택된 이미지나 텍스트를 축소할 때 사용합니다.

두 손가락 돌리기

캔버스를 회전하거나 선택된 이미지나 텍스트를 회전할 때 사용합니다.

애플 펜슬 두 번 두드리기

애플 펜슬을 톡톡 두 번 두드리면 브러시와 지우개가 서로 전환됩니다.

 *Contents*

PART

5 이모티콘 제안부터 승인, 굿즈 제작하기

열 심

1

매력적인 부캐!
이모티콘 디자이너

세상은 부캐놀이 열풍이 한창입니다. N잡을 갖고 싶고 여러 가지 캐릭터로 살아 보고 싶은 게 요즘 사람들의 열망이기 때문일 것입니다. 만약 당신이 그림 그리기를 좋아한다면 당신도 이모티콘 작가라는 부캐를 가져 보는 것을 어떨까요?

나만의 부캐, **이모티콘 디자이너**

나도 이모티콘 디자이너가 될 수 있을까? 너도나도 부캐를 개발하고 활용하고 있는 부캐 열풍 속, 나의 매력을 살려주는 부캐로 이모티콘 디자이너, 이모티콘 작가는 어떨까요? 나도 이모티콘 작가가 되도록 도전해 보세요.

이모티콘과 나

이모티콘은 인터넷상에서 감정이나 메시지를 전달하기 위한 그림 기호입니다. 감정을 의미하는 'emotion', 조각을 의미하는 'icon'의 합성어로, 우리말로는 '그림말'입니다(출처 : 나무위키). 수년 전부터 거의 모든 사람이 카카오톡 메신저를 사용하고 있습니다. 대화창에는 이모티콘이 등장하기 시작했고, 지금은 어린아이부터 노인까지 남녀노소를 가리지 않고 이모티콘 사용이 일상화되었습니다. 이모티콘 작가에 도전하는 여러분도 이모티콘을 한 번쯤 사용하거나 다운받은 적이 있을 것입니다. 이모티콘은 이제 우리 생활에 일부가 되었습니다.

특히 누구나 이모티콘을 제안할 수 있는 시스템이 정착하면서 이모티콘의 공급도 많아지고, 수요도 급증했습니다. 모두가 일상생활에서 쓸 수 있는 카카오 이모티콘에 자기 캐릭터를 등록하고 부수입까지 얻어 갈 수 있다는 매력에 너도나도 이모티콘 만들기에 도전하고 있는 실정입니다.

그만한 이유가 있는 것이 이모티콘은 그림 실력이 절대적인 것이 아니라 콘셉트와 아이디어가 좋아서 대중에게 즐거움을 줄 수 있다면 누구나

▲ 본캐 직장인, 부캐는 이모티콘 작가

승인을 받고 작가가 될 수 있기 때문입니다. 이런 점때문에 저 같은 비전공자, 직장인, 육아 대디도 이모티콘 작가 대열에 합류할 수 있는 것입니다.

목표를 분명히 하자

나의 취미? 특기? 다른 사람과의 소통? 부수익?
이모티콘 작가를 도전하기에 앞서 목표를 분명히 할 필요가 있습니다.

첫 번째, 그림을 그리는 것이 취미이기 때문에 이모티콘에 도전하는 경우가 있습니다. 아날로그 그림을

그리는 것도 물론 굉장히 즐거운 일이지만, 바쁜 현대인이 일일이 그림 도구를 준비하여 그리고, 또 정리하는 번거로운 과정은 그림 그리기를 지속하지 못하게 하는 원인이 됩니다.

이에 반해 디지털 드로잉은 접근이 쉽고, 수정 및 공유가 자유로워 SNS 활동을 즐기는 현대인이 지속하기 좋은 환경을 제공합니다. 그중에서도 낙서와 같은 쉬운 그림, 부담 없고 짧은 시간에도 그릴 수 있는 이모티콘 작업은 취미 활동으로 높은 점수를 받을 수 있습니다. 이렇게 이모티콘 그리기를 취미 활동으로 삼게 되면 좋은 점이 있습니다. 바로 이모티콘 그리기가 곧 그림 그리기이기 때문에 이모티콘 작가 도전을 지속할 수 있다는 것입니다.

오직 승인만을 목표로 하고 그림을 그려 승인을 제때 받는다면 그림을 계속 그리겠지만, 반대로 계속해서 미승인을 받는다면 그려야 하는 이유를 잃어버릴 것입니다. 그림 그리기 자체가 즐거운 사람은 미승인을 받았다고 그림 그리기를 그만두지 않고, '조금씩 실력도 쌓고, 즐거운 시간을 보냈으니 됐다'고 생각하며 계속 그림을 그릴 것입니다. 그렇게 내 그림에 그림을 쌓아가는 시간이 흐르면 실력도 쌓이고 승인도 쌓이게 되는 순간이 옵니다.

두 번째, 그림을 잘 그리기 때문에 이모티콘에 도전할 수도 있습니다. 그림을 전공한 사람은 이미 그림을 그리는 기초 지식과 표현력이 숙달된 상태이기 때문에 이모티콘 시장을 분석해서 조금만 그림 스타일을 다듬으면 비전공자보다 더 빨리 이모티콘 작가로서의 부캐를 가질 수 있습니다. 실제로 인기 순위가 높고, 유명한 작가들의 경우 전공자가 많은 것이 사실입니다. 전공자가 갖는 형태미나 표현력은 분명 대중에게 색다른 매력을 어필할 수 있는 부분입니다. 그림을 전공했다면 이모티콘 작가에 도전하는 것을 추천하는 이유입니다.

세 번째, 다른 사람과의 소통을 위해 이모티콘 작가에 도전하는 경우입니다. 이 경우는 주로 내가 만든 이모티콘을 다른 사람들이 사용하면 좋겠다고 생각하거나, 내가 사랑하는 대상을 이모티콘으로 만들어서 공유하고 싶은 경우입니다. 전자와 후자 모두 다른 사람과의 관계 속에서 이모티콘을 생각하는 것입니다. 특히 내가 만든 이모티콘이 카카오에 등록된 경우, SNS 활동을 통해서 나의 캐릭터를 좋아하는 팬들과 함께 즐거운 소통을 할 수 있습니다.

캐릭터의 흥행에 따라서 팬의 수는 다를 수 있지만 내가 만든 캐릭터에 다른 누군가와 함께 애정을 쏟는 일은 분명 값지고 즐거운 일일 것입니다. 자신의 반려동물이나 가족을 이모티콘화해서 주변 사람들과 사용하는 것 역시 굉장히 즐거운 일입니다.

이모티콘의 흥행을 떠나 내 창작물에 공감하는 주변 사람이 있는 것만으로도 나의 자존감은 크게 높아집니다. 더불어 이모티콘 작가라는 새로운 정체성, 즉 이모티콘 작가라는 부캐 역시 사랑하게 될 것입니다.

▲ 이모티콘과 사랑에 빠진 저자, 댈희

네 번째, 부업 혹은 전업을 꿈꾸며 수익을 위해 이모티콘에 도전할 수 있습니다. 현재 국내에서 가장 규모가 큰 카카오 이모티콘의 경우 확실히 큰 수익을 얻을 수 있는 구조입니다. 모든 메신저 중 사용자가 가장 많고, 내 이모티콘 중 인기작이 있다면 내가 원하는 것 이상의 수익도 실현할 수 있습니다. 하지만 여기서 알아 두어야 하는 것은 내 이모티콘이 어렵게 승인되고 출시까지 하더라도 매출이 적어 인기 순위에 들지 못할 수도 있다는 것입니다.

순위가 낮은 이모티콘과 전체 순위 50위 안, 10위 안, 1~2위의 이모티콘 매출은 몇십에서 몇백 배까지도 차이가 날 수 있습니다. 이 때문에 인기작 없이 이모티콘 전업 작가의 길을 걷는 것은 너무 위험합니다. 원래 하던 일을 하면서 '부캐'로 이모티콘 작가라는 정체성을 갖춰 나가는 것을 권장합니다. 그렇게 이모티콘 작가로 활동하면서 캐릭터 혹은 작가 개인의 팬층이 두껍게 쌓이는 순간에 이모티콘 전업 작가로 전향을 생각해도 늦지 않습니다.

여러분이 이모티콘에 도전하는 이유는 무엇인가요? 같이 알아본 이유 외에도 여러 가지 이유가 있을 수 있습니다. 여기서 제가 말하고 싶은 것은 정말 내가 이것을 왜 하는지 명확히 할 필요가 있다는 것입니다. 솔직한 이유를 스스로 알고 있어야 무언가를 계속해 나갈 때 힘이 되어 줍니다.

사실 이모티콘 작업이 쉽지만은 않습니다. 아이디어 구상부터 캐릭터 디자인, 표현, 미승인, 수정, 승인, 상품화 과정까지 많은 노력이 필요하고 절차가 있습니다. 이러한 것들에 적응하고 계속해 나가려면 확실한 동기가 필요합니다. 아직 '내가 이모티콘을 왜 할까?'라는 물음에 답할 수 없다면 시간을 내어 곰곰이 생각해 보았으면 좋겠습니다.

댈희의 이모티콘 작업 도구 소개

제가 이모티콘 작업에 사용하는 도구를 같이 알아보겠습니다. 저는 가장 간단하고 쉬운 방법으로 그림을 그리는 것을 선호하기 때문에 제 기준에서 가장 쉽고 효과적인 도구를 선택했습니다.

아이패드 프로 4세대 11인치

저는 아이패드 프로 모델을 사용해 왔습니다. 제 기준에서 굉장히 고가였던 아이패드를 사기 위해서 생일 선물을 모두 현금으로 받고, 제 사비를 보태어서 아이패드를 샀습니다. 처음부터 이모티콘 작업을 하려고 한 것은 아니어서 그 당시 제일 좋은 기종을 골라 구입했습니다. 결과적으로 굉장히 만족하며 쓰고 있습니다. 물론, 애플 펜슬이 호환된다면 다른 아이패드도 이모티콘을 그리는 데 전혀 부족함이 없는 것으로 알고 있습니다. 개인의 경제 사정에 맞춰서 구입하는 것을 추천합니다.

▲ 출처 : Apple 공식 홈페이지

현재는 아이패드 프로 5세대 12.9인치를 쓰고 있습니다. 이모티콘을 통해서 수익을 창출하기도 했고, 성인 남자인 저의 경우 무거운 것은 문제가 되지 않지만, 화면은 넓으면 넓을수록 좋다고 느꼈기 때문에 기종 업그레이드를 결정하게 되었습니다.

처음 이모티콘 작업을 시작한다면 적당한 가격의 애플 펜슬이 호환되는 제품이 좋다고 생각합니다. 개인적으로 아이패드 에어 모델이 굉장히 잘 나왔기 때문에 같이 고민해 보면 좋을 것 같습니다.

프로크리에이트

현재 저는 모든 그림을 프로크리에이트 앱에서 작업하고 있습니다. 2021년 기준 12,000원 단 한 번의 결제로 프로그램을 계속 이용할 수 있습니다. 그림을 그리지 않아도 아이패드를 사면 무조건 설치해야 하는 앱이라고 할 만큼 프로그램이 직관적으로 좋습니다. 이모티콘에 필요한 거의 모든 기능을 지원하고 있으면서도 프로그램이 가벼워 구동 및 작동이 매우 빠르다는 장점이 있습니다. 초보자도 쉽게 배울 수 있도록 구성되어 있으므로 유튜브나 블로그 등 무료로 제공되는 자료만으로도 기능을 쉽게 배울 수 있습니다. 또 아이패드에서 구동이 되기 때문에 디지털 노마드처럼 언제 어디서든 아이패드만 챙기면 그림을 그릴 수 있다는 것이 가장 큰 매력입니다. 이 프로그램은 IOS 환경에서만 구동되기 때문에 아이폰, 아이패드가 있어야만 사용할 수 있습니다.

포토샵

포토샵은 이모티콘을 승인 받고 나서 사용했습니다. 이모티콘 제안 과정까지는 모두 프로크리에이트를 이용해 만들 수 있습니다. 하지만 이모티콘이 승인되고 상품 검수 과정에 들어가면 포토샵은 필수적인 프로그램이 됩니다. 글씨에 흰 테두리를 넣는 것부터 상품화 과정에 필요한 파일을 만드는 것까지 모두 PSD 기반으로 되어 있고, 카카오 가이드 파일 역시 PSD 파일로 되어 있습니다. 포토샵의 구독료는 비싼 편이라 처음 승인을 받고 나서 무료 체험 기간을 이용해 상품화 과정을 마쳤습니다. 이후 두 번째 승인을 받을 때쯤 포토샵 구독을 시작했습니다. 포토샵 구독료가 부담된다면 만든 이모티콘을 OGQ에 등록하여 생기는 수익으로 해결하는 것을 추천합니다. 승인된 이모티콘의 상품화 과정이 4~6개월이고, 출시 후 수익은 2개월이 지난 뒤 가능합니다. 승인된 이모티콘이 있다면 포토샵 구독비는 부담되는 수준은 아니기 때문에 승인 후에는 반드시 정상적인 경로로 포토샵을 구독하여 활용하기 바랍니다.

그 외 프로그램

클립스튜디오

클립스튜디오는 아이패드, 갤럭시탭, 컴퓨터에서 모두 구동되는 강력한 드로잉 프로그램입니다. 컴퓨터의 경우 한 번의 결제로 계속 이용할 수 있지만 아이패드나 갤럭시탭의 경우 월 구독을 해야 하는 단점이 있습니다. 프로크리에이트보다 상위 호환이기 때문에 여러 가지 표현과 효과를 쓸 수 있습니다. 대신 프로크리에이트보다는 프로그램이 무겁기 때문에 구동 속도나 저장 등의 과정에서 조금 느리다고 느낄 수 있습니다.

어도비 일러스트레이터

포토샵과 같이 어도비 회사의 제품으로 드로잉을 위해서 개발된 프로그램입니다. 무엇보다 벡터 선을 사용할 수 있어 이미지의 축소나 확대에도 영향을 받지 않는다는 점이 강점입니다. 대신 직관적으로 그림을 그리는 다른 프로그램들과 달리 도형을 이어 그리는 독특한 작업 방법을 익혀야만 활용할 수 있습니다. 포토샵과 마찬가지로 구독료를 매월 지불해야 합니다.

이모티콘 작가 부캐 만들기

이모티콘 작가가 되기로 결심했다면 이제 이모티콘 작가라는 나만의 부캐를 만들어야 합니다. 캐릭터를 만들 때 가장 중요한 것은 무엇일까요?

닉네임 정하기

부캐 놀이의 핵심은 역시 이름을 잘 짓는 것입니다. 이모티콘 작가의 경우 닉네임을 잘 짓는 것이 좋습니다. 대중이 기억하기 쉬우면서도 임팩트 있는 닉네임, 그러면서도 기존에 누가 사용하고 있지 않은 것이 좋습니다. 작가들 사이에서도 자신의 닉네임으로 불리고, 카카오톡 이모티콘샵에서도 닉네임이 노출되므로 굉장히 중요하다고 할 수 있습니다.

그럼에도 불구하고 제 경우는 많은 고민을 하지 않고 지어서 대중이 기억하기 힘든 편입니다. 제 이름의 초성에 아무렇게나 말도 안 되는 단어가 되도록 모음과 받침을 붙여 만든 닉네임이 바로 '맬희'입니다. 한 번 닉네임을 정하면 바꿀 수 없기 때문에 처음에 닉네임을 지을 때 잘 정해야 합니다.

스타일 정하기

작가의 성격, 콘셉트라고 생각하면 됩니다. B급 감성으로 대중과 소통할지, 진솔한 이야기로 소통할지 등을 잘 생각해 보고 나는 어떤 스타일의 작가가 될 것인지 생각하면 좋습니다. 이런 고민은 후에 내가 어떤 캐릭터들을 창작할까와도 연결이 됩니다. 물론 스타일과 상관없이 여러 캐릭터를 제안하고 또 성공할 수도 있습니다. 하지만 보통 대중들은 기대 심리가 지켜지는 것을 좋아하기 때문에 어느 정도의 느낌이라도 갖고 시작하는 것이 좋습니다.

작가 혹은 캐릭터 계정으로 SNS 시작하기

SNS는 훌륭한 소통 및 홍보 창구입니다. SNS에 자신의 캐릭터로 스토리를 만들어서 대중에게 조금씩 홍보를 하고, 그 과정에서 여러 사람의 댓글을 보게 됩니다. 이 과정 속에서 사람들이 어느 부분에 공감하고 좋아하는지 알 수 있어서 도움이 되고, 나의 캐릭터나 그림체를 대중에게 각인시키는 효과도 있습니다. SNS에서 이미 나의 캐릭터가 유명하고 팔로우나 구독자가 많다면 카카오 이모티콘 스튜디오에서 상품성이 있다고 판단하여 보다 쉽게 해당 제안을 승인해 줍니다. 꼭 승인과 관련하지 않더라도 다른 사람들과 내 그림을 공유할 수 있고, 내 개인 포트폴리오가 되어 주기 때문에 작가 계정이 없다면 지금 만들어 보기를 권합니다.

이모티콘 작업을 **위한 과정**

STEP 02

본격적인 이모티콘 작업 전, 아이디어 구상부터 캐릭터 창작까지의 과정을 살펴봅니다.

아이디어 구상하기

이모티콘을 만들기 위해서는 아이디어 구상은 필수입니다. 간혹 이모티콘을 만들어 보지 않은 사람들이 '이걸로 한번 만들어 봐라' 하는 식의 말을 하곤 합니다. 이는 반은 맞고 반은 틀린 말입니다. 단순한 아이디어로는 이모티콘이 만들어지지 않습니다. 하지만 모든 이모티콘의 시작은 단순한 아이디어에서 시작합니다. 여러 가지 아이디어를 브레인스토밍해 보고, 구체화하면서 아이디어는 점차 다듬어집니다. 그중 내가 표현하고 싶고, 확률이 가장 높은 아이디어를 채택하여 구체화하고 다듬는 과정을 진행합니다.

TV 프로그램을 보며 부캐 분석하기

TV 프로그램을 보는 것은 현대인의 일상입니다. 드라마나 영화, 예능을 보면서 그림을 그리면 자칫 지루할 수 있는 이모티콘 작업에 활력을 불어넣어 줄 수 있습니다. 이모티콘 특성상 여러 가지 표현을 해야 하고 중간중간 어떤 표현을 할지 고민하는 시기가 반드시 있습니다. 이럴 때 TV를 보면서 새로운 생각을 주입하면 새로운 아이디어가 샘솟곤 합니다.

TV 프로그램을 보면서 아이디어를 구상하면 진짜 좋은 점은 바로 '콘셉트'에 대한 부분입니다. TV 속에 등장하는 인물은 대부분 '부캐'를 연기하고 있습니다. 영화의 주인공이나 드라마의 등장인물, 예능에 나오는 캐릭터들은 실제 본인이라기보다 만들어진 이미지입니다. 이 이미지들이 바로 부캐입니다. 가수 이효리를 예로 들어 보면 효리 민박이라는 프로그램에서는 '제주댁'으로 수수한 이미지로 나오지만, 놀면 뭐하니의 싹쓰리에서는 '린다G'로 아주 강하고 센 캐릭터로 나옵니다.

잘 관찰해 보면, 각 캐릭터에 맞는 복장, 화장, 말투를 재미있게 구사하는 것을 알 수 있습니다. 이것을 이모티콘에 적용해 생각해 보면 현재 카카오 이모티콘 시장을 이해하는 데 도움이 됩니다. 복장과 화장은 캐릭터, 말투는 이모티콘의 대사, 예능의 제목이나 부캐의 제목은 이모티콘의 제목과 대응합니다. 이러한 모든 것들이 잘 녹여져야 훌륭한 TV 속 캐릭터가 탄생하듯 우리가 만드는 이모티콘도 제목, 캐릭터, 대사 등이 잘 어우러져야 승인을 받을 수 있습니다.

SNS 댓글 창 유심히 살펴보기

많은 사람들이 SNS에 댓글을 달고 또 댓글을 구경합니다. 어떤 사람은 본 콘텐츠보다 댓글이 더 재밌다고 말하기까지 합니다. 재밌는 댓글은 베스트 댓글(베댓)로 선정되어 더 많은 사람이 보고 공감하는 것을 본 적이 있을 것입니다. 이처럼 SNS 댓글 창은 사람들의 소통 창구입니다. 이곳을 보면 사람들이 어떤 말을 하고 싶고, 다른 사람에게 어떤 표현을 하는지, 어떤 것에 흥미를 느끼는지 알 수 있습니다.

타깃이 되는 플랫폼의 메시지 분석하기

이모티콘은 이미 우리 생활에 깊숙이 녹아 있습니다. 내가 쓰는 메시지나 주변에 가까운 사람과 나눈 메시지, 단톡방에서 누군가가 쓴 메시지 등을 살펴보면 사람들이 메시지로 어떤 것을 주고받는지 알 수 있습니다. 같은 원리로 OGQ에 스티커를 등록하기 위해서는 블로그나 카페, 아프리카TV 방송의 댓글을 살펴보면서 어떤 표현을 쓰는지 확인하는 노력이 필요합니다.

밈이나 유머 짤 모으기

이모티콘 시장은 유행에 민감하게 반응합니다. 출시까지 4~6개월이 소요되기 때문에 이모티콘을 작업할 때는 이제 막 유행하기 시작한 밈이나 유머 코드를 적용하는 것이 좋습니다. 저를 포함한 많은 작가들이 재미있는 것을 보면 그냥 지나치지 않고 저장하거나 기억하려고 노력하고 있습니다. 재미있는 것뿐만 아니라 너무나도 귀여운 동영상을 봤다면 내 캐릭터에도 해당 동세나 모션을 적용해 볼 수 있습니다.

메모를 습관화하기

이모티콘을 꾸준히 만들다 보면 재밌는 아이디어나 해 보고 싶은 캐릭터가 머리에 잠깐씩 스쳐 지나갈 때가 많습니다. 이런 아이디어는 막상 다시 기억하려고 노력하면 기억이 안 납니다. 저는 핸드폰 메모장을 활용하여 아이디어가 생각날 때마다 모두 적습니다. 사소하거나 별로일 것 같은 것도 모두 적어 놓으면 이모티콘을 작업할 때 큰 도움이 됩니다. 제 경우 주로 잠자리에 들려고 누우면 아이디어가 머리를 스치는데, 이때 바로 휴대폰 메모장에 내용을 메모하고 잠을 청합니다. 많은 아이디어 구상법 중에서 제가 생각하는 가장 중요한 방법은 바로 '메모'입니다.

나만의 캐릭터, 부캐 창작하기

캐릭터의 형태 정하기

캐릭터 비율을 그려 보고 자신이 잘 표현할 수 있거나 내가 표현하고자 하는 캐릭터에 가장 적합한 체형을 찾습니다.

2등신 캐릭터

가장 기본이 되는 비율입니다. 몸과 머리가 1:1 비율로, 이모티콘으로 표현하기 가장 무난하면서도 적합한 비율입니다.

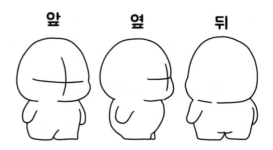

3등신 캐릭터

팔, 다리가 조금 더 긴 형태입니다. 팔과 다리가 조금 더 길어서 더 다양한 동세나 표현이 가능합니다.

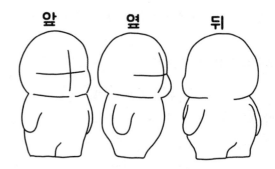

4등신 캐릭터

주로 몸이 길쭉한 형태의 동물을 표현할 때, B급 감성의 이모티콘에 활용되는 비율입니다.

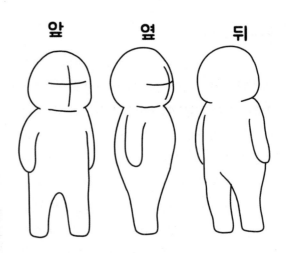

길쭉길쭉한 캐릭터

얼굴과 몸의 비율이 현실과 비슷하여 상체나 얼굴을 확대하여 표현하는 경우가 많습니다. 로토스코핑 이모티콘에서 현실과 비슷한 비율로 작업합니다. '로토스코핑'은 사람의 움직임을 영화 카메라 등으로 찍은 후 그것을 한 프레임 한 프레임 애니메이션으로 옮겨 그리는 기법을 말합니다(출처 : 나무위키).

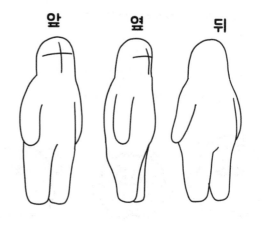

일체형 캐릭터

얼굴과 몸이 명확하게 나눠지지 않은 캐릭터입니다. 작은 동물이나 하찮은 대상을 이모티콘화할 때 자주 쓰이는 비율입니다.

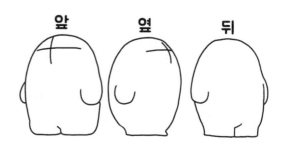

캐릭터의 외모에 개성 부여하기

몇 등신으로 할 것인지를 정하고 나면 캐릭터에 맞게 몸의 두께라든가, 팔과 다리의 길이나 두께 등 세밀한 부분을 다듬어 형태를 정합니다. 그리고 색이나 무늬, 얼굴 표정 등을 이용해서 내 캐릭터의 개성을 좀 더 보강합니다. 현재 카카오 이모티콘이 15만 개 이상 출시되었기 때문에 이런 변형 과정을 통해서 내 캐릭터의 개성을 확보해 나가는 것이 중요합니다.

출시작, 타 캐릭터와 차별성 주기

이모티콘은 개인의 창작물이자 저작권이 생기는 것이기 때문에 다른 사람의 것을 모방, 모작하여 제안하는 것은 옳지도 않고 승인도 되지 않습니다. 이미 수많은 이모티콘이 출시되었기 때문에 새로운 캐릭터를 만드는 것이 힘들더라도 기존의 출시작과 차별을 주기 위한 노력은 반드시 필요합니다. 색감, 얼굴의 위치, 선의 종류와 두께, 눈·코·입의 생김새, 새로운 무늬나 소품, 새로운 콘셉트, 새로운 동물 등 다각적인 노력을 해야 합니다.

자가 복제를 통한 안정적인 창작하기

이모티콘을 승인 받았다면 그다음 작업은 승인을 받기 전보다 한결 수월합니다. 특히 승인 받은 이모티콘이 단순하고 대중적인 외모일수록 변형이 쉬워 새로운 캐릭터로 탄생시키기도 편합니다. 다음은 오리 캐릭터를 조금씩 변형하여 만든 캐릭터입니다.

캐릭터의 콘셉트 강화하기

캐릭터의 콘셉트를 강화하기 위해서는 내 캐릭터에 대해서 좀 더 깊이 생각해 보아야 합니다. 쉽게 생각해서 캐릭터 스토리텔링을 머릿속에서 해 보는 것입니다. 이 과정을 좀 더 쉽게 할 수 있도록 제 경험을 녹여서 만든 팸플릿을 소개합니다. 내 캐릭터가 아직 구체화되지 않았다면 내 캐릭터를 생각하며 차분히 읽어 보시기 바랍니다.

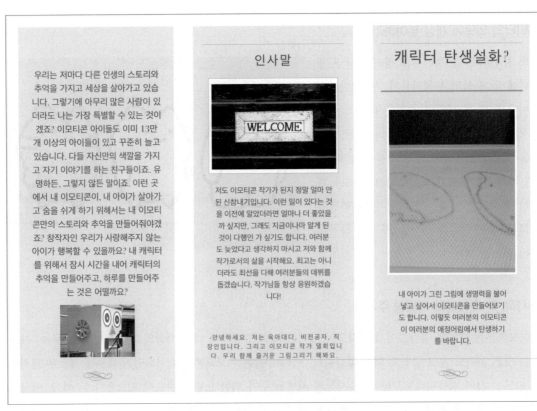

애정 어림에서 시작하는 캐릭터 구상을 마무리합니다. 이때는 주로 동물인지, 사람인지 혹은 그 외의 존재인지를 계획하고, 어느 정도의 외모로 그려 볼 것인지를 생각합니다.

어느 정도 캐릭터가 잡힌 상태라면 이제 구체적인 질문들을 통해서 캐릭터의 콘셉트를 명확히 잡을 차례입니다. 여러 질문에 답을 하다 보면 캐릭터의 성격, 친구, 좋아하는 것과 싫어하는 것 등을 알게 됩니다. 이러한 정보들을 갖고 시안을 구성하면 전체적인 통일감이 살아나기 때문에 보다 나은 시안을 구성할 수 있습니다.

예를 들어 '어디에 살고 있나요?' 라는 질문에서 경상도에 살고 있다고 답을 하면 캐릭터의 대사에 지방 방언이 등장해야 합니다. 제목도 자연스럽게 경상도에서 왔음을 강조하는 문구가 들어갑니다. 다른 예로 '어떤 성격을 가졌을까?' 라는 질문에서 까칠한 성격을 가졌다고 답했다면 모든 표현에서 어느 정도의 까칠함이 느껴지도록 전체 시안을 구성해야 재미도 있고, 승인률도 높아지는 것입니다. 또 어떤 상황에서 쓸 것인지를 고민해 보면 타깃층을 명확히 할 수 있습니다. 타깃층이 명확하다는 것은 곧 타깃이 되는 이모티콘 사용자들의 구매를 촉진한다는 뜻이고, 동시에 승인률이 올라간다는 의미입니다.

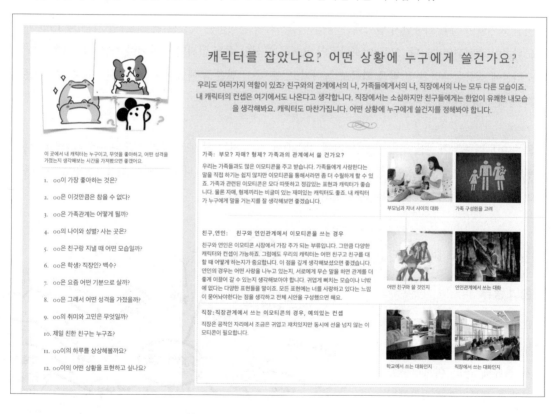

시안 구성 노하우! 이것만은 알고 가자

24개, 32개의 시안들을 채우는 것은 시작부터 쉽지 않습니다. 어떤 형태로 채워야 할지 고민이라면 출시작을 분석하여 마인드맵을 그려 보고, 카카오 이모티콘 서비스의 '이모티콘플러스'를 살펴봅니다.

실제로 사용하는 의미 있는 표현을 하자

이모티콘을 시작하면서 가장 많이 하는 실수 중 하나는 바로 24개 혹은 32개의 표현을 구성할 때 의미 없는 표현을 넣거나 중복된 표현을 넣는 것입니다. 사용자 입장에서 실제 대화에서 유용하게 쓸 수 있고, 감정을 대변할 수 있는 표현으로 시안을 구성해야만, 승인을 받고 내 그림을 대중에게 선보일 수 있는 기회가 주어집니다.

어떤 표현들이 사용 가능한지 알아내는 방법은 출시작을 분석하는 것입니다. 2021년 기준 약 15만 개의 이모티콘이 출시되었습니다. 모든 이모티콘의 표현을 분석할 수는 없지만 중복되어 사용되는 표현들을 내 이모티콘에 적용한다면 승인 받을 확률도 높아지고, 또 승인 받은 후에 실제로 사용자들이 내 이모티콘을 대화 속에서 사용할 것입니다.

모든 이모티콘의 표현을 익힐 수는 없기에, 2020년 기준 저는 상위 50개의 이모티콘을 하나하나 분석하면서 마인드맵으로 표현들을 정리했습니다. 저는 이렇게 분석하고 나서 승인을 받을 수 있었기에 독자 여러분도 도움이 될 수 있다고 판단하여 저의 마인드맵을 소개합니다.

댈희의 이모티콘 마인드맵 분석 일지

표현의 종류

표현의 종류를 제 나름대로 나누어서 분석했습니다. 먼저 크게 분류해 놓고 이모티콘을 살펴본 후 세부적으로 기록하는 방식으로 이모티콘을 분석했습니다.

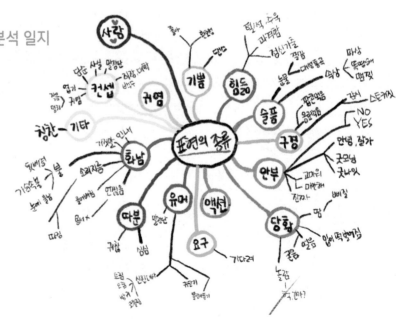

구경

주로 방관하거나 관심 없다는 표현이 많습니다. 영혼 없는 리액션도 캐릭터의 표정이 같아서 함께 분류했습니다.

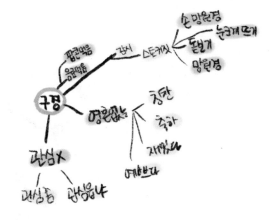

귀염

이모티콘에서 가장 많이 보이는 유형입니다. 애교를 부리거나 춤을 추는 등 귀여운 모션이나 표현의 종류를 정리하고 나니 귀여움을 표현하는 방법은 정말 다양하다는 것을 알 수 있었습니다.

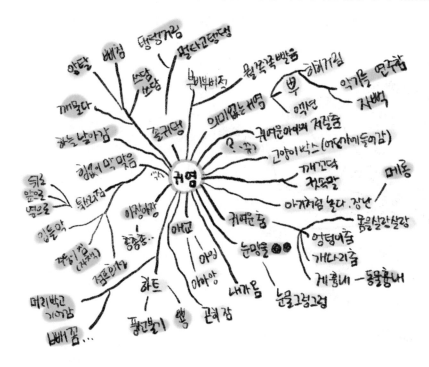

당황

당황하는 표현의 경우 땀을 흘리는 표현이 가장 많았습니다. 얼음이나 돌이 되거나, '헉' 하는 표현이 대다수였습니다.

기쁨

기쁨의 표현은 비슷비슷하지만 대부분의 이모티콘에서 1개 이상의 시안으로 꼭 사용하는 표현이었습니다.

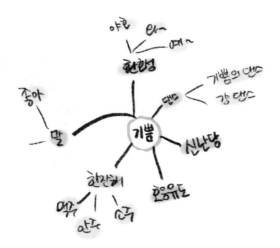

사랑

사랑의 표현은 창의적인 동작이 많았습니다. 동작이 표현하는 것들을 단어로 나타내니 오른쪽과 같이 몇 가지로 분류할 수 있었습니다. 50개의 이모티콘 중 한두 번만 등장하는 표현들은 빼고, 여러 번 중복되는 표현만 기록했습니다.

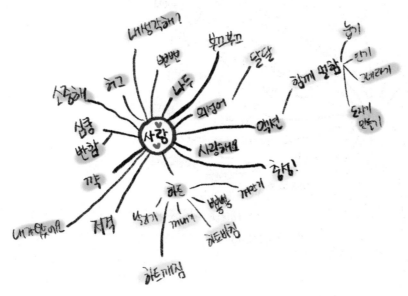

슬픔

희로애락 표현 중 하나이기에 다양하지 않아도 대부분 슬픔을 표현하는 시안이 포함되어 있었습니다.

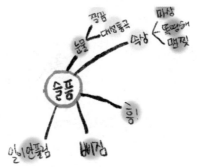

안부

상대방에게 대답하거나 물어보는
표현을 함께 정리했습니다.

액션

캐릭터들의 동작이 굉장히 다양해서 초보자 입장에서 어떤 표현을 해야 할지 오히려 막막했습니다. 그래서 동작들을 하나하나 분석하여 적어 보았습니다. 단어로 표현된 액션들을 표현에 접목하면 수없이 많은 표현을 할 수 있음을 알 수 있었습니다.

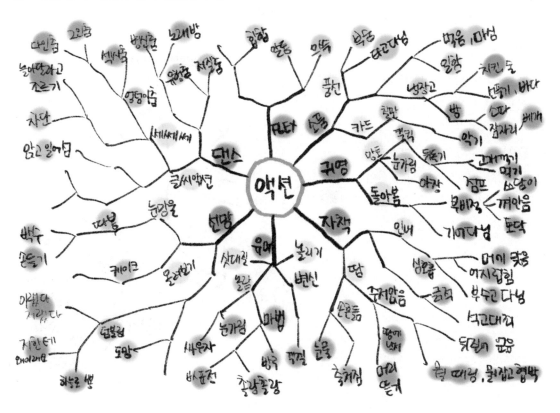

유머

　유머 코드는 시대를 반영하기 때문에 유행하는 것을 발 빠르게 반영하는 것이 좋다는 것을 알았습니다. 주로 밈이나 예능에서 유행하는 표현들이 많았습니다. 이 부분은 이모티콘을 만드는 시기의 트렌드를 내 이모티콘에 반영하려는 노력이 필요합니다.

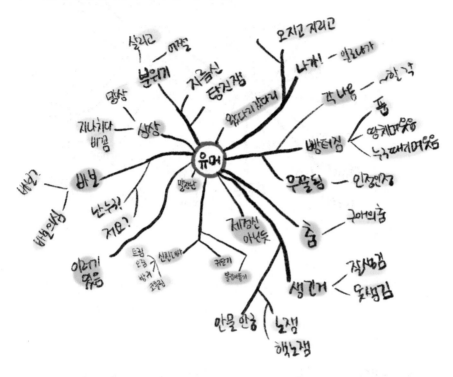

콘셉트

　이때 당시 콘셉트를 이해할 때 저는 전반적인 시안에서 오는 느낌으로 이해했습니다. 그리고 성격, 말장난 등으로 나누었습니다. 말하고자 하는 대상에 따라서 대사나 표현이 굉장히 차이가 난다는 것을 알았기 때문에 콘셉트에 포함했습니다.

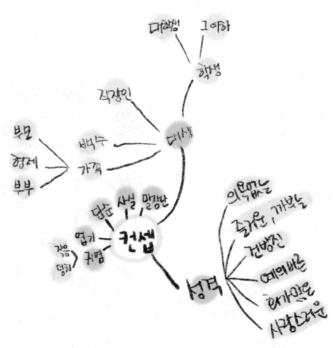

요구

일방적으로 떼를 쓰거나 관심을 요구하는 표현을 묶었습니다. 정리하는 사람에 따라서 다르게 분류할
수 있습니다.

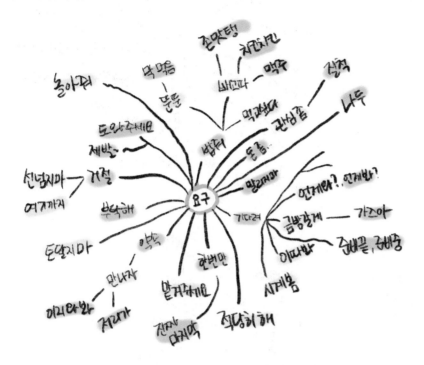

기타

분류하지 못한 표현을 하나로 묶었습니다. 기타 분류를 만들어 놓고 바로 분류가 안 되는 표현들은 이런
식으로 정리해 보면 좋을 것 같습니다.

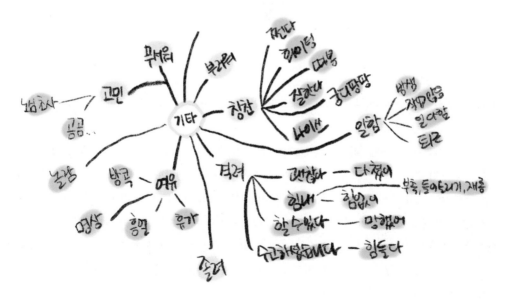

화남

화를 내는 표현도 다양하므로 정리했습니다. 화만 내는 콘셉트의 이모티콘도 꽤 인기를 끌었던 때라 표현이 많았습니다. 현재는 긍정적인 표현을 늘리고, 부정적인 표현은 줄이는 추세입니다.

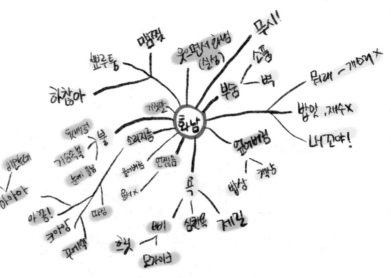

힘듦

힘들다는 표현도 굉장히 많이 쓰였습니다. 현재는 여기에 카페인을 마신다거나 충전하는 표현이 덩달아 늘었습니다.

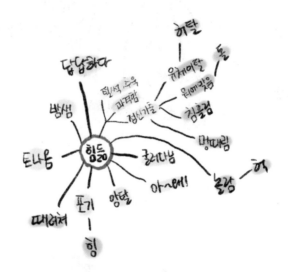

이모티콘 마인드맵 최신화, 주기적으로 하자

계속해서 이모티콘을 만들면서 더 체계적으로 이모티콘을 분류할 수 있었습니다. 크게는 감정과 상황으로 나누었습니다.

감정은 내가 현재 느끼는 감정에 대해서 다루는 것입니다. 감정에서도 사랑, 기쁨, 화남, 슬픔으로 나누었습니다. 이 각각의 감정들을 더 세밀하고 자세하게 다루어야 한다고 생각했습니다. 조금 기쁠 수도 있고, 정말 기쁠 수도 있습니다. 눈물이 찔끔 나올 수도 있지만 절망적인 상황도 있습니다. 이러한 감정의 스펙트럼을 생각하며 시안을 구성한다면 좀 더 사용자의 마음을 움직이는 표현을 할 수 있을 것입니다.

상황은 상대방과의 대화 상황에 맞춰 쓸 수 있는 것들입니다. 저는 가장 많이 쓰이는 것들을 내 시안에 포함하는 것이 결국 상품성을 높일 수 있다고 결론을 내려, 이 표현들을 잘 정리해서 매번 제안할 때마다 캐릭터 특성에 맞게 변형하여 포함시키려고 노력합니다.

이모티콘 표현 마인드맵(최신)

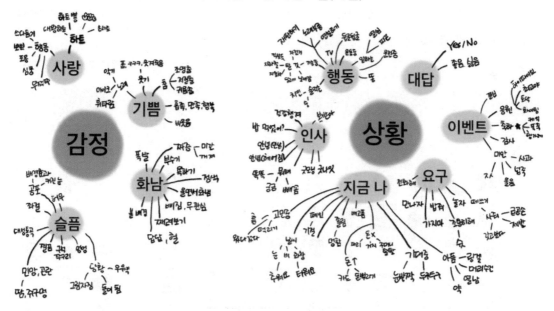

이모티콘 작가라면 필수? 이모티콘 플러스

2021년 현재 카카오톡에서는 '이모 티콘 플러스' 서비스를 시행하고 있습 니다. 이모티콘 플러스는 모든 이모티 콘을 무제한으로 월정액을 내고 사용 하는 서비스입니다.

▲ 카카오톡 이모티콘 플러스

작가 입장에서는 사람들이 자주 사용하는 표현들을 완벽하게 분류해 놓기 때문에 내가 하고자 하는 표 현을 다른 작가는 어떻게 표현했는지 확인하고, 레퍼런스로 활용하면서도 표절을 피할 수 있는 훌륭한 서 비스입니다.

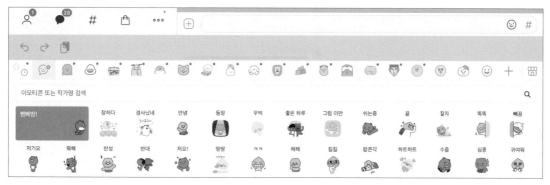

▲ 표현별로 분류된 이모티콘

예를 들어 '기분 좋아'를 선택하면 기분 좋음에 해당하는 수많은 시안들을 확인할 수 있습니다. 물론 모든 이모티콘을 확인할 수 있는 것은 아닙니다. 그래도 내가 표현하고자 하는 것에 대해서 충분히 생각해 볼 수 있는 정도의 예시를 제공 받을 수 있습니다.

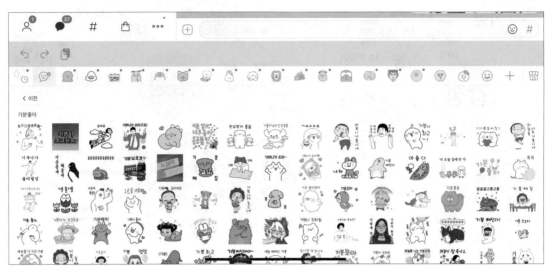

▲ 기분 좋음을 표현하는 다양한 이모티콘

캐릭터를 창작할 때도 유용하게 활용할 수 있습니다. 예를 들어, 내가 그리고자 하는 것이 '개구리'라면 개구리를 검색합니다. 그러면 개구리와 관련된 이모티콘들을 볼 수 있습니다. 캐릭터가 겹치지 않게, 이름이 겹치지 않는 상태로 창작 활동을 시작할 수 있고, 경쟁을 해야 하는 캐릭터의 매력과 나의 캐릭터가 가진 매력을 견주어 볼 수 있습니다.

티키타카를 활용한 두 배 쉽고, 빠른 시안 구성하기

한 이모티콘 안에서 내용이 연결되거나 짝을 지을 수 있는 표현을 세트로 알아 두면 이모티콘을 제작할 때 시간을 많이 절약할 수 있습니다. 다음은 가장 많이 쓰이는 티키타카의 예시입니다.

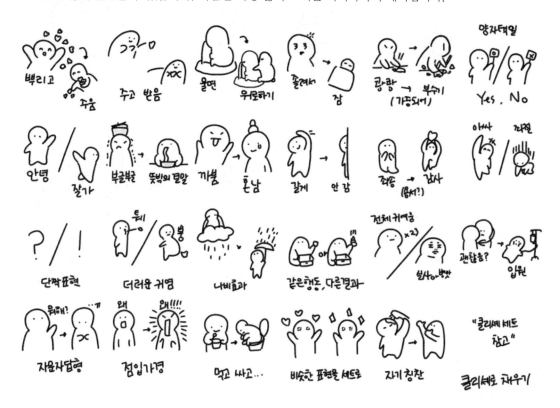

이렇게 하나의 이모티콘에서 연결되는 느낌의 표현이 있다면 창작자 입장에서는 아이디어를 생각해야 하는 수고를 덜 수 있고, 사용자 입장에서는 자문자답하거나, 같은 이모티콘을 쓰는 사람끼리 이모티콘으로 대화를 하는 등 재미를 느낄 수 있습니다.

보다 구체적인 예시로 '반쯤 넋이 나간 현대인콘'이라는 승인된 이모티콘의 시안을 함께 보겠습니다. 퇴근과 출근을 연달아 표현해서 웃음을 유발하는 전략입니다. YES/NO처럼 대구를 이루는 표현을 응용했습니다.

정신 차림과 누워 있는 표현에서 자세를 같게 하여 연결되는 느낌을 주었습니다. 간단하게 두세 개의 표현이 스토리로 연결되게 구성합니다. 이때 각각의 표현들도 사용성이 있어야 합니다.

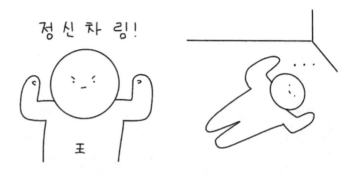

'노는 데 진지하다'와 '체력은 저질이다'를 연달아 배치하여 반전 효과를 주었습니다. 활용도가 높은 표현을 잘 배치하면 의외의 재미를 줄 수 있습니다.

대사만 잘 활용해도 반은 먹고 들어간다

같은 그림이라도 대사에 따라서 이모티콘이 전달하는 의미는 크게 차이 납니다. 대사를 생략하고 캐릭터만으로 전달하는 것이 효과적일 때가 있고, 대사가 꼭 필요한 경우도 있습니다. 어떤 것이 사용성을 높이는 방법인지 고민해 보아야 합니다.

먼저 캐릭터만 그린 경우입니다. 이때는 캐릭터의 표정이 중요하며, 사용자는 자신의 감정이나 표정을 캐릭터에 투영하여 다양한 상황에서 사용합니다. 이모티콘을 많이 쓰는 연령층에서 효과적으로 활용할 수 있는 경우입니다.

여기에 '뭘 봐'라는 대사를 추가하면 의미가 더욱 분명해집니다. 여러 가지 상황에서 쓰이다가 뜻이 명확해져 특정 상황에서 효과적으로 더 재밌게 쓰이는 것을 알 수 있습니다.

뭘 봐

대사를 '아무 생각 없음'으로 바꾸면 똑같은 캐릭터가 화가 났다기보다
는 바보 같은 표정을 짓고 있다고 생각하게 됩니다.

이렇듯 대사의 중요성은 큽니다. 써야 할 때와 쓰지 말아야 할 때를 구
분하고, 캐릭터와의 조합을 다양하게 가져가면 시안을 구성할 때의 고단
함도 줄고, 출시 후에도 사용자에게 더욱 사랑받는 이모티콘을 만들 수 있
습니다.

의외의 반전, 하나의 시안으로 반전 주기

이모티콘 플러스에서 '불사조'를 검색하여 선택하면 다음과 같은 화면을 볼 수 있습니다. 시안 중 마지막
'외모도 자신있지' 이모티콘을 보면, 다른 이모티콘 표현과 달리 유달리 잘생기고 정상적인 선으로 그린 것
을 알 수 있습니다.

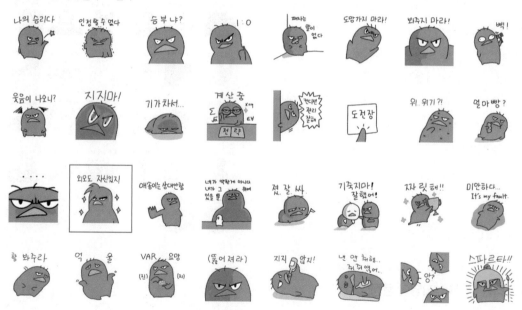

귀여운 곰을 그리다가도 딱 한 개의 시안만 현실감 넘치는 곰을 그려 주면 의외의 반전 매력으로 재미를
줄 수 있습니다. 단, 캐릭터의 콘셉트에 따라서 재미를 추구하는 캐릭터라면 적합하지만, 사랑스러움과 귀
여움을 주 무기로 경쟁해야 하는 캐릭터에는 적합하지 않습니다. 캐릭터와 콘셉트를 고려하여 한 번씩 이
렇게 반전 재미를 주는 방법도 있음을 알아 두기 바랍니다.

댈희의 승인 이모티콘과 **캐릭터 홍보하기**

이모티콘을 제작할 때 어떤 콘셉트로 제작을 했는지 알아보고, 자신의 이모티콘을 홍보하는 다양한 방법에 대해 알아보겠습니다.

승인된 카카오톡 이모티콘 알아보기

콘셉트에 대한 이해를 돕기 위해서 제가 가장 잘 설명할 수 있는 제 승인된 이모티콘 시안을 공개합니다. 하나씩 어떤 콘셉트로 제작되었는지 보면서 이해하는 시간을 가져 봅니다.

그래, 내가 미안

모든 동물들이 나와서 미안하다고 하는 콘셉트입니다. 캐릭터에 맞는 대사를 넣은 것이 포인트입니다. 얼굴 모양은 복사, 붙여넣기를 해서 모두 비슷한 대신 몸동작을 다양하게 표현했습니다. 실제로 사용해 보면 별로 사용할 수 있는 것은 없지만 그래도 꾸준하게 판매가 되고 있습니다. 상품성에서 사용성이 나쁘더라도 재미를 줄 수 있으면 승인될 수 있는 예입니다.

리듬타는 댕댕이, 리댕이 등장!

리듬 타는 강아지 콘셉트로, 모든 시안이 춤을 추고 있습니다. 모두 상반신만 등장하지만 모든 움직임에 리듬을 넣고, 사용성 높은 표현들을 배치하여 승인을 받은 경우입니다.

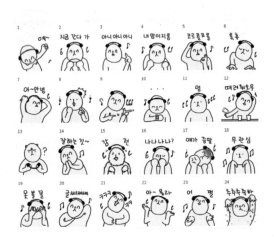

맹꽁한 맹꽁이들

기 출시작을 피해서 개구리가 아닌 맹꽁이로 수정하여 승인된 경우입니다. 더불어 맹꽁이 삼총사 느낌으로 세 마리가 등장해서 색다른 모션을 많이 보여 승인되었다고 생각합니다.

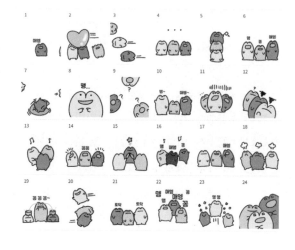

경고, 이상한 더스트 출현!

약간 정신이 나간 먼지 캐릭터입니다. 1번부터 7번 시안까지 모두 이상한 짓을 하는 시안을 배치해서 콘셉트를 강하게 밀어붙였습니다. 나머지 시안에서는 나름대로 사용성을 생각하되, 성격을 반영하여 구성했습니다.

승리가 고픈 막내 불사조

승리에 집착하는 캐릭터입니다. 독수리에서 불사조로 캐릭터를 바꾸면서, 채색만 변경하여 승인되었습니다. 아마도 불사조와 승리의 공식이 잘 들어맞아서 승인된 것 같습니다. 쓸모 있는 표현은 적으나 콘셉트에 굉장히 충실한 편입니다.

노랑돼지, 댕지는 꾸엽찡

일반적인 돼지의 색을 버리고 노란색을 과감하게 선택한 경우입니다. 캐릭터 자체로 승부를 보는 콘셉트이기 때문에 표현에서 활용성 있는 표현을 많이 포함했습니다. 실제로 이 캐릭터의 경우 선을 다듬고 8번, 19번, 24번 시안을 조금 바꾸는 것만으로 미승인에서 승인으로 바뀌었습니다.

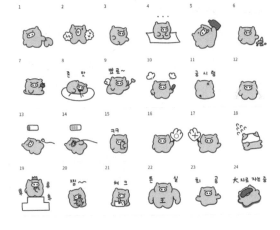

댄디덕의 촌스러운 일상

오리의 머리가 댄디한 느낌을 주도록 캐릭터를 디자인했습니다. 그리고 그와 반대되는 촌스러운 행동과 대사로 콘셉트를 완성했습니다. 만들면서 가장 확실하게 승인을 예감하고, 실제로 승인을 받았던 시안입니다.

반쯤 넋이 나간 현대인콘

한참 넋이 나갔던 제 모습을 생각하며 그렸던 시안입니다. 자신의 생활, 감성, 경험이 묻어나는 것이 다른 사람의 공감도 얻을 수 있다는 것을 알 수 있었습니다. 전체적으로 콘셉트에 어긋나는 표현 없이 만들었고, 5번과 6번, 16번과 17번, 19번과 20번, 27번과 28번, 29번과 30번을 티키타카 혹은 짝을 이루도록 만들어서 사용자 입장에서 재미를 느끼도록 시안을 구성했습니다.

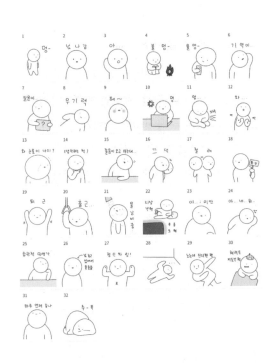

머리 눌린 돌문어

머리가 눌린 외모에서 바보스러운 성격을 도출하고, 돌문어에서 색감을 선택했습니다. 이렇게 한 문장으로 잘 정리되면 표현은 자연스럽게 나옵니다. 사용성 있는 표현을 캐릭터에 맞게 변형하여 제안했습니다.

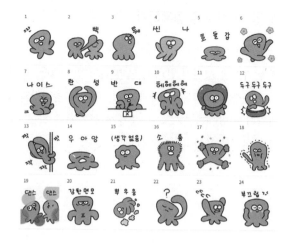

캐릭터 홍보하기

SNS에 만화 형식으로 홍보하기

만화는 재미를 주면서 캐릭터까지 홍보할 수 있는 일석이조의 방법입니다. 이 방법은 이미 인지도가 있는 캐릭터와 함께 신규 캐릭터를 홍보할 때 효과적으로 사용할 수 있는 방법이기도 합니다.

캐릭터 제작 과정 공유하기

캐릭터 구상부터 SNS에 공개하여 앞으로 어떤 캐릭터로 이모티콘을 제작할 것인지 알려 주는 방법도 있습니다. 작가의 팬들은 기대 심리를 갖게 되는 효과가 있고, 혹여나 출시작과 겹치는 느낌의 캐릭터가 있다면 피드백을 통해서 본격적인 작업 전에 수정할 수 있는 기회가 생길 수 있습니다.

▲ 인스타그램에 캐릭터 초안 올려서 반응살피기

승인된 캐릭터 홍보하기

승인 후 다양한 플랫폼을 통해서 최대한 많이 홍보하는 것이 좋습니다. 개인 SNS 계정, 이모티콘에 관심이 많은 사람이 모여 있는 카페나 단톡방, 주변 지인까지 가능한 많은 사람들에게 캐릭터를 꾸준히 홍보합니다.

▲ 인스타그램에 승인 소식을 전하며 캐릭터 홍보하기

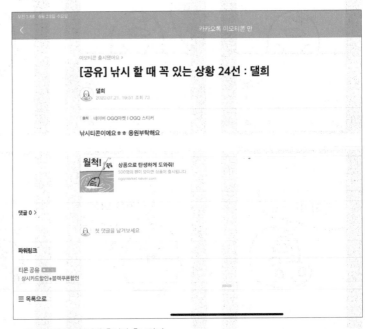

▲ 이모티콘 관련 카페에 출시작 홍보하기

개인 유튜브가 있다면 출시된 이모티콘 소감과 같은 간단한 영상을 업로드하는 것도 많은 도움이 됩니다. 꾸준하게 내 캐릭터를 노출시킬 수 있도록 다각적인 노력을 해야 합니다.

▲ 개인 유튜브에 출시작 홍보하기

내 캐릭터를 핸드폰 배경 화면으로 만들어 무료로 배포하는 방법도 가능합니다. 요즘에는 무료로 이미지와 디자인 제작이 가능한 미리캔버스와 망고보드 등 웹 기반 디자인 사이트가 인기를 얻고 있습니다. 대중에게 호감을 얻을 수 있으면서도 내 캐릭터를 각인시킬 수 있어 홍보할 수 있는 좋은 기회가 될 수 있습니다.

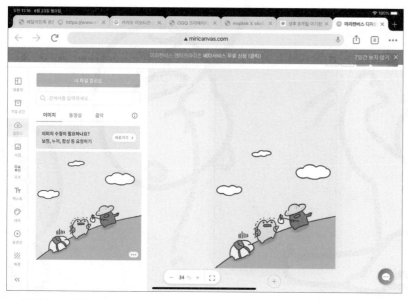

▲ 미리캔버스를 이용한 무료 배경 화면 제작 및 배포

2

주인공이 필요해!
이모티콘 캐릭터 디자인하기

이제 본격적으로 이모티콘을 제작하는 방법을 알아볼 차례입니다. 캐릭터를 제작하기 전 작업을 위한 앱의 기능을 재밌는 실습과 함께 자연스럽게 익혀 봅니다. 나아가 다양한 동물들을 함께 그려 보며 나만의 캐릭터를 만드는 방법을 알고 응용해 보도록 합니다.

작업의 시작, **캔버스 준비하기**

캔버스는 그림을 그릴 도화지를 고르는 일과 비슷합니다. 카카오 이모티콘을 기준으로 하면 가로, 세로 360px이 기준이 됩니다. 360px 크기에 바로 그림을 그려도 되지만, 작업의 편의성과 이후 카카오에서 1000px 이상의 원본 파일을 요구하는 경우도 있으므로 가로, 세로 1000px 이상의 정사각형 캔버스를 이용합니다.

이모티콘을 위한 캔버스 만들기

01 │ 오른쪽 상단에 〔+〕 버튼을 탭하여 새로운 캔버스 창을 표시합니다. 새로운 캔버스 오른쪽에 〔사용자지정 캔버스(■)〕를 탭합니다.

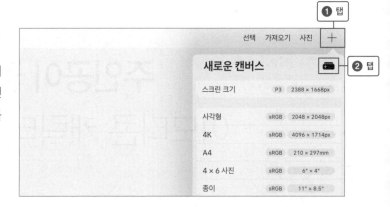

02 │ 사용자지정 캔버스에서 〔크기〕를 탭합니다. 너비를 '1000px', 높이를 '1000px', DPI를 '72'로 설정하면 최대 레이어 수는 자동으로 변경됩니다. 캔버스 이름을 '이모티콘'으로 변경합니다.

> **TIP** 너비와 높이를 '1000px' 이상으로 설정해도 좋습니다. 너비와 높이가 커질수록 최대 레이어 수는 감소합니다.

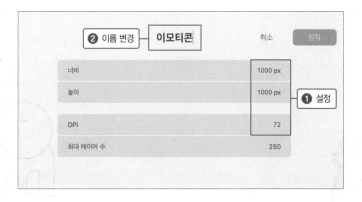

03 │ 〔색상 프로필〕을 탭한 다음 〔RGB → sRGB IEC6 1966–2.1〕을 선택합니다. RGB는 이모티콘 설정 규격입니다. 만약 인쇄용으로 작업한다면 CMYK를 선택해야 합니다. 우리는 이모티콘 제출을 위한 작업을 진행하므로 RGB로 선택합니다.

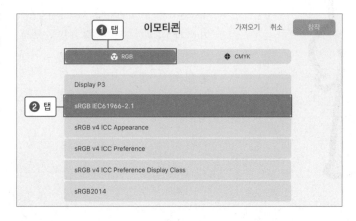

04 | (타임랩스 설정)을 탭한 다음 기본 설정인 (1080p), (우수한 품질)을 선택합니다. 이후에 그림 그리는 과정을 영상으로 확인할 수 있는 기능입니다.

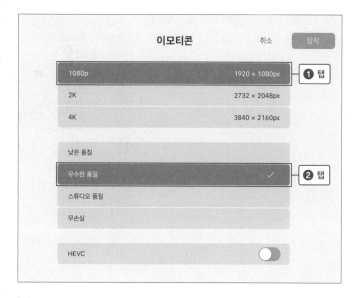

05 | (캔버스 속성)을 탭하면 기본적으로 배경 색상은 '흰색'으로 설정되어 있습니다. (배경 숨김)을 비활성화한 상태로 오른쪽 상단에 (창작) 버튼을 탭합니다.

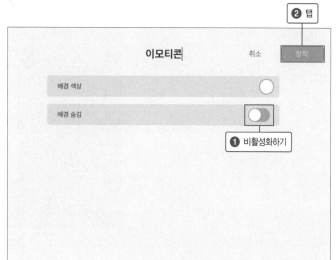

06 | 이모티콘 캔버스 설정이 완료되었습니다. 이후 작업이 완료되면 캔버스 크기를 제출 규격에 맞게 변경해야 합니다. 왼쪽 상단에 (동작( )))을 탭합니다.

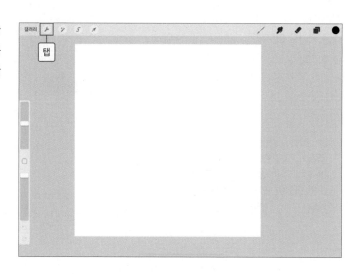

07 | [캔버스]에서 [잘라내기 및 크기변경]을 선택합니다.

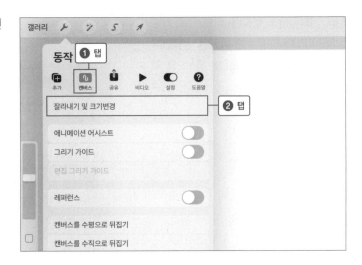

08 | 잘라내기 및 크기변경에서 애플 펜슬 또는 직접 탭하여 크기를 조절할 수 있습니다.

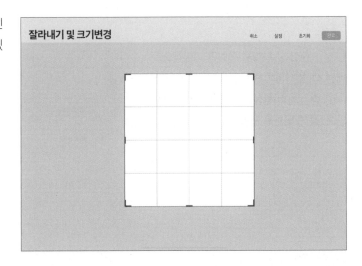

09 | 정확한 크기로 변경하기 위해서 [설정]을 탭하여 [캔버스 리샘플]을 활성화한 다음 카카오 이모티콘 제출 규격인 '360px'로 설정합니다.

TIP 작업이 끝난 후 캔버스의 크기를 변경하기 전에 반드시 원본 파일을 남겨야 합니다. 한 번 줄어든 캔버스를 확대하면 품질이 떨어져서 사용할 수 없습니다.

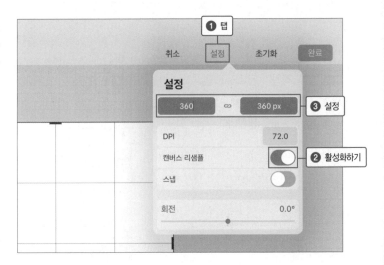

디지털 물감, **팔레트 준비하기**

팔레트는 그림을 그릴 때 쓰는 물감이라고 생각하면 됩니다. 혹은 색연필이 될 수도 있습니다. 좋은 색은 나의 캐릭터를 더욱 빛나게 합니다. 기본적인 팔레트 설정법을 이해하고 나만의 아름다운 색들을 팔레트에 저장해 보세요.

다양한 색상 설정 방법

01 오른쪽 상단에 (색상(●))을 탭합니다.

02 하단에 (디스크)를 선택합니다. 안쪽 선택 툴과 바깥쪽 선택 툴이 있습니다. 바깥쪽에서는 색상을 선택하고, 안쪽에서는 채도와 명도를 한번에 조정할 수 있습니다.

03 〔클래식〕을 선택합니다. 중간에 색상, 채도, 명도 슬라이더를 조절할 수 있습니다. 제 경우에는 '클래식'을 사용합니다.

TIP 이모티콘에서는 주로 밝은 채도, 밝은 명도의 색을 많이 사용해요. 가시성을 높이기 위해서 실제보다 다소 밝은색을 사용하는 것이 좋습니다.

04 〔하모니〕를 선택합니다. 하모니는 내가 지금 선택한 색과 어울리는 색을 추천해 줍니다.

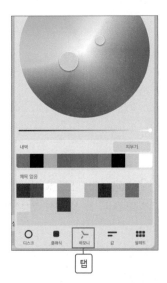

TIP 이모티콘도 포스터처럼 4-5가지 색 안에서 사용하는 것이 좋습니다. 하모니 기능을 이용해 소품이나 포인트가 되는 색을 추가하면 유용합니다.

05 〔값〕을 선택합니다. 6개의 슬라이더를 조절할 수 있습니다. 주로 정확한 색을 적용하기 위해서 '16진값'에 색상 값을 입력하는 용도입니다. 이모티콘에서는 카카오톡 기본 배경색이 필요하므로 '#97c1d9'를 입력해 팔레트에 보관해도 좋습니다.

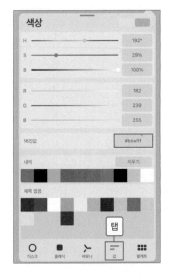

06 │ 〔팔레트〕를 선택합니다. 최대 30가지 색을 보관할 수 있는 팔레트를 생성, 삭제할 수 있습니다.

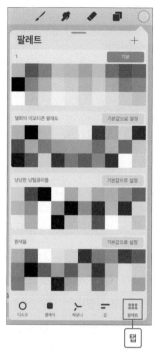

원하는 색상으로 팔레트 생성하기

01 │ 팔레트를 새로 생성해 보겠습니다. 오른쪽 상단에 〔+〕 버튼을 탭한 다음 〔새로운 팔레트 생성〕을 선택합니다.

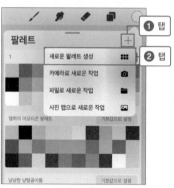

02 │ '제목 없음' 팔레트가 생성되며 기본으로 설정되어 있습니다.

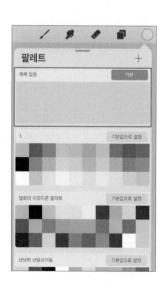

03 | 팔레트의 빈 곳을 탭하면 현재 선택된 색이 추가됩니다.

04 | 색을 삭제하고 싶다면 색을 길게 탭한 다음 [색상견본 삭제]
를 탭하면 삭제됩니다.

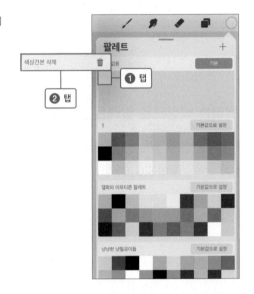

05 | 팔레트 세트 전체를 삭제하기 위해서는 팔레트를 왼쪽으로 드래그한 다음
[삭제] 버튼을 탭합니다.

06 | 팔레트 삭제 경고 창이 표시되면 〔삭제〕 버튼을 탭합니다.

07 | 이번에는 팔레트를 채우도록 하겠습니다. 〔색상(●)〕을 '빨간색'으로 지정한 다음 채도와 명도 슬라이더를 가장 오른쪽으로 드래그합니다. 팔레트의 빈 곳을 탭하면 팔레트에 색상이 등록됩니다.

08 | 색상 슬라이더를 오른쪽으로 조금 드래그하여 '주황색'으로 지정합니다. 채도와 명도 슬라이더는 가장 오른쪽으로 드래그한 다음 팔레트의 빈 곳을 탭합니다.

09 | 같은 방법으로 색상 슬라이더를 오른쪽으로 드래 그하면서 색상을 지정한 다음 빈 곳을 탭하여 팔레트의 첫 번째 줄을 채웁니다.

10 | 두 번째 줄은 파스텔 색들로 채웁니다. 팔레트에 서 '빨간색'을 선택한 다음 채도 슬라이더를 1/3 지점에 위치하도록 조절합니다. 분홍색으로 변경된 색을 두 번 째 줄 첫 번째 칸을 탭하여 저장합니다.

11 | 팔레트에서 '주황색'을 선택한 다음 채도 슬라이 더를 1/3 지점에 위치하도록 조절합니다. 살구색으로 변 경된 색을 두 번째 줄 두 번째 칸을 탭하여 저장합니다.

12 | 같은 방법으로 두 번째 줄을 파스텔 색으로 채웁 니다.

13 │ 명도 슬라이더를 오른쪽 끝으로, 채도 슬라이더를 왼쪽 끝으로 드래그하면
'흰색'이 됩니다. 명도 슬라이더를 왼쪽 끝으로, 채도 슬라이더를 왼쪽 끝으로 드래그
하면 '검은색'이 됩니다. '흰색'과 '검은색'도 팔레트에 저장합니다.

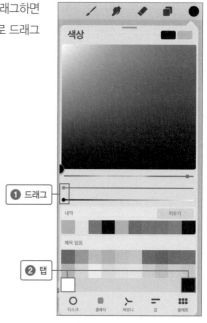

① 드래그

② 탭

14 │ 그 밖에 '진한 노란색', '진한 초록색' 등
캐릭터의 색에 맞추어 완전한 검은색이 아닌
색도 외곽선으로 사용합니다. 취향에 맞게 팔
레트에 저장합니다.

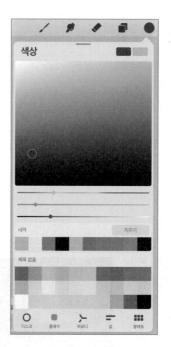

15 │ (팔레트)를 선택하면 현재까지 설정한 팔레트가 저장되어 있습니다. 여러 팔레트를 만들고 필요에 따라 활용할 수 있습니다.

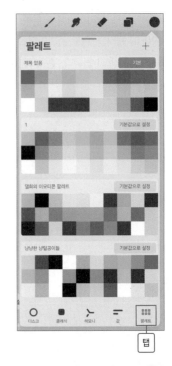

사진과 파일을 이용해 팔레트 생성하기

01 │ 나머지 팔레트 생성 방법도 알아보겠습니다. 오른쪽 상단에 (+) 버튼을 탭한 다음 (카메라로 새로운 작업)을 선택합니다.

02 │ 카메라 모드가 작동됩니다. 카메라로 보이는 부분이 색상 팔레트에 색상으로 표시되는 것을 확인할 수 있습니다. 원하는 색상이 표시되면 (촬영) 버튼을 탭합니다.

03 '색상 팔레트'라는 이름으로 촬영한 사진이 색상으로 등록되었습니다.

04 (+) 버튼을 탭한 다음 (파일로 새로운 작업)을 선택합니다.

05 파일 앱에서 원하는 파일을 선택합니다.

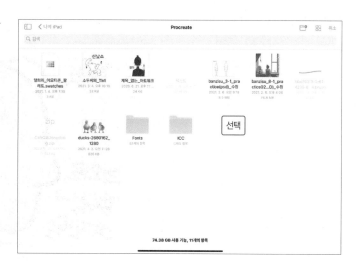

06 │ 선택한 파일의 색상이 '이미지로 생성한 팔레트'라는 이름으로 등록되었습니다.

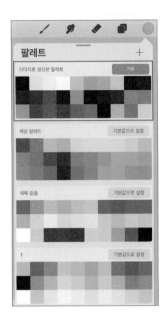

07 │ [+] 버튼을 탭한 다음 [사진 앱으로 새로운 작업]을 선택합니다.

08 │ 사진 앱에서 원하는 사진을 선택합니다.

09 선택한 사진의 색상이 '이미지로 생성한 팔레트'라는 이름으로 등록되었습니다.

10 이 방법 외에도 왼쪽 사이드 바에서 〔추출하기(⬜)〕 버튼을 탭하여 원하는 색을 추출하여 저장하는 방법도 있습니다. 상황에 따라서 적절하게 필요한 기능을 이용하여 원하는 색을 팔레트에 저장하면 이모티콘을 만들 때 요긴하게 활용할 수 있습니다.

브러시 **준비하기**

STEP

브러시는 붓, 연필 등 그리는 도구이면서 동시에 붓 터치 기술이나 채색 기법이 되기도 하는 디지털 드로잉의 핵심 기능입니다. 다행히 이모티콘은 몇 가지 브러시만 잘 사용해도 큰 무리가 없습니다. 댈희가 추천하는 기본 브러시와 자체 제작 브러시를 소개합니다.

이모티콘 작업에 많이 사용하는 브러시 설정하기

01 〔브러시(✏️)〕를 탭하여 브러시 라이 브러리에서 왼쪽 〔+〕 버튼을 탭합니다.

02 새로 만든 브러시 모음 이름을 '이모티콘브러시'로 변경합니다. 현재는 '이모티콘브러시'에 브러시가 없기 때문에 추가해야 합니다.

03 │ 이모티콘 작업에서 가장 많이 사용하는 브러시를 추가합니다. (서예
→ 모노라인)을 선택합니다.

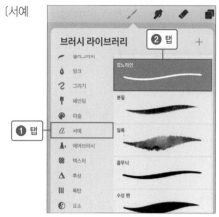

04 │ 원본 브러시를 보호하기 위해서 브러시를 왼쪽으로 드래그하여 (복제)
버튼을 탭합니다.

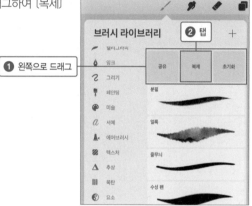

05 │ 복제된 '모노라인 1'을 길게
탭하면 이동이 가능합니다. '모노라
인 1'을 탭한 채로 '이모티콘브러시'
로 드래그합니다.

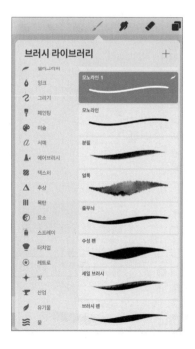

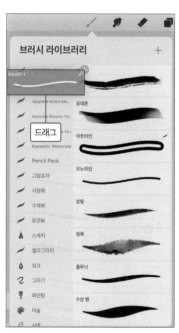

06 │ '이모티콘브러시'에 '모노라인 1' 브러시가 추가되었습니다.

07 │ 03번–06번 과정과 같은 방법으로 나머지 브러시도 이동합니다. 〔잉크
→ 스튜디오 펜〕을 복제하여 '이모티콘브러시'에 추가합니다.

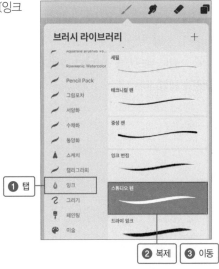

08 │ 〔잉크 → 마커〕, 〔스케치 → 6B 연필〕, 〔에어브러시 → 소프트 브러시〕를 복제하여 '이모티콘브러시'에 추가합니다.

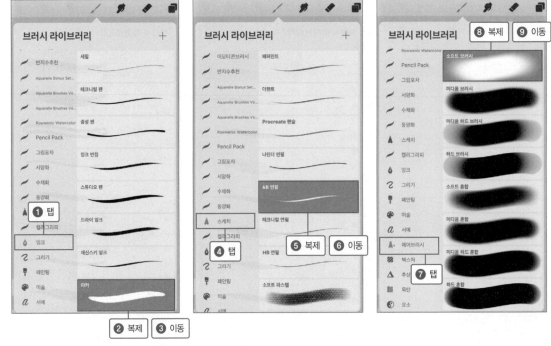

09 | 복제한 브러시들이 잘 추가되었는지 확인합니다. 이 브러시들은 이모티콘을 만들기에 적합하고 널리 사용되는 브러시들입니다. 여기에 브러시를 만들어 하나 더 추가합니다.

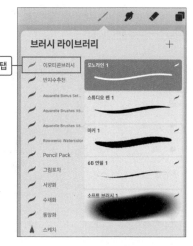

10 | '모노라인 1'을 하나 더 복제하여 '모노라인 1 1'을 만듭니다. (모노라인 1 1)을 탭하여 브러시 스튜디오로 이동합니다.

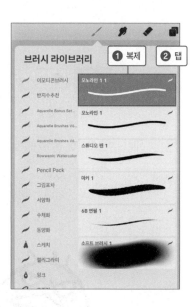

11 | (획 경로) 탭에서 '간격'을 '10%', 'StreamLine'을 '최대', '지터'를 '20%', '묽음 감소'를 '없음'으로 설정합니다.

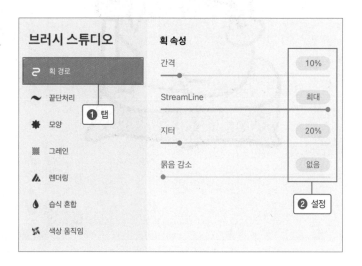

12 〔이 브러시에 관하여〕 탭을 선택합니다. '모노라인 1 1' 부분을 탭하여 브러시 이름을 '댈희브러시'로 변경한 다음 〔완료〕 버튼을 탭합니다.

13 '이모티콘브러시'에 총 6개의 브러시가 추가되었습니다. 저는 이렇게 6가지 브러시를 활용하고 있습니다.

TIP

❶ 이외에 자신만의 브러시를 만들고 싶다면 알아야 할 기능이 있습니다. 브러시 스튜디오에서 (획 경로) 탭을 선택하면 획 속성의 모든 슬라이더가 왼쪽 끝으로 조절되어 있습니다.

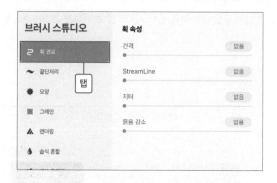

❷ '간격'을 설정하면 선을 이루는 점과 점 사이가 멀어집니다.

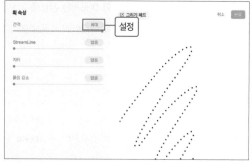

❸ 'StreamLine'은 손 보정 효과라고 생각할 수 있습니다. 보정이 없을 때는 다음과 같이 실제 펜이 지나간 자리를 보여 줍니다.

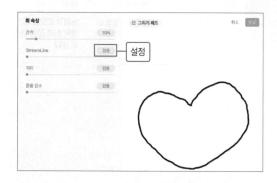

❹ 'StreamLine'을 '최대'로 설정하면 선이 보정되는 것을 확인할 수 있습니다. 이모티콘은 깔끔한 선을 요구하는 경우가 많습니다. 여러 번 조절해 보고 자신에게 적절한 수치를 찾습니다.

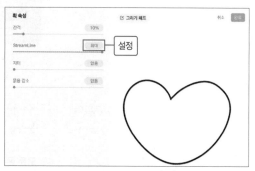

❺ '지터'는 점이 얼마나 퍼지는가를 조절할 수 있는 기능입니다. 적절하게 지터를 활용하면 몽글몽글한 느낌을 줄 수 있습니다. '댈희브러시' 역시 '지터'를 '20%'로 설정하여 몽글한 느낌을 주었습니다.

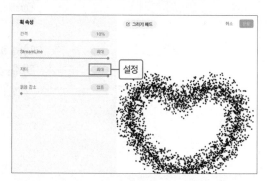

❻ '묽음 감소'는 수치가 높아질수록 투명해집니다. 제 경우에는 이모티콘 작업에서 적절치 않은 경우가 많아 잘 사용하지 않습니다.

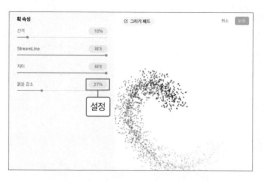

❼ 기본 브러시를 잘 활용해서 충분히 그려본 후에 부족한 느낌은 브러시 변형을 통해 찾아가는 것이 좋습니다.

폰트 **준비하기**

이모티콘 표현에는 텍스트가 들어가는 경우가 많습니다. 손글씨를 잘 쓰는 사람도 있는 반면에 악필인 사람도 있습니다. 텍스트의 경우 가독성이 중요하기 때문에 악필을 고집하기보다는 자신의 캐릭터와 어울리는 폰트를 사용하는 방법이 좋습니다. 무료 폰트 사이트인 '눈누'에서 원하는 폰트를 찾아서 다운받아 사용해 봅니다.

원하는 폰트 다운받기

01 │ 검색창에 '눈누'를 검색하여 접속합니다.

02 │ (모든 폰트)를 선택한 다음 허용 범위에서 (포장지), (임베딩), (BI/CI), (OFL)을 모두 체크 표시합니다.

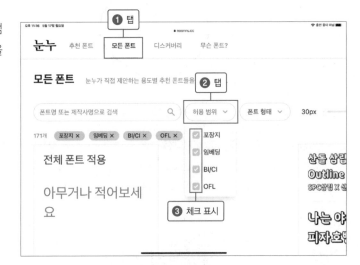

03 원하는 폰트를 찾아봅니다. 미리 어떻게 글씨가 나오는지 원하는 내용을 입력할 수 있습니다. 자신의 캐릭터와 어울리는 느낌이 나는지 확인합니다.

04 적합한 폰트를 찾았다면 탭한 다음 (다운로드) 버튼을 탭합니다.

05 TTF(트루타입), OTF(오픈타입) 폰트가 있습니다. 자신의 기기에 맞게 다운로드합니다.

06 | (다운로드) 버튼을 탭하면 하단에 다운로드 과정이 표시됩니다. 다시 (다운로드)를 탭합니다.

07 | 다운로드가 완료되면 (다음에서 열기)를 탭한 다음 (Procreate)를 탭합니다.

08 | 가져오는 중 화면이 표시되면 프로크리에이트에서 해당 폰트를 사용해 봅니다.

다운받은 폰트 적용하기

01 | (동작(🔧) → 추가 → 텍스트 추가)
를 선택합니다.

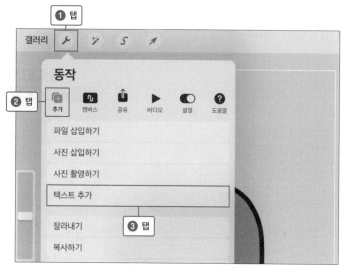

02 | 텍스트를 선택하고 (Aa)를 탭하여
서체 설정 화면으로 이동합니다.

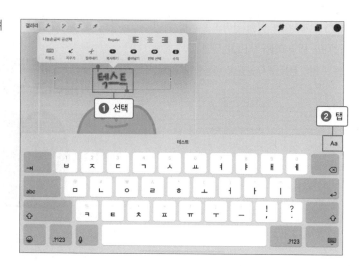

03 | 서체에서 다운로드한 폰트가 있는
지 확인하고 적용해 봅니다. 적용이 완료되
면 왼쪽 상단에 (키보드(⌨)) 버튼을 탭합
니다.

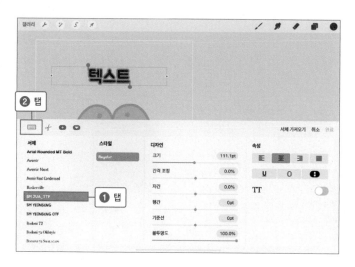

04 | 원하는 문구를 입력합니다.

05 | 캐릭터와 함께 글씨의 느낌을 확인합니다. 만약 어울리지 않는다면 다시 원하는 느낌의 폰트를 다운받아 적용합니다.

레이어 **이해하기**

디지털 드로잉은 '레이어'를 활용하기 때문에 손 그림과는 많은 차이가 있습니다. 레이어는 일종의 층이 있는 것입니다. 그림을 그리기에 앞서 반드시 알아야 하는 개념을 배워 봅니다.

레이어 알아보기

01 (레이어(▣))에서 '레이어 1', '레이어 2', '레이어 3'에 각각 그림을 그렸습니다. 프로크리에이트는 위에 있는 레이어가 캔버스에서 가장 앞으로 오는 특징을 가졌습니다.

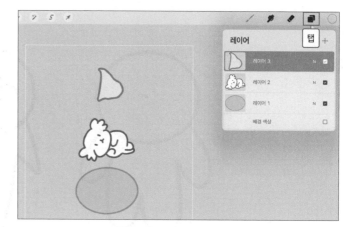

02 레이어들의 그림을 겹치면 오른쪽과 같은 그림이 됩니다.

03 만약 '레이어 2'를 맨 위로 이동하면 캔버스에서 '레이어 3'의 이불이 강아지 캐릭터 뒤로 가는 것을 알 수 있습니다.

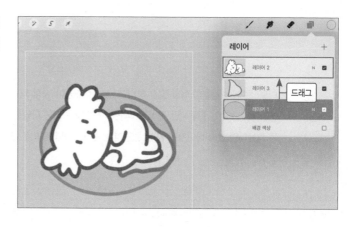

TIP 레이어를 위로 이동할수록 앞으로, 아래로 이동할수록 뒤로 갑니다.

이미지 이미지하기

···06 사람 그리기

● **난이도 :** ★
● **브러시 :** 이모티콘브러시 – 댈희브러시
● **예제 파일 :** 02\이모티콘브러시.brushset
● **완성 파일 :** 02\사람_완성.procreate

Drawing Style

이모티콘에서 동물이 정말 많긴 하지만 단순한 '흰둥이' 사람 캐릭터도 꾸준한 사랑을 받고 있습니다. 개성을 부여하기가 힘들지만 잘 만든 나만의 사람 캐릭터는 다양한 콘셉트를 소화할 수 있기 때문에 승인을 받는다면 효자 아이템이 될 수 있습니다. 함께 사람 캐릭터를 그려 보겠습니다.

무표정의 사람 그리기

01 (새로운 캔버스 → 이모티콘) 캔버스
를 불러옵니다.

> **TIP** 아직 이모티콘 캔버스를 만들지 않
> 았다면 50~52쪽을 참고하여 이모티콘
> 캔버스를 만든 후 예제를 진행합니다.

02 (동작(🔧) → 캔버스 → 그리기 가이드)를 활성화합니다.

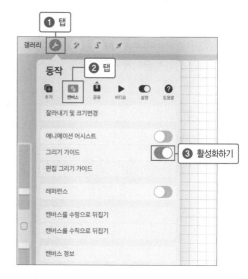

03 (브러시(✏️))를 탭하여 브러시 라이브러리에서 (이모티콘브러시
→ 댈획브러시)를 선택합니다.

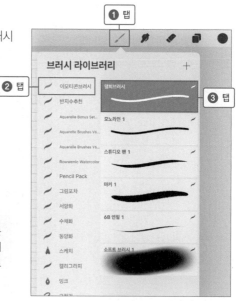

> **TIP** 이모티콘브러시가 없다면 64~68쪽을 참고하여 브러시를 만든
> 후 예제를 진행합니다. 또는 아이패드 '파일' 앱에서 다운받은 예제
> 파일의 02 폴더에서 '이모티콘브러시.brushset' 파일을 탭하여 프로
> 크리에이트로 브러시 세트를 불러올 수 있습니다.

04 │ 브러시 크기를 '20%'로 조절합니다.

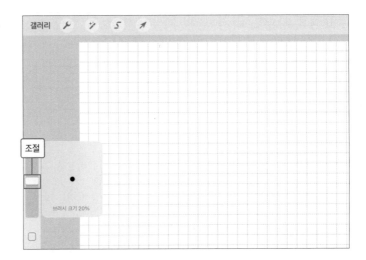

05 │ 원을 그리고 펜을 떼지 않은 채로 기다리면 원이 깔끔하게 수정됩니다.

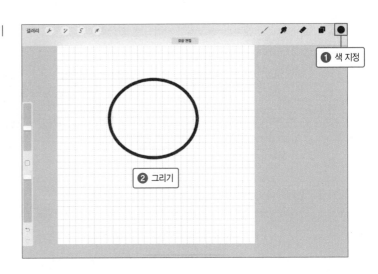

06 │ 얼굴에 몸을 붙여 그립니다. 모양은 크게 상관이 없으므로 부담 없이 그립니다.

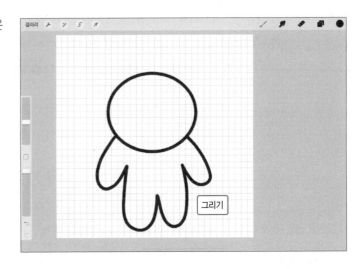

07 │ 얼굴에 눈과 입을 그려 줍니다.

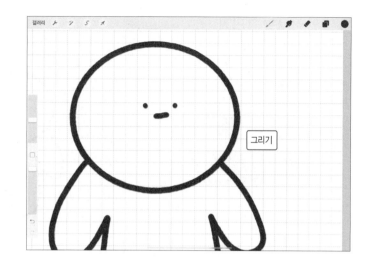

그리기

08 │ (레이어( ))에서 '배경 색상' 레이어를 체크 해제하여 배경을 안 보이게 하면 색칠된 부분과 안 된 부분이 명확하게 보입니다.

① 탭

② 체크 해제

09 │ (색상( ))에서 '흰색'을 선택하여 채색합니다. 색상을 그림 영역으로 드래그하여 채색을 완료합니다. 손쉽게 사람이 완성되었습니다.

① 탭

② 탭

③ 드래그

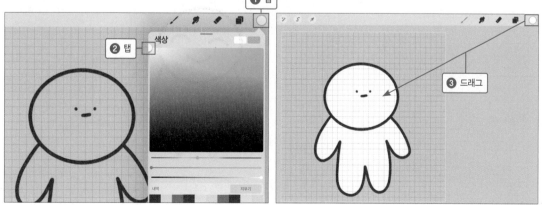

웃고 있는 사람 그리기

01 │ 다른 스타일의 사람도 그려 보겠습니다. (레이어(🖽))에서 (+) 버튼을 탭하여 '레이어 2'를 추가합니다.

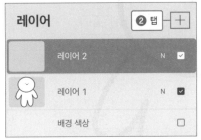

02 │ 이전 그림을 참고하기 위해서 (동작(🔧) → 캔버스 → 애니메이션 어시스트)를 활성화합니다.

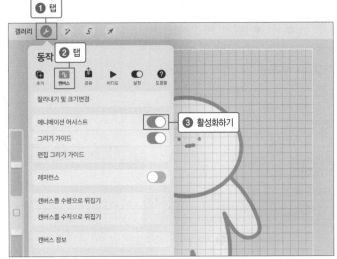

03 │ '레이어 1'의 사람을 참고하여 다른 형태로 사람을 그립니다. 웃는 눈과 입, 몸은 뾰족한 형태로 그립니다.

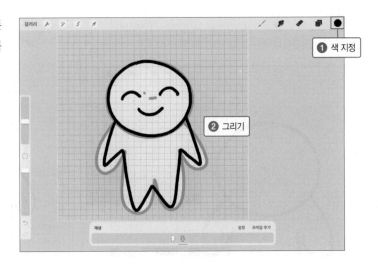

04 마찬가지로 〔색상(●)〕을 '흰색'으로 지정한 다음 드래그하여 채색을 완료합니다. 두 번째 스타일의 사람도 완성되었습니다.

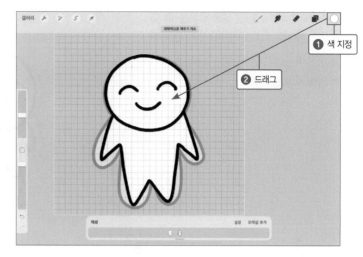

05 〔레이어(●)〕에서 '레이어 1'을 체크 해제하여 '레이어 2'에 그린 두 번째 그림의 느낌을 다시 한번 확인합니다.

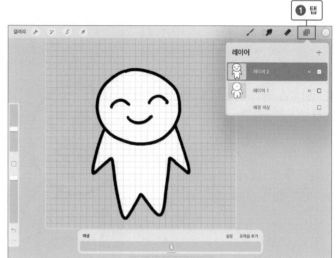

얼굴이 긴 사람 그리기

01 〔레이어(●)〕에서 〔+〕 버튼을 탭하여 '레이어 3'을 추가합니다.

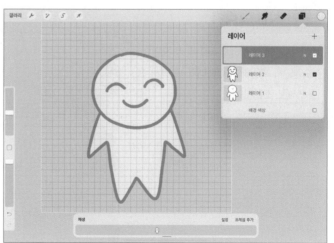

02 이번에는 기다란 얼굴에 몸은 좀 더 작게 그립니다. 기존의 그림을 참고하여 변형하면 내 개성이 묻어 있는 캐릭터를 손쉽게 만들 수 있습니다.

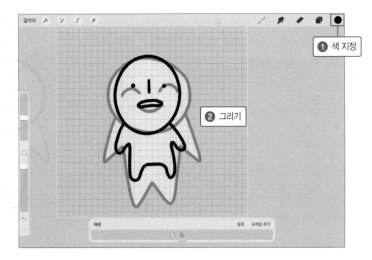

03 (색상(●))을 '흰색'으로 지정한 다음 드래그하여 채색을 완료합니다. (레이어 (■))에서 (+) 버튼을 탭하여 '레이어 4'를 추가한 다음 '레이어 2'는 체크 해제합니다.

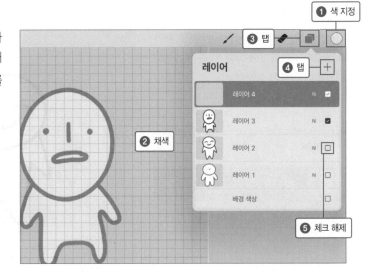

통통한 사람 그리기

01 이번에는 브러시 크기를 바꾸면 어떤 느낌인지 확인해 보겠습니다. 브러시 크기를 '5%'로 조절합니다.

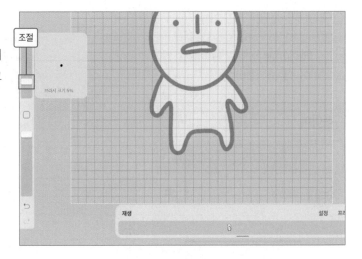

02 | '레이어 1'의 캐릭터를 참고하여 얇은 선으로 캐릭터를 그립니다. 몸을 좀 더 통통하게 그려서 귀여움을 강조하였습니다.

TIP '레이어 1'의 캐릭터를 참고하려면 레이어에서 '레이어 3'을 체크 해제하여 그림을 안 보이게 하고, '레이어 1'을 체크 표시하여 그림을 보이게 합니다.

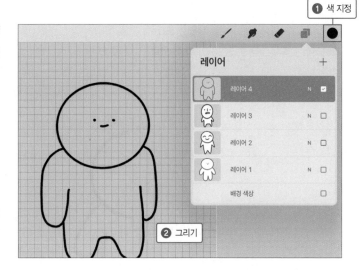

03 | (색상(●))을 '흰색'으로 지정한 다음 드래그하여 채색합니다. 채색에 따라서 캐릭터의 느낌이 달라지기 때문에 꼭 채색까지 완료한 후 캐릭터를 비교해야 합니다.

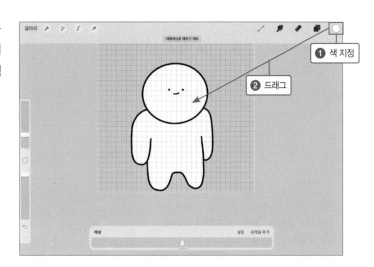

사람 캐릭터 크기 조절하고 배치하기

01 | (레이어(■))에서 '배경 색상' 레이어를 제외한 모든 레이어를 체크 표시합니다.

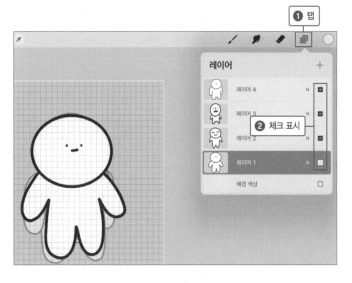

02 '배경 색상' 레이어를 제외한 모든
레이어를 오른쪽으로 드래그하여 다중 선택
합니다.

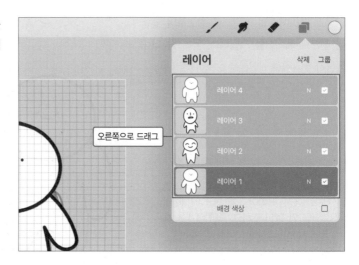

03 [변형(↗)]을 탭합니다. 캔버스에 4
개의 캐릭터를 배치할 수 있도록 캐릭터들
의 크기를 줄여 줍니다.

TIP 하단 메뉴에서 [균등]을 선택하면
캐릭터 비율을 그대로 유지하며 크기를
조절할 수 있습니다.

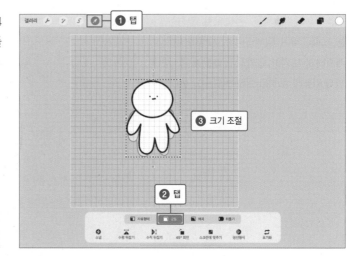

04 [레이어(▣)]에서 '레이어 1'을 선택
합니다.

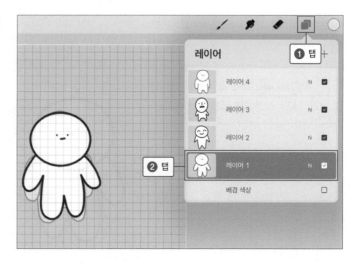

05 (변형(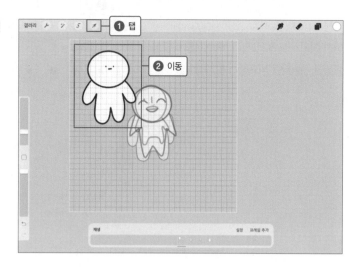))을 탭하여 '레이어 1'을 캔버스 왼쪽 상단으로 이동합니다.

06 04번-05번 과정과 같은 방법으로 '레이어 2'를 오른쪽 상단으로 이동합니다.

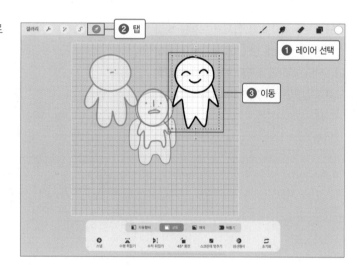

07 나머지 캐릭터도 캔버스 하단으로 이동합니다.

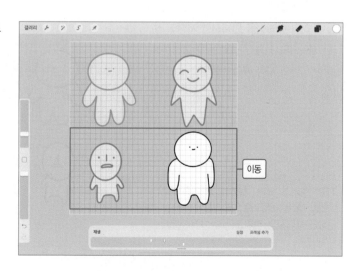

08 [동작(🔧)] → 캔버스]에서 [애니메이션 어시스트]와 [그리기 가이드]를 비활성화하면 캐릭터를 비교해서 볼 수 있습니다.

09 모든 레이어를 합쳐서 느낌을 비교할 수도 있습니다. [레이어(📑)]에서 '레이어 1'부터 '레이어 4'까지 한번에 두 손가락으로 꼬집으면 레이어가 병합됩니다.

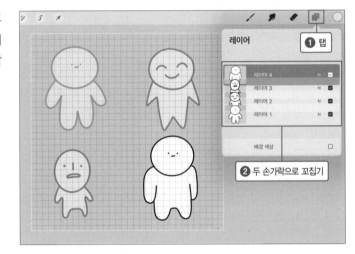

10 이러한 과정을 반복하면 자신이 생각한 캐릭터의 성격, 콘셉트 등을 고려하여 적당한 나만의 사람 캐릭터를 만들 수 있습니다.

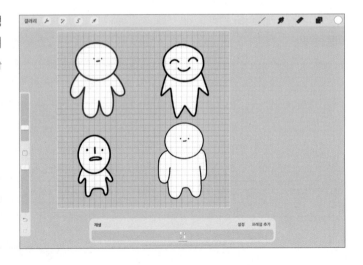

TIP 캔버스 크기 '1000px'을 기준으로 했을 때, 일반적으로 이모티콘에서 사용하는 브러시의 크기는 '5%~30%' 사이입니다.

···07 토끼 그리기

- 난이도 : ★★
- 브러시 : 이모티콘브러시 – 댈희브러시
  소프트 브러시 1, 마커 1, 스튜디오 펜 1
- 예제 파일 : 02\이모티콘브러시.brushset
- 완성 파일 : 02\토끼_완성.procreate

Drawing
Style

이모티콘 전성시대를 연 동물을 단연 토끼입니다. 귀여움부터 병맛까지 모든 콘셉트를 소화할 수 있는 토끼는 가장 이모티콘스러운 동물이 아닐까 싶습니다. 토끼 캐릭터는 귀만으로도 표현이 가능하기에 변형도 쉽고 초보자가 이모티콘을 시작하면서 선택하기에 적합한 동물이기도 합니다. 함께 그려보도록 하겠습니다.

말하는 토끼 그리기

01 [새로운 캔버스 → 이모티콘] 캔버스
를 불러옵니다.

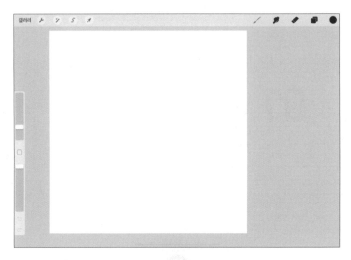

02 [동작(🔧) → 캔버스 → 그리기 가이드]를 활성화합니다.

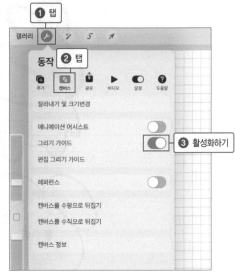

03 [브러시(✏️)]를 탭하여 브러시 라이브러리에서 [이모티콘브러시
→ 댈희브러시]를 선택합니다.

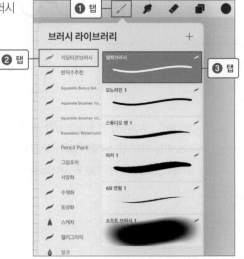

04 브러시 크기를 '20%'로 조절한 다음 사람 형태를 그려 줍니다.

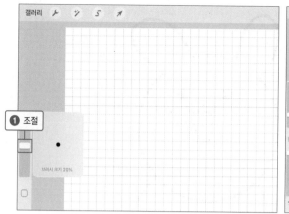

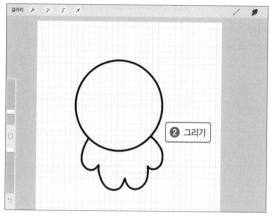

05 토끼는 귀만으로도 표현이 되는 아주 대중적인 이모티콘 속 동물입니다. 귀를 표현할 부분을 (지우개(✐))로 지웁니다.

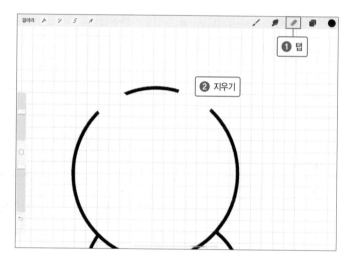

06 자신의 취향대로 귀를 그려 줍니다. 토끼 느낌이 나도록 길게 그리면 좋습니다.

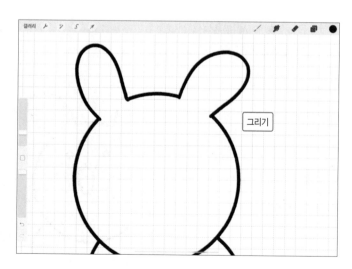

07 완성된 얼굴 형태 안에 눈, 코, 입을 그립니다. 눈, 코, 입을 그릴 때 캐릭터의 성격을 생각하면서 그리면 캐릭터의 느낌을 살리는 데 도움이 됩니다.

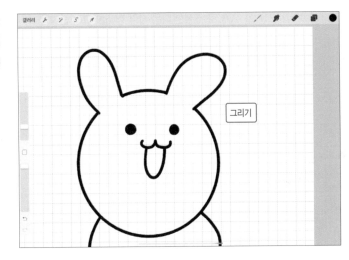

08 채색을 위해서 〔레이어(▣)〕에서 '배경 색상' 레이어를 체크 해제합니다.

09 〔색상(◉)〕에서 '분홍색'을 선택합니다. 자신이 원하는 색을 선택하여도 무관합니다.

10 | 색상을 그림 영역으로 드래그하여
채색합니다.

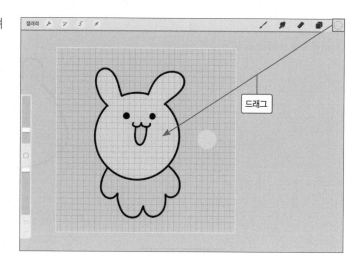

졸린 토끼 그리기

01 | 분홍색 토끼를 완성했습니다. 다른
토끼도 그리기 위해서 (레이어(🖼))에서
(+) 버튼을 탭하여 '레이어 2'를 추가합니다.

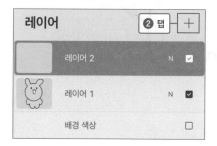

02 | 이전 그림을 참고하기 위해서 (동작
(🔧) → 캔버스 → 애니메이션 어시스트)를
활성화합니다.

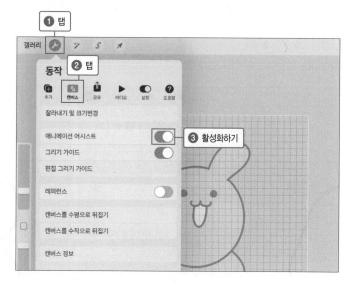

03 | 이전 그림을 참고하여 토끼를 그립니
다. 귀를 모으고 볼을 더 넓게 그려 줍니다.

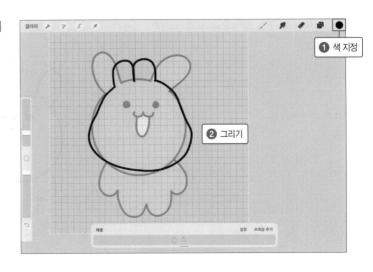

04 | 얼굴과 몸의 균형을 위해서 몸도 얼
굴과 비례하여 통통하게 그려 줍니다.

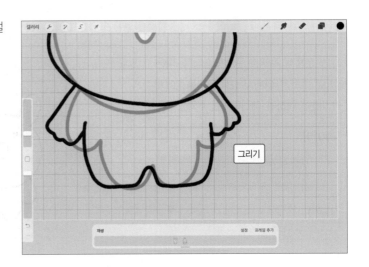

05 | (레이어(■))에서 '레이어 1'을 체크 해제하여 형태를 다시 확인합니다. 마음에 들지 않는다면 이 상태에서 다시 수
정합니다. 토끼의 눈과 입을 그려 줍니다.

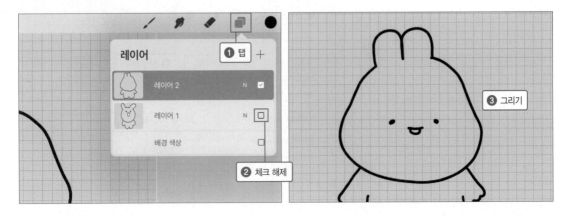

06 색상을 드래그하여 '흰색'으로 채색
합니다. 캐릭터를 더 귀엽게 표현하기 위해
볼 터치를 넣어 봅니다.

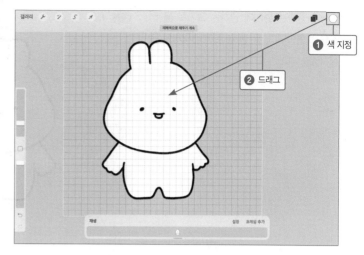

07 (브러시(✏️))를 탭하여 브러시 라이
브러리에서 (이모티콘브러시 → 소프트 브
러시 1)을 선택한 다음 (색상(●))을 '분홍
색'으로 선택합니다.

08 브러시 크기를 '5%'로 조절합니다.

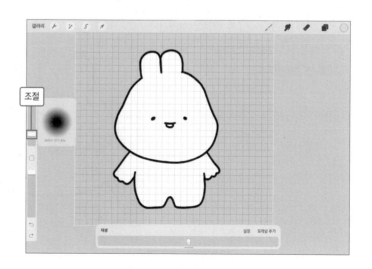

09 원하는 위치에 원하는 크기로 볼 터치를 표현합니다. 두 번째 토끼 캐릭터도 완성하였습니다.

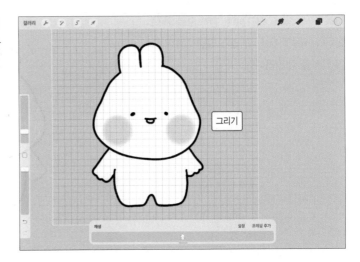

양칼진 토끼 그리기

01 세 번째 토끼 캐릭터를 그리기 위해 〔레이어()〕에서 〔+〕 버튼을 탭하여 '레이어 3'을 추가합니다.

02 다시 〔브러시()〕를 탭하여 브러시 라이브러리에서 〔이모티콘브러시 → 댈획브러시〕로 변경해 줍니다.

03 이번에는 이전 그림을 참고하여 처진 귀를 표현해 줍니다.

04 (레이어(▣))에서 '레이어 2'를 체크 해제하여 형태를 점검합니다.

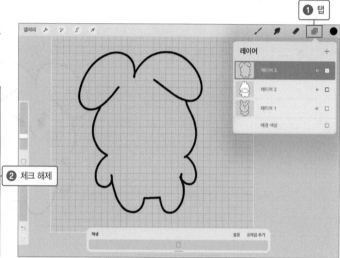

05 눈, 코, 입을 그립니다. (색상(●))을 '연한 노란색'으로 지정한 다음 드래그하여 채색합니다.

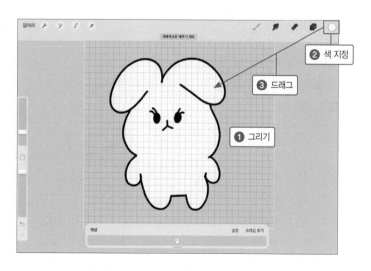

06 캐릭터의 개성과 매력을 살리기 위해 (브러시(✏️))를 탭하여 브러시 라이브러리에서 (이모티콘브러시 → 마커 1)을 선택합니다. (색상(⬤))을 '노란색'으로 지정하여 볼 터치를 그릴 준비합니다.

07 약간은 엉성하게 칠한다는 느낌으로 볼 터치를 그려 줍니다. 세 번째 캐릭터가 완성되었습니다.

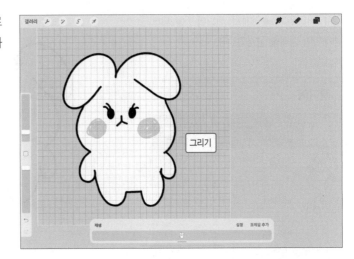

화난 토끼 그리기

01 네 번째 캐릭터를 만들기 위해 (레이어(⬛))에서 (+) 버튼을 탭하여 '레이어 4'를 추가합니다.

02 [브러시(✎)]를 탭하여 브러시 라이브러리에서 [이모티콘브러시 → 스튜디오 펜 1]을 선택합니다.

TIP 새로운 느낌의 캐릭터는 종종 새로운 브러시를 사용할 때 얻어지곤 합니다.

03 빠른 속도로 자신 있게 선을 그어 형태를 완성합니다.

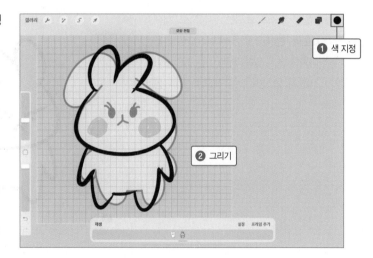

TIP 스튜디오 펜 브러시는 천천히 그리면 오히려 지저분해질 수 있어서 약간의 연습이 필요합니다.

04 [레이어(▣)]에서 '레이어 3'을 체크 해제하여 형태를 점검합니다.

05 형태 점검이 끝나면 얼굴에 눈, 코, 입을 그립니다. 선의 느낌을 잘 살릴 수 있는 얼굴로 그려 줍니다.

TIP 자신이 쉽게 그릴 수 있는 형태여야 합니다. 너무 어렵거나 디테일한 표현은 여러 가지 표현을 해야 하는 이모티콘 작업에 오히려 방해가 될 수 있습니다.

06 일반적으로 토끼는 흰색으로 채색하기 때문에 '흰색'으로 채색하고 느낌을 봅니다. 마음에 들지 않는다면 (이전으로 돌아가기) 버튼을 탭하여 다른 색으로 칠해 봅니다.

07 '파란색'이 마음에 들어서 '파랑 토끼', '파토'로 캐릭터를 잡았습니다. 이렇게 캐릭터를 만들다 보면 뜻밖에 콘셉트나 아이디어가 떠오르기도 합니다.

08 │ 완성된 토끼들을 한눈에 보기 위해
(동작(🔧) → 캔버스)에서 (애니메이션 어시
스트)와 (그리기 가이드)를 비활성화합니다.

토끼 캐릭터 크기 조절하고 배치하기

01 │ (레이어(🔳))에서 '배경 색상' 레이
어를 제외한 모든 레이어를 오른쪽으로 드
래그하여 다중 선택합니다.

02 │ 캐릭터를 캔버스에서 한눈에 볼 수
있는 크기로 줄입니다. 1/4 정도로 줄이면
적당합니다.

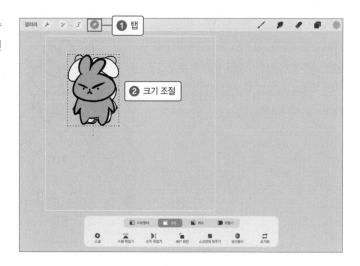

03 〔레이어()〕에서 '레이어 1'을 선택
합니다.

04 〔변형(⬈)〕을 탭하여 오른쪽 하단으
로 이동합니다.

05 03번–04번 과정과 같은 방법으로
나머지 토끼들도 배치합니다. 모두 이동이
완료되면 토끼들의 느낌을 비교해 보고 자
신이 매력을 느끼고 자신 있게 그릴 수 있는
캐릭터를 생각해 봅니다.

강아지
그리기

● **난이도 :** ★★
● **브러시 :** 이모티콘브러시 – 댈희브러시
● **예제 파일 :** 02\이모티콘브러시.brushset
● **완성 파일 :** 02\강아지_완성.procreate

Drawing
Style

강아지는 가장 대중적인 반려동물로, 많은 사랑을 받는 동물입니다. 강아지를 표현할 때는 주로 귀를 내려서 표현하는 게 일반화되어 있지만 귀가 쫑긋 올라간 캐릭터도 많습니다. 주로 장난스럽거나 친근하고 사랑스러운 콘셉트를 추구할 때 많이 선택하는 동물입니다.

귀가 처진 강아지 그리기

01 | (새로운 캔버스 → 이모티콘) 캔버스를 불러옵니다.

02 | (동작(⚒) → 캔버스 → 그리기 가이드)를 활성화합니다.

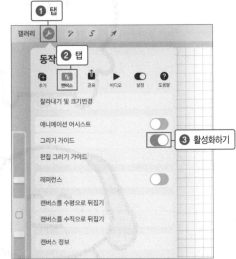

03 | (브러시(✏))를 탭한 다음 브러시 라이브러리에서 (이모티콘브러시 → 댈힉브러시)를 선택합니다.

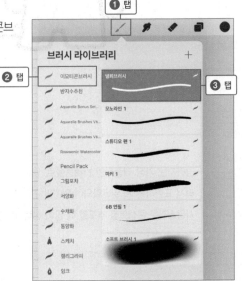

04 브러시 크기를 '20%'로 조절합니다.

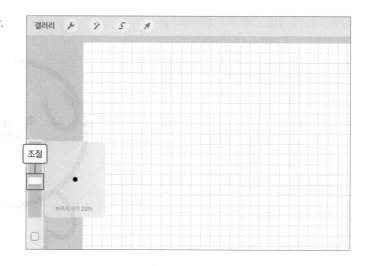

05 먼저 사람의 형태를 간단하게 그려 줍니다.

TIP 이모티콘은 쓰는 사람의 감정 이입을 위한 용도이므로 사람의 형태로 그리는 것이 좋습니다.

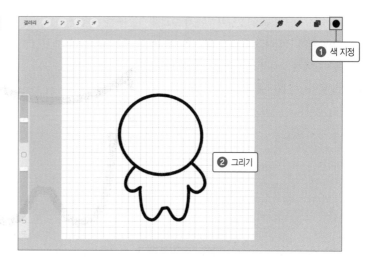

06 토끼와는 다르게 처진 귀를 그리면 강아지라는 인상을 쉽게 줄 수 있습니다.

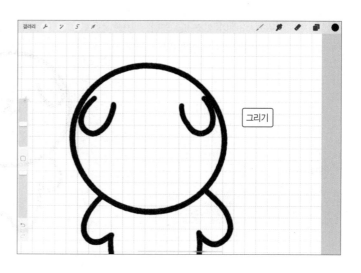

07 눈, 코, 입을 그립니다. 캐릭터의 균형을 위해서 귀 옆에 눈, 코, 입을 모아 그렸습니다.

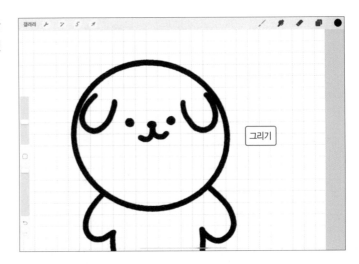

그리기

08 강아지임을 강조하기 위해서 꼬리를 다리 옆에 그립니다. 꼬리가 짧은 캐릭터는 앞모습에서 꼬리가 보이지 않고 뒷모습에서만 보이기도 합니다.

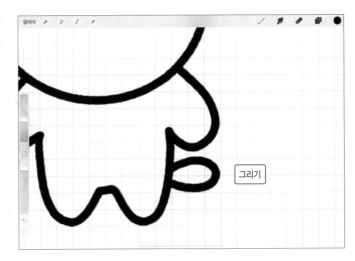

그리기

09 채색을 위해서 [레이어(📑)]를 탭하여 '배경 색상' 레이어를 체크 해제합니다.

❶ 탭

레이어 +

레이어 1   N ☑

배경 색상   ❷ 체크 해제 ☐

10 │ 누렁이 느낌을 주기 위해서 [색상 (●)]에서 '연한 갈색'을 선택합니다.

11 │ 색상을 그림 영역으로 드래그하여 채색합니다.

볼살이 많은 강아지 그리기

01 │ 두 번째 캐릭터를 그리기 위해 [레이어(■)]에서 [+] 버튼을 탭합니다.

02 | 이전 그림을 참고하기 위해서 (동작 (🔧) → 캔버스 → 애니메이션 어시스트)를 활성화합니다. 이전 그림이 반투명해지는 것을 확인할 수 있습니다.

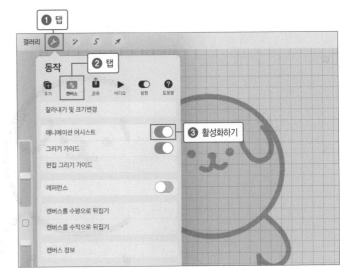

03 | 이번 캐릭터는 얼굴에 살이 많은 캐릭터로 그려 봅니다. 이전 캐릭터를 참고하여 볼 부분을 더 도톰하게 그립니다.

04 | 몸의 형태도 이전보다 더 사람과 비슷하게 표현하기 위해서 손과 발을 탄탄하게 그리고 꼬리도 좀 더 얇게 그립니다.

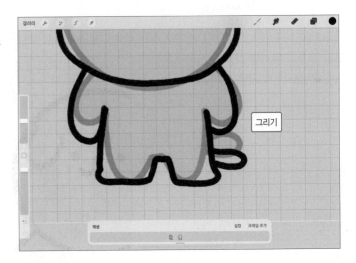

05 귀가 큰 강아지를 표현하기 위해 귀를 크고 축 처지게 그리고 얼굴에 눈과 입을 그립니다. 코는 때에 따라 생략하기도 하며 느낌을 보고 선택합니다.

06 완성된 형태를 확인하기 위해서 [레이어(▣)]에서 '레이어 1'을 체크 해제합니다. 두 번째 그린 캐릭터의 형태를 확인하고 수정할 부분이 있으면 수정해도 좋습니다.

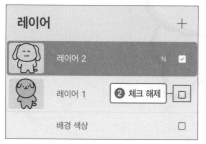

07 [색상(⬤)]을 '흰색'과 '회색'으로 지정하여 채색합니다. 실제 강아지의 색감을 참고하되 이모티콘이 잘 보일 수 있도록 실제보다 밝은 색상을 선택하는 것이 좋습니다.

털이 복슬복슬한 강아지 그리기

01 | 세 번째 캐릭터를 그리기 위해서 [레이어(📑)]에서 [+] 버튼을 탭합니다.

02 | 이번에는 털이 복슬복슬한 강아지를 그려 봅니다. 이전 캐릭터의 형태를 참고하여 숫자 3을 반복하면서 구불구불하게 형태를 잡아 줍니다.

03 | 형태를 확인하기 위해서 [레이어(📑)]에서 '레이어 2'를 체크 해제합니다. 꼬리가 짧은 캐릭터의 정면에서는 그림과 같이 꼬리가 보이지 않습니다.

04 귀와 눈, 코, 입을 그립니다. 털 찐 강
아지의 느낌을 주기 위해서 눈, 코, 입은 가
운데로 모았습니다. 강아지가 미용을 하거
나 목욕을 하면 앙상해지는 것을 생각하면
됩니다.

05 (색상(●))에서 '밝은 회색'을 선택
한 다음 드래그하여 채색합니다.

06 (레이어(▣))에서 '배경 색상' 레이
어를 체크 표시하여 채색이 잘 되었는지 확
인합니다.

귀가 쫑긋 올라간 강아지 그리기

01 │ 네 번째 캐릭터를 그리기 위해서 '배경 색상' 레이어를 체크 해제한 다음 〔+〕 버튼을 탭하여 레이어를 추가합니다.

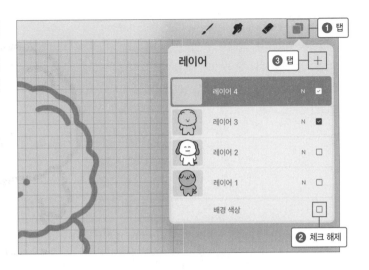

02 │ 좀 더 작은 강아지를 표현하기 위해서 얼굴과 몸을 이어서 일체형으로 그리고 팔, 다리도 짧게 그립니다.

03 │ 형태를 점검하기 위해서 〔레이어(▣)〕에서 '레이어 3'을 체크 해제합니다.

04 | 캐릭터의 눈, 코, 입을 그립니다. 이번에는 눈썹을 그려서 이전 캐릭터와는 다른 느낌으로 그려 봅니다. 입은 'ㅅ'으로 그리면 생각이 없는 더 귀여운 캐릭터처럼 보입니다.

05 | 〔색상(●)〕을 '흰색'으로 지정한 다음 채색합니다.

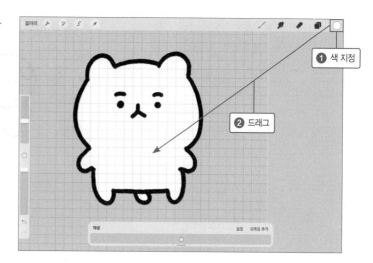

강아지 캐릭터 크기 조절하고 배치하기

01 | 캐릭터를 비교하기 위해서 〔레이어(●)〕에서 '배경 색상' 레이어를 제외한 모든 레이어를 체크 표시한 다음 오른쪽으로 드래그하여 다중 선택합니다.

02 | (변형(⬈))을 탭한 다음 하단 메뉴에서 (균등)을 선택하여 캐릭터의 크기를 캔버스 크기의 1/4로 줄입니다.

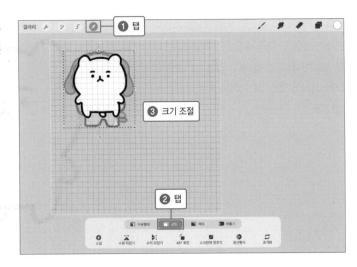

03 | (레이어(▤))에서 '레이어 1'을 선택합니다. (변형(⬈))을 탭하여 캐릭터를 오른쪽 상단으로 이동합니다.

04 | 나머지 캐릭터들도 03번 과정과 같은 방법으로 빈곳으로 이동합니다.

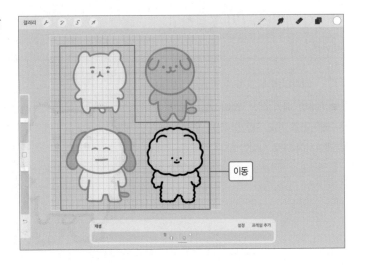

05 (동작(🔧) → 캔버스 → 애니메이션 어시스트)를 비활성화하여 캐릭터를 한눈에 확인합니다.

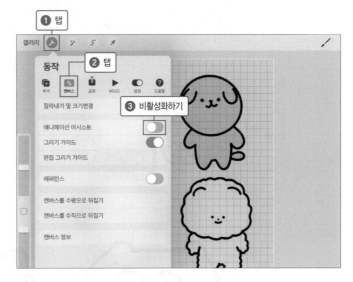

06 이렇게 조금만 변형하여 캐릭터를 만들면 각기 다른 개성을 지닌 귀여운 강아지 캐릭터를 창작할 수 있습니다.

...09 고양이 그리기

- 난이도 : ★★
- 브러시 : 이모티콘브러시 – 댈희브러시
- 예제 파일 : 02\이모티콘브러시.brushset
- 완성 파일 : 02\고양이_완성.procreate

Drawing Style

고양이 역시 가장 대중적인 반려동물로 많은 사랑을 받는 동물입니다. 고양이를 표현할 때는 귀를 세모 모양으로 쫑긋하게 그리는 것이 일반적입니다. 귀를 제외하고 색이나 몸의 형태를 캐릭터의 성격과 콘셉트에 맞게 바꾸는 것이 좋습니다.

emoticon Drawing

꼬리가 긴 고양이 그리기

01 〔새로운 캔버스 → 이모티콘〕 캔버스
를 불러옵니다.

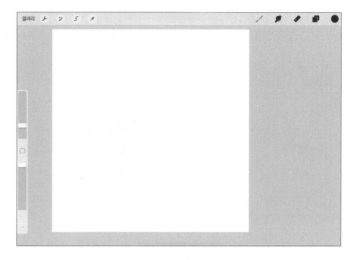

02 〔동작(🔧) → 캔버스 → 그리기 가이드〕를 활성화합니다.

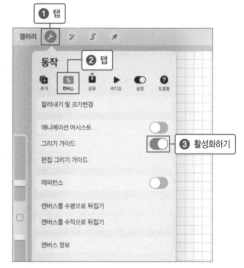

03 〔브러시(✏️)〕를 탭하여 브러시 라이브러리에서 〔이모티콘브러시
→ 댈희브러시〕를 선택합니다.

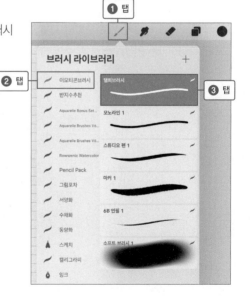

04 | 브러시 크기를 '20%'로 조절합니다.

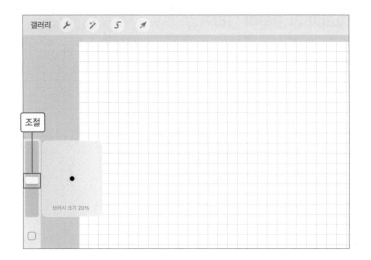

05 | 먼저 사람의 형태를 간단하게 그립
니다.

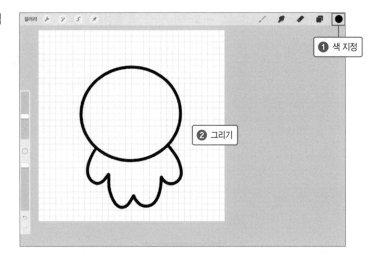

TIP 이모티콘은 쓰는 사람의 감정 이입
을 위한 용도이므로 사람의 형태로 그리
는 것이 좋습니다.

06 | 강아지와 다르게 세모 모양의 귀를
그리면 고양이라는 인상을 쉽게 줄 수 있습
니다.

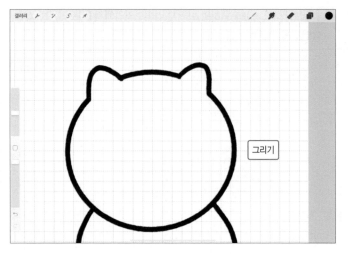

07 │ 눈, 코, 입을 그립니다. 털 찐 모습을
표현하기 위해서 눈, 코, 입을 가운데로 모
았습니다.

08 │ 고양이임을 강조하기 위해서 꼬리를
다리 옆에 그립니다. 고양이의 꼬리가 강아
지보다 긴 경우가 많아 꼬리를 길게 표현합
니다.

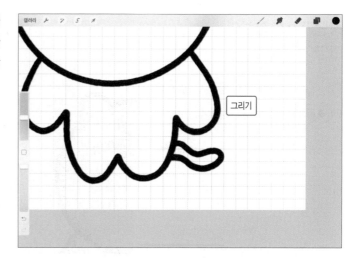

09 │ 채색을 위해서 [레이어(█)]를 탭하
여 '배경 색상' 레이어를 체크 해제합니다.

10 │ 러시안블루 고양이를 표현하기 위해서 (색상(●))에서 '회색이 섞인 보라색'을 선택합니다. 색상을 드래그하여 채색합니다.

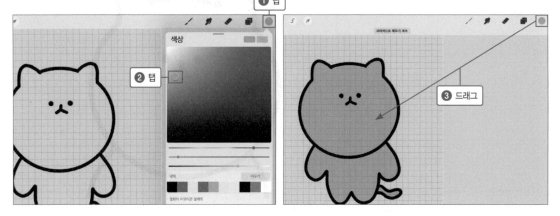

장난기가 많아 보이는 고양이 그리기

01 │ 두 번째 캐릭터를 그리기 위해 (레이어(▣))에서 (+) 버튼을 탭합니다.

02 │ 이전 그림을 참고하기 위해서 (동작(🔧) → 캔버스 → 애니메이션 어시스트)를 활성화합니다. 이전 그림이 반투명해지는 것을 확인할 수 있습니다.

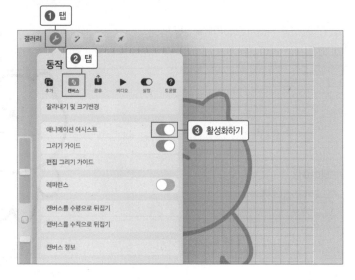

03 이번 캐릭터는 장난기가 많은 캐릭터로 그립니다. 이전 캐릭터를 참고하되 더 힘찬 선으로 그립니다. 선을 긋는 속도를 높이면 힘찬 느낌을 줄 수 있습니다.

04 장난스러운 동작을 표현하기 위해서는 팔과 다리가 긴 편이 좋습니다. 팔과 다리를 더 섬세하고 길게 그려 줍니다.

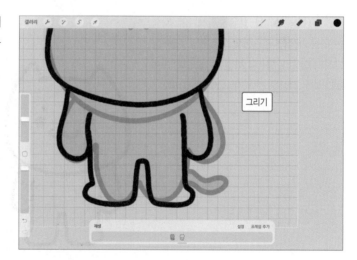

05 눈과 입을 더 크게 그리고 눈썹도 그립니다. 눈썹이 있으면 보다 확실한 감정 표현이 가능하고 성격을 강조할 수 있습니다. 입은 숫자 3을 그려 장난스럽게 표현합니다.

06 | 완성된 형태를 확인하기 위해서 (레이어())에서 '레이어 1'을 체크 해제합니다. 방금 그린 캐릭터의 형태를 확인한 다음 수정할 부분이 있으면 수정해도 좋습니다.

07 | (색상(●))을 '밝은 노란색'으로 지정한 다음 채색합니다. 실제 고양이의 색을 참고하되 이모티콘이 잘 보일 수 있도록 실제보다 밝은 색상을 선택하는 것이 좋습니다.

멍해 보이는 고양이 그리기

01 | 세 번째 캐릭터를 그리기 위해서 (레이어(●))에서 (+) 버튼을 탭합니다.

02 | 이번에는 멍해 보이는 고양이를 그립니다. 이전 캐릭터의 형태를 참고하여 얼굴과 몸을 일체형으로 그리고 팔과 다리를 짧게 그립니다. 전체적으로 1.5등신 느낌으로 그립니다.

03 | 형태를 확인하기 위해서 〔레이어(▣)〕에서 '레이어 2'를 체크 해제합니다. 꼬리는 캐릭터에 따라서 생략하기도 합니다.

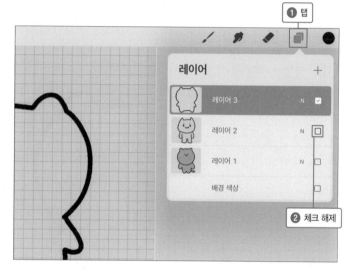

04 | 눈과 입을 그립니다. 멍한 고양이를 표현하기 위해서 눈과 입을 멀리 떨어뜨렸습니다. 입은 ^ 모양으로 그려서 생각이 없어 보이는 모습을 강조했습니다.

05 〔색상(●)〕을 '흰색'으로 지정한 다음 드래그하여 채색합니다.

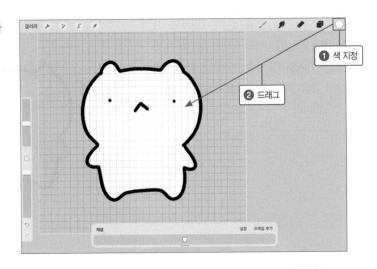

뚱뚱한 고양이 그리기

01 네 번째 캐릭터를 그리기 위해서 〔레이어(■)〕에서 〔+〕 버튼을 탭합니다.

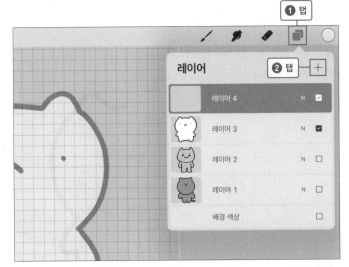

02 뚱뚱한 고양이를 표현하기 위해서 몸을 기존의 몸보다 훨씬 두툼하게 그립니다. C 모양을 이용해 몸을 그려 줍니다.

03 | 형태를 점검하기 위해서 (레이어 (▣))에서 '레이어 3'을 체크 해제합니다.

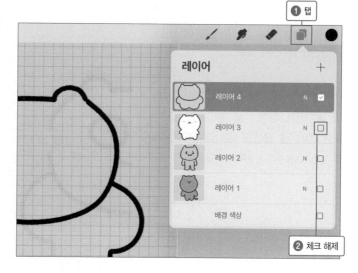

04 | 캐릭터의 눈과 입을 그립니다. 큰 원에 점만 찍은 눈은 멍해 보이면서도 사랑스러운 느낌을 줍니다. 캐릭터의 콘셉트에 맞게 적절하게 활용할 수 있습니다.

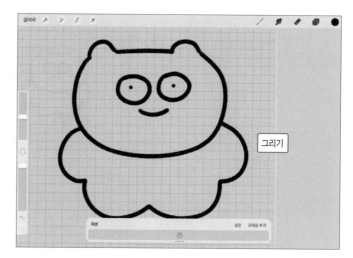

05 | (색상(●))을 '흰색'으로 지정한 다음 드래그하여 채색합니다.

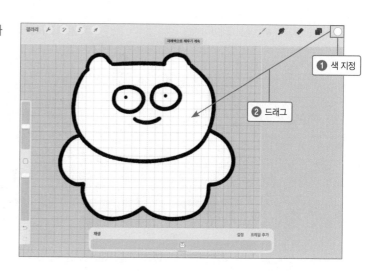

고양이 캐릭터 크기 조절하고 배치하기

01 | 캐릭터를 비교해 보기 위해서 (레이어(■)))에서 '배경 색상' 레이어를 제외한 모든 레이어를 체크 표시한 다음 오른쪽으로 드래그하여 다중 선택합니다.

02 | (변형(⬈))을 탭한 다음 하단 메뉴에서 (균등)을 선택하여 캔버스 크기의 1/4로 줄입니다.

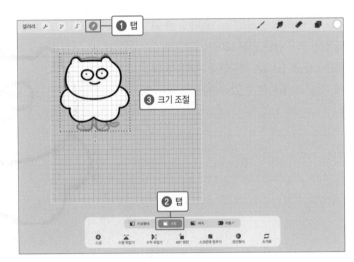

03 | (레이어(■)))에서 '레이어 1'을 선택합니다. (변형(⬈))을 탭하여 캐릭터를 오른쪽 상단으로 이동합니다.

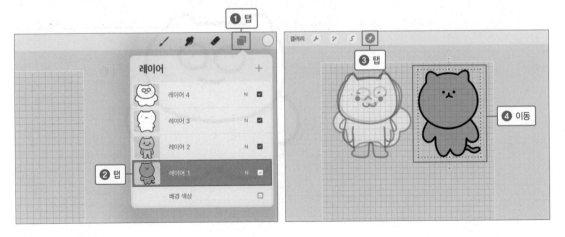

04 나머지 캐릭터들도 03번 과정과 같은 방법으로 배치합니다.

05 캐릭터를 한눈에 확인하기 위해서 〔동작( )→ 캔버스 → 애니메이션 어시스트〕를 비활성화합니다.

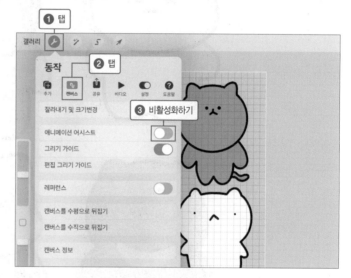

06 이번 고양이 캐릭터는 다양한 눈 모양과 형태는 통해서 개성을 살려 보았습니다. 자기 캐릭터 콘셉트에 맞게 변형하여 나만의 고양이 캐릭터를 완성해 봅니다.

···10 곰 그리기

- 난이도 : ★★
- 브러시 : 이모티콘브러시 – 댈희브러시
- 예제 파일 : 02\이모티콘브러시.brushset
- 완성 파일 : 02\곰_완성.procreate

Drawing **Style**

곰을 반려동물로 키우는 사람은 거의 없지만 이미 브랜드화된 곰 캐릭터가 많기 때문에 대중에게 친숙한 동물입니다. 아마 주변에서도 곰 인형은 한 번쯤 봤을 것입니다. 이런 친숙한 동물에 재미난 콘셉트를 섞어서 대중에게 어필할 수 있습니다.

불곰 그리기

01 (새로운 캔버스 → 이모티콘) 캔버스를 불러옵니다.

02 (동작( ) → 캔버스 → 그리기 가이드)를 활성화합니다.

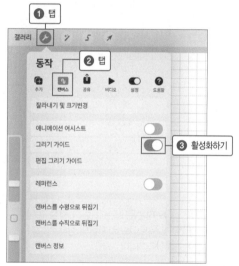

03 (브러시( ))를 탭하여 브러시 라이브러리에서 (이모티콘브러시 → 댈희브러시)를 선택합니다.

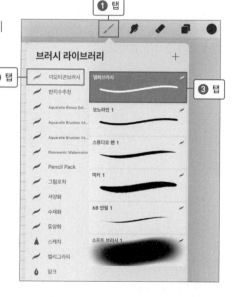

04 | 브러시 크기를 '20%'로 조절합니다.

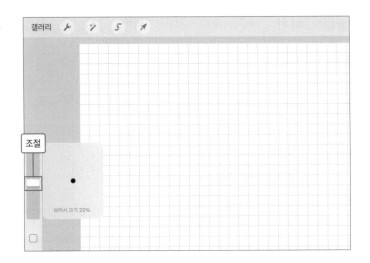

05 | 먼저 사람의 형태를 간단하게 그립니다.

TIP 이모티콘은 쓰는 사람의 감정 이입을 위한 용도이므로 사람의 형태로 그리는 것이 좋습니다.

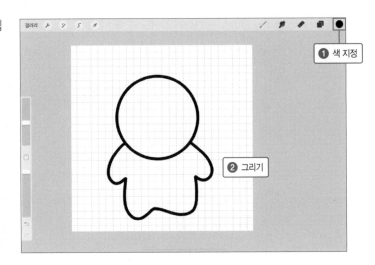

06 | 동그란 귀를 그려 주면 곰이라는 인상을 쉽게 줄 수 있습니다.

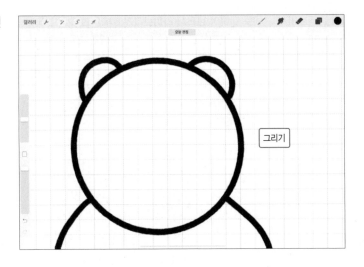

07 눈, 코, 입을 그립니다. 코를 눈보다 조금 더 크게 그리면 곰 느낌을 더 살릴 수 있습니다.

08 곰은 몸이 크기 때문에 몸에 부피감을 주어 그려도 좋습니다.

09 불곰을 표현하기 위해서 [색상(●)]에서 '갈색'을 선택한 다음 드래그하여 채색합니다.

볼살이 많은 곰 그리기

01 | 두 번째 캐릭터를 그리기 위해 [레이어( )]에서 [+] 버튼을 탭합니다.

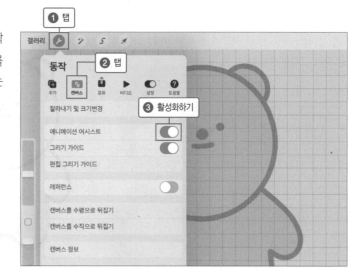

02 | 이전 그림을 참고하기 위해서 [동작(🔧) → 캔버스 → 애니메이션 어시스트]를 활성화합니다. 이전 그림이 반투명해지는 것을 확인할 수 있습니다.

03 | 이전 캐릭터를 참고하여 볼이 통통한 얼굴을 그립니다.

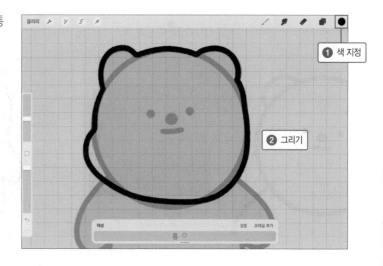

04　팔과 다리를 길고 얇게 그려 줍니다.

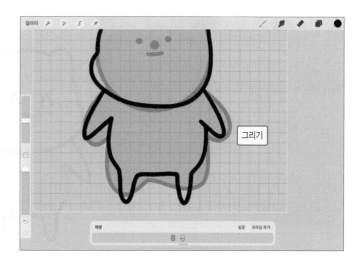

05　둥근 귀는 곰을 상징하기 때문에 코를 그리지 않아도 곰 캐릭터라는 것을 알 수 있습니다. 눈과 입을 콘셉트에 맞게 웃는 표정으로 그려 줍니다.

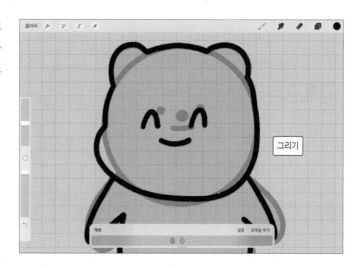

06　〔레이어(▣)〕에서 '레이어 1'을 체크 해제하여 완성된 형태를 확인합니다. 수정할 부분이 있으면 수정해도 좋습니다.

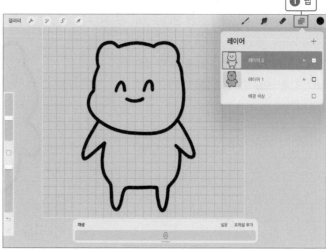

07 │ (색상(●))을 '분홍색'으로 지정한 다음 채색합니다. 실제 곰의 색감을 참고하되 이모티콘이 잘 보일 수 있도록 실제보다 밝은 색상을 선택하는 것이 좋습니다.

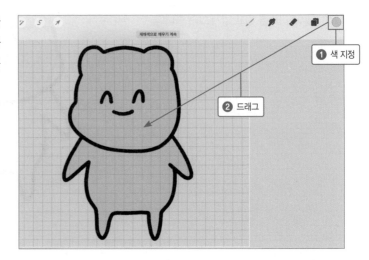

반달곰 그리기

01 │ 세 번째 캐릭터를 그리기 위해서 (레이어(●))에서 (+) 버튼을 탭합니다.

02 │ 이번에는 반달곰을 그려 봅니다. 이전 캐릭터의 형태를 참고하여 얼굴과 몸은 일체형으로 그리고 팔과 다리를 짧게 그립니다. 전체적으로 2등신 느낌이 나게 그리면 좋습니다.

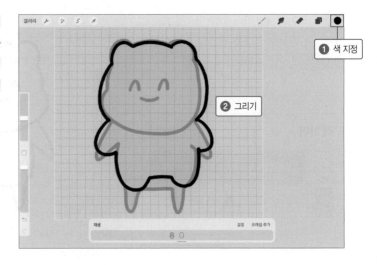

03 | 형태를 확인하기 위해서 [레이어
([image])]에서 '레이어 2'를 체크 해제합니다.
곰 캐릭터는 뒷모습에서만 꼬리를 그려 주
는데, 캐릭터에 따라 생략하는 경우도 많습
니다.

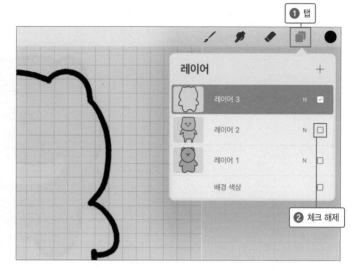

04 | 눈과 코를 그립니다. 캐릭터에 따라
서 입은 생략해도 좋습니다. 반달곰을 표현
하기 위해서 가슴에 '흰색'으로 무늬를 그립
니다.

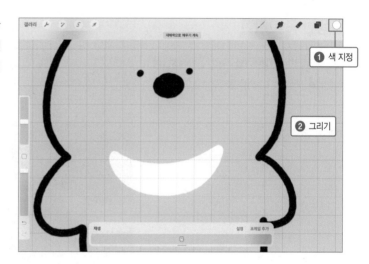

05 | [색상([image])]에서 '회색'을 선택합니
다. 너무 짙은 회색은 눈과 입이 안 보일 수
있어서 피하는 게 좋습니다.

06 색상을 드래그하여 채색합니다.

뚱뚱한 곰 그리기

01 네 번째 캐릭터를 그리기 위해서 [레이어( ))에서 [+] 버튼을 탭합니다.

02 뚱뚱한 곰을 표현하기 위해서 기존의 몸보다 훨씬 두툼하게 그립니다. 살이 많이 찌면 다리의 경계가 사라집니다.

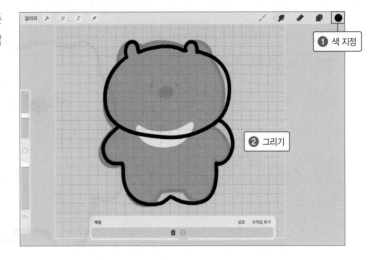

03 | 형태를 점검하기 위해서 〔레이어
()〕에서 '레이어 3'을 체크 해제합니다.

04 | 캐릭터의 눈과 입을 그립니다. 처진
눈도 사랑받는 얼굴 표현 방법 중 하나입니
다. 체념한 듯한 콘셉트, 무기력한 콘셉트
등에 활용하면 좋은 눈 모양입니다.

05 | 〔색상(●)〕에서 '흰색'을 선택한 다
음 드래그하여 채색합니다.

곰 캐릭터 크기 조절하고 배치하기

01 │ 캐릭터를 비교해 보기 위해서 [레이어(▣)]에서 '배경 색상' 레이어를 제외한 모든 레이어를 체크 표시한 다음 오른쪽으로 드래그하여 다중 선택합니다.

02 │ [변형(⟋)]을 탭한 다음 하단 메뉴에서 [균등]을 선택하여 캔버스 크기의 1/4로 줄입니다.

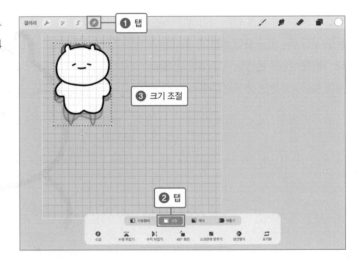

03 │ [레이어(▣)]에서 '레이어 1'을 선택합니다. [변형(⟋)]을 탭하여 캐릭터를 오른쪽 상단으로 이동합니다.

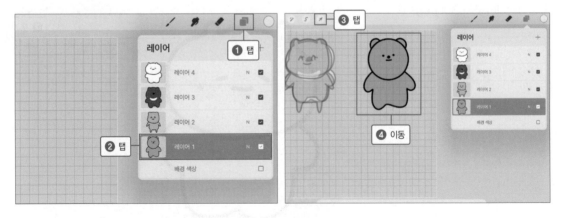

04 나머지 캐릭터들도 03번 과정과 같은 방법으로 배치합니다.

배치

05 캐릭터를 한눈에 확인하기 위해서 (동작(🔧) → 캔버스 → 애니메이션 어시스트)를 비활성화합니다.

❶ 탭

❷ 탭

❸ 비활성화하기

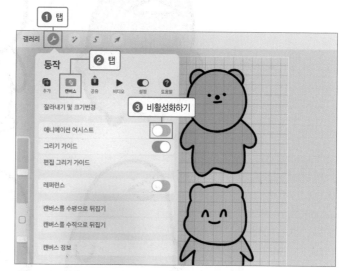

06 이번 곰 캐릭터 실습은 색감에 따라서 개성을 줄 수 있다는 것을 알아보는 실습이었습니다. 대중의 눈을 사로잡는 멋진 색감을 고민해 보시기 바랍니다.

조류
그리기

● 난이도 : ★★
● 브러시 : 이모티콘브러시 - 댈희브러시
● 예제 파일 : 02\이모티콘브러시.brushset
● 완성 파일 : 02\조류_완성.procreate

emoticon Drawing

Drawing
Style

예전에는 조류 캐릭터가 많지 않았지만 요즘은 작가들 사이에서 조류 전성시대라는 농담을 할 정도로 조류 캐릭터가 많이 보이고 있습니다. 실제로 오리와 병아리 캐릭터 중 성공한 사례도 꽤 많습니다. 함께 조류 캐릭터를 그려 봅시다.

오리 그리기

01 〔새로운 캔버스 → 이모티콘〕 캔버스를 불러옵니다.

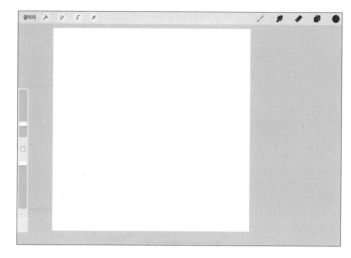

02 〔동작(🔧) → 캔버스 → 그리기 가이드〕를 활성화합니다.

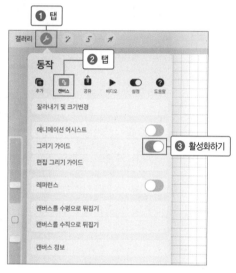

03 〔브러시(✏️)〕를 탭하여 브러시 라이브러리에서 〔이모티콘브러시 → 댈희브러시〕를 선택합니다.

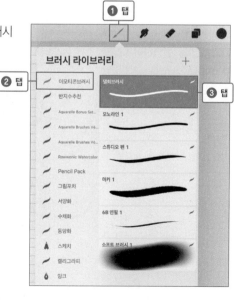

04 │ 브러시 크기를 '20%'로 조절합니다.

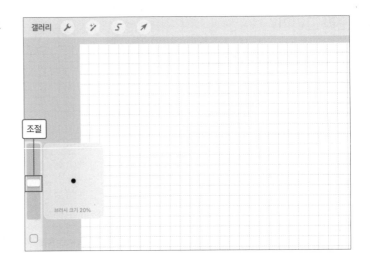

05 │ 먼저 사람의 형태를 간단하게 그립
니다.

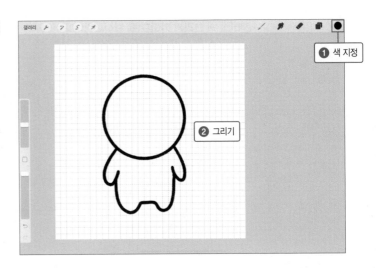

06 │ 조류의 핵심인 부리를 그립니다. 부
리의 모양을 변형하여 다양한 조류 캐릭터
를 만들 수 있습니다.

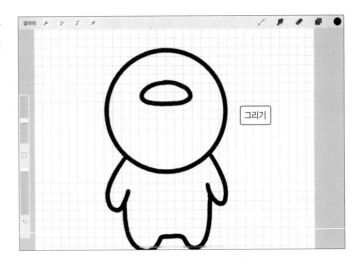

07 눈과 머리털을 그립니다. 이모티콘은 단순하게 표현해야 하기 때문에 부리에 콧구멍은 따로 그리지 않는 편입니다.

08 오리임을 강조하기 위해서 오리발을 표현해도 좋습니다.

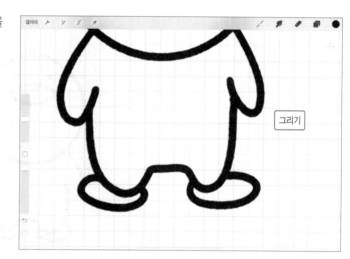

09 [레이어(⬛)]에서 '배경 색상' 레이어를 체크 해제하여 형태를 확인하고 수정할 것이 있다면 수정합니다.

① 탭

10 | 오리의 하얀 깃털을 표현하기 위해서 (색상(●))에서 '흰색'을 선택하여 채색합니다.

11 | 오리 부리와 발 표현을 위해서 (색상(●))에서 '노란색'을 선택하여 채색합니다.

병아리 그리기

01 | 두 번째 캐릭터를 그리기 위해 (레이어(▣))에서 (+) 버튼을 탭합니다.

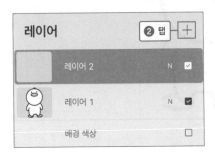

02 이전 그림을 참고하기 위해서 (동작 (🔧) → 캔버스 → 애니메이션 어시스트)를 활성화합니다. 이전 그림이 반투명해지는 것을 확인할 수 있습니다.

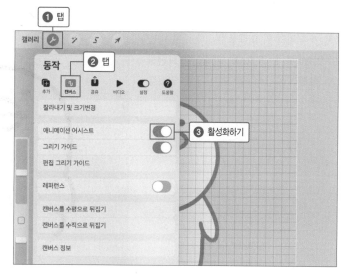

03 이번 캐릭터는 좀 더 짤따랗게 그립니다. 아기 캐릭터가 인기가 많기 때문에 작은 비율로 캐릭터를 그려 봅니다.

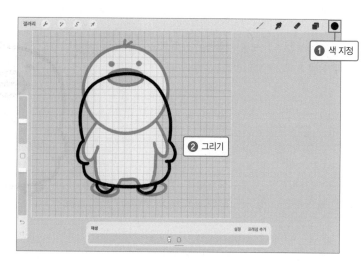

04 (레이어(🔲))에서 '레이어 1'을 체크 해제하여 형태를 확인하고 어느 부분에 부리를 그릴지 생각합니다.

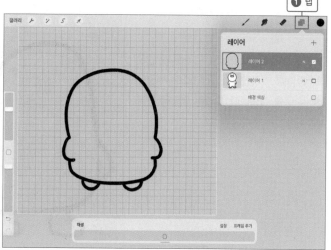

05 | 부리의 위, 아래를 분리해 주는 방법도 있습니다. B급 감성의 캐릭터를 표현하기 위해서 눈은 실눈을 뜨고, 입은 일자로 다문 느낌이 나게 그려 줍니다.

06 | 몸은 '노란색', 부리와 발은 '주황색'으로 채색합니다. 보통 사람들은 노란색으로 몸을 채색하면 병아리로 인식합니다.

펭귄 그리기

01 | 〔레이어(■)〕에서 〔+〕 버튼을 탭하여 레이어를 추가합니다. 좀 더 오뚜기 같은 형태로 몸을 그립니다. 다리는 양말을 신은 사람처럼 그려 줍니다.

02 　(레이어(▦))에서 '레이어 2'를 체크
해제하여 형태를 점검합니다.

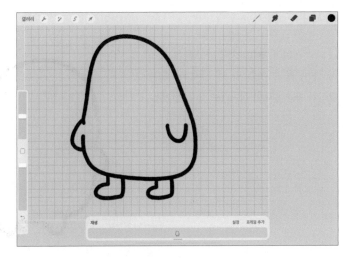

03 　캐릭터의 눈과 입을 그려 줍니다.

04 　펭귄을 표현하기 위해서 '파란색'으
로 몸을 채색하고, 부리와 발은 '회색'으로
채색합니다.

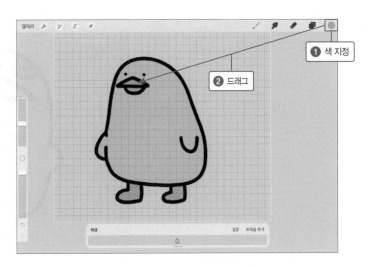

불사조 그리기

01 │ (레이어(🖼))에서 (+) 버튼을 탭하여 레이어를 추가합니다. 네 번째 캐릭터는 그리기 쉬운 일체형 캐릭터로 그려 봅니다.

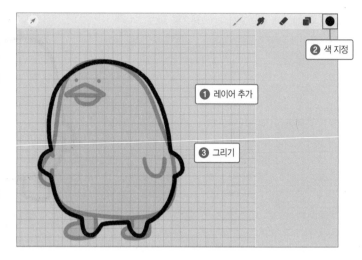

02 │ (레이어(🖼))에서 '레이어 3'을 체크 해제하여 그림 형태를 점검합니다.

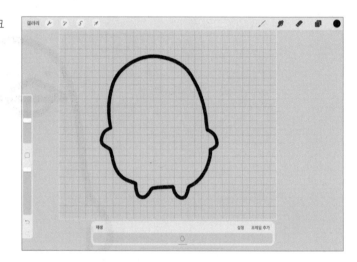

03 │ 눈과 부리, 머리털을 그려 좀 못난 캐릭터를 표현해 봅니다.

04 | 불사조를 표현하기 위해서 '빨간색'으로 몸을 채색하고, 부리는 '노란색'으로 채색합니다. 눈의 흰자는 '흰색'으로 채색합니다.

① 색 지정

② 드래그

조류 캐릭터 크기 조절하고 배치하기

01 | 캐릭터를 비교해 보기 위해서 [레이어( )]에서 '배경 색상' 레이어를 제외한 모든 레이어를 체크 표시한 다음 오른쪽으로 드래그하여 다중 선택합니다.

① 탭

③ 오른쪽으로 드래그

② 체크 표시

02 | [변형( )]을 탭한 다음 하단 메뉴에서 [균등]을 선택하여 캔버스 크기의 1/4로 줄입니다.

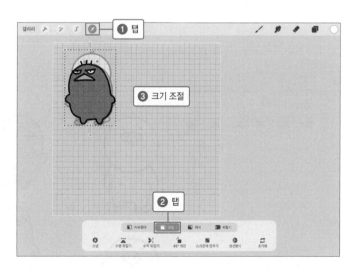

① 탭

③ 크기 조절

② 탭

03 │ (레이어(■))에서 '레이어 1'을 선택
합니다. (변형(✦))을 탭하여 캐릭터를 오른
쪽 상단으로 이동합니다.

04 │ 나머지 캐릭터들도 03번 과정과 같
은 방법으로 배치합니다.

05 │ 캐릭터를 한눈에 확인하기 위해서 (동작(✦) → 캔버스 → 애니메이션 어시스트)를 비활성화합니다. 다양한 종류
와 색의 조류 캐릭터를 완성하였습니다.

···12 개구리
그리기

- 난이도 : ★★
- 브러시 : 이모티콘브러시 – 댈희브러시
- 예제 파일 : 02\이모티콘브러시.brushset
- 완성 파일 : 02\개구리_완성.procreate

Drawing
Style

작고 귀여운 개구리 역시 대중에게 사랑받는 캐릭터입니다. 그리기 쉬우면서도 즐겁게 그릴 수 있는 소재
기도 합니다. 개성 있는 개구리 캐릭터를 같이 그려 봅니다.

얼굴이 긴 개구리 그리기

01 | (새로운 캔버스 → 이모티콘) 캔버스를 불러옵니다.

02 | (동작(🔧) → 캔버스 → 그리기 가이드)를 활성화합니다.

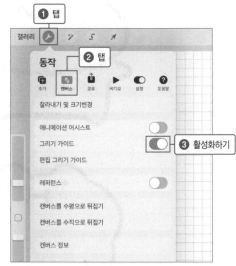

03 | (브러시(✏️))를 탭하여 브러시 라이브러리에서 (이모티콘브러시 → 댈희브러시)를 선택합니다.

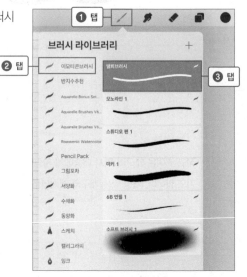

04 │ 브러시 크기를 '20%'로 조절합니다.

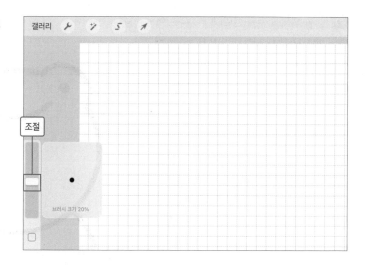

05 │ 먼저 사람의 형태를 간단하게 그려 줍니다. 개구리의 작은 몸을 감안하여 조금 작게 그려 주어도 좋습니다.

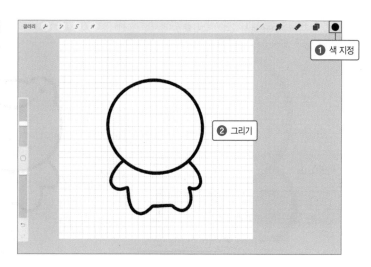

06 │ 곰을 그릴 때와 마찬가지로 귀 부분을 동그랗게 C 형태로 그려 줍니다.

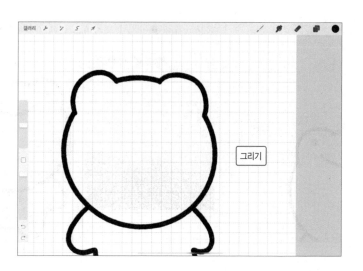

07 │ 귀 위치에 눈을 그립니다. 개구리의
코는 작아서 보통 생략하고, 입을 눈 아래
그려 줍니다.

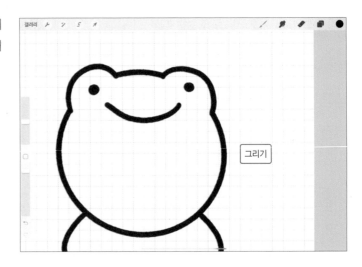

08 │ 채색을 위해서 (레이어(▣))에서
'배경 색상' 레이어를 체크 해제합니다.

09 │ 개구리 느낌을 주기 위해서 (색상(●))에서 '초록색'을 선택합니다. 색상을 드래그하여 채색합니다.

하트 모양의 개구리 그리기

01 | 두 번째 캐릭터를 그리기 위해 (레이어())에서 (+) 버튼을 탭합니다.

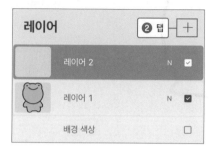

02 | 이전 그림을 참고하기 위해서 (동작(🔧) → 캔버스 → 애니메이션 어시스트)를 활성화합니다. 이전 그림이 반투명해지는 것을 확인할 수 있습니다.

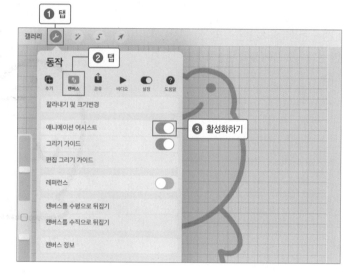

03 | 이번 캐릭터는 더 단순하고 하찮은 느낌의 캐릭터로 그려 봅니다. 전체적으로 작게 눈 부분을 과장하여 단순하게 그립니다.

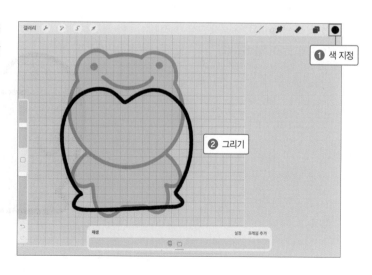

04 | 형태를 점검하기 위해서 [레이어 ()]에서 '레이어 1'을 체크 해제합니다.

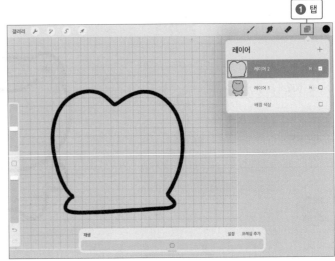

05 | 콘셉트를 하찮은 느낌으로 구상했다면 눈과 입도 그에 맞춰 단순하게 표현해 줍니다.

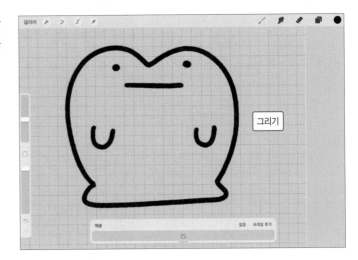

06 | [색상(●)]을 '초록색'으로 지정한 다음 드래그하여 채색합니다.

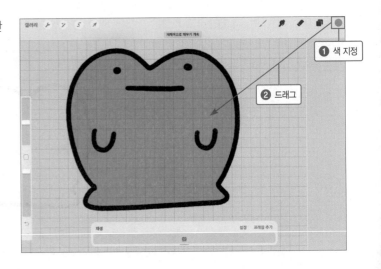

뚱뚱한 개구리 그리기

01 세 번째 캐릭터를 표현하기 위해서 (레이어(◼))에서 (+) 버튼을 탭하여 레이어를 추가합니다.

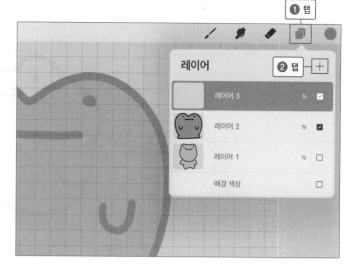

02 작고 뚱뚱한 개구리를 표현하기 위해서 몸을 둥글게 그립니다.

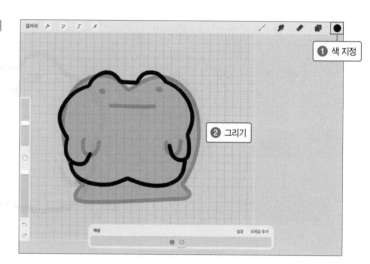

03 형태 점검을 위해서 (레이어(◼))에서 '레이어 2'를 체크 해제합니다.

04 눈과 입을 그립니다. 통통한 느낌을 주기 위해서 볼을 부풀린 모습을 기본 형태로 표현해 줍니다.

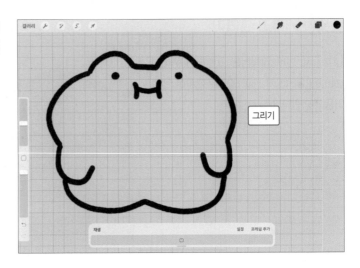

05 (색상(●))을 '연두색'으로 지정하여 채색합니다.

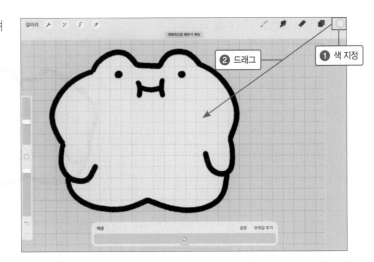

날렵해 보이는 개구리 그리기

01 네 번째 캐릭터를 표현하기 위해서 (레이어(■))에서 (+) 버튼을 탭합니다.

02 단단하고 유쾌한 캐릭터를 표현하기 위해서 눈 부분을 모으고 몸은 날렵하게 그립니다.

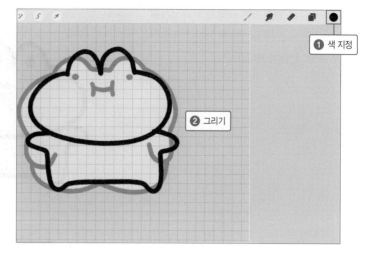

03 형태 점검을 위해 (레이어(◼))에서 '레이어 3'을 체크 해제합니다.

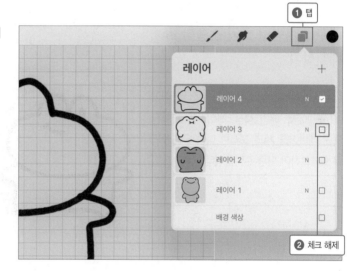

04 눈을 크게 그리고 입의 위치도 의도적으로 한쪽 눈 아래쪽에 그립니다.

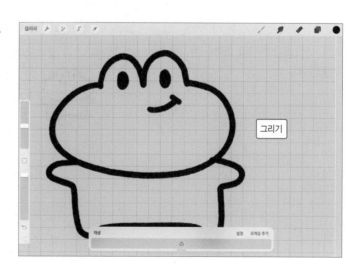

05 │ 갈색 개구리를 상상하여 채색하되 밝은색인 '노란색'을 선택해 개성이 뚜렷한 개구리로 만들어 봅니다.

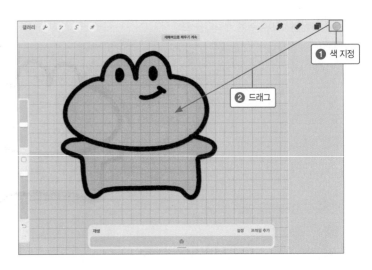

개구리 캐릭터 크기 조절하고 배치하기

01 │ 캐릭터를 비교해 보기 위해서 (레이어(■))에서 '배경 색상' 레이어를 제외한 모든 레이어를 체크 표시한 다음 오른쪽으로 드래그하여 다중 선택합니다.

02 │ (변형(↗))을 탭한 다음 하단 메뉴에서 (균등)을 선택하여 캔버스 크기의 1/4로 줄입니다.

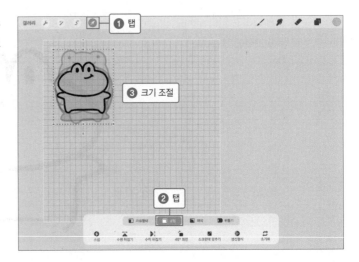

03 [레이어(□)]에서 '레이어 1'을 선택합니다. [변형(↗)]을 탭하여 캐릭터를 오른쪽 상단으로 이동합니다.

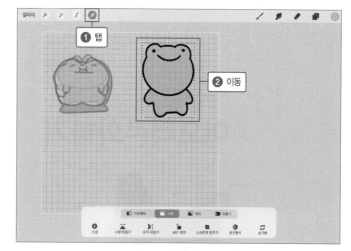

04 나머지 캐릭터들도 03번 과정과 같은 방법으로 배치합니다.

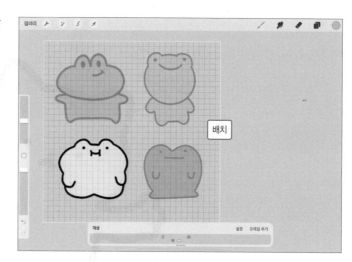

05 캐릭터를 한눈에 확인하기 위해서 [동작(🔧)] → 캔버스 → 애니메이션 어시스트]를 비활성화합니다. 여러 가지 형태의 귀여운 개구리 캐릭터를 완성하였습니다.

···13 대상을 단순하게 이모티콘화하기

- **난이도** : ★★
- **브러시** : 스케치 – 6B 연필
  이모티콘브러시 – 댈희브러시
- **예제 파일** : 02\이모티콘브러시.brushset
  고양이.jpg
- **완성 파일** : 02\고양이 단순화_완성.procreate

Drawing
Style

대상을 이모티콘화하기 위해서 가장 먼저 해야 할 일은 바로 단순화하기입니다. 단순화한다는 것은 정말 필요한 부분을 제외하고 나머지는 의도적으로 '생략'하는 작업입니다. 이모티콘을 만들 때만큼은 지금까지와 정반대로 최소한만 남기고 최대한 생략하는 방식으로 함께 그려 보겠습니다.

생략하기

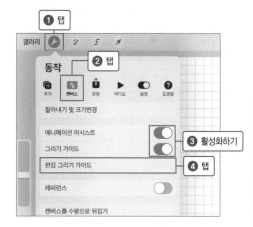

01 │ 대상을 이모티콘 캐릭터로 표현하기 위해서 가장 먼저 해야 할 일
은 필요한 부분을 제외하고 나머지는 의도적으로 생략하는 작업입니다.
[새로운 캔버스 → 이모티콘] 캔버스를 불러옵니다. [동작(🔧) → 캔버
스]에서 [애니메이션 어시스트]와 [그리기 가이드]를 활성화한 다음 [편
집 그리기 가이드]를 선택합니다.

02 │ 그리기 가이드 하단 메뉴에서 [2D
격자]를 선택합니다. 불투명도를 '50%', 두
께를 '50%', 격자 크기를 '100px'로 조절한
다음 [완료] 버튼을 탭합니다.

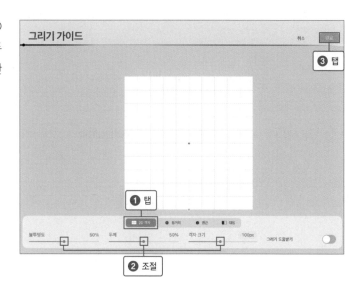

03 │ 러프하게 스케치를 하기 위해서 [브러시(✏️)]를 탭하여 브러시
라이브러리에서 [스케치 → 6B 연필]을 선택합니다.

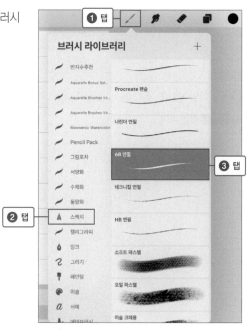

04 | [색상(●)]에서 '검은색'을 선택합니다.

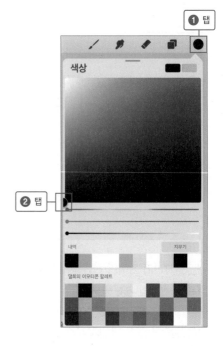

05 | [동작(🔧) → 추가 → 파일 삽입하기]를 선택합니다.

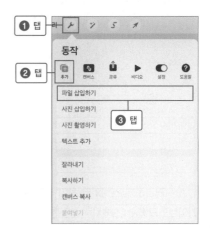

06 | 파일 앱 02 폴더에서 '고양이.jpg' 파일을 불러옵니다.

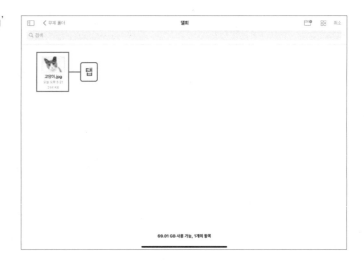

07 | 불러온 고양이 이미지가 캔버스에 표시됩니다. 크기를 조절하기 위해서 [변형 ()]을 탭합니다.

08 | 하단 메뉴에서 [균등]을 선택한 다음 사진의 크기를 고양이의 전신을 그릴 수 있는 크기로 줄입니다.

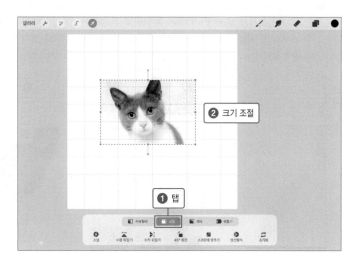

09 | [레이어(⬛)]에서 [+] 버튼을 탭하여 레이어를 추가합니다. 캔버스를 확대하여 고양이 그림을 따라 그려 줍니다.

TIP 예제에서는 브러시 크기를 '10%'로 조절하여 그렸습니다.

TIP 무료 이미지 다운로드하기

❶ 'pixabay.com'에 접속한 다음 '고양이'를 검색합니다.

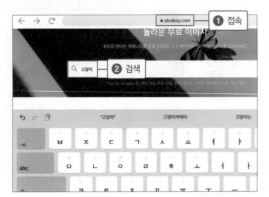

❷ 원하는 고양이 이미지를 선택합니다.

❸ 오른쪽 'Pixabay License' 부분을 확인합니다. '상업적 용도로 사용 가능. 출처 안 밝혀도 됨'이라고 표시되어 있습니다. 번거롭더라도 이렇게 저작권이 없는 자료들을 활용합니다.

❹ (무료 다운로드) 버튼을 탭합니다. (1920×1275) 크기를 선택한 다음 (다운로드) 버튼을 탭합니다. 이때 크기는 자신의 이모티콘 캔버스 크기보다 큰 사이즈를 선택하면 됩니다.

❺ (다음에서 열기)를 탭한 다음 (파일에 저장) 또는 (이미지 저장)을 탭합니다.

10 │ 스케치를 확인하기 위해 〔레이어
())에서 '레이어 1'을 체크 해제합니다.

11 │ 필요한 부분만 남기는 생략 작업을
위해 〔레이어())에서 〔+〕 버튼을 탭하여
'레이어 3'을 추가합니다.

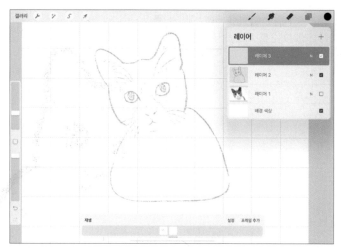

12 │ 〔브러시(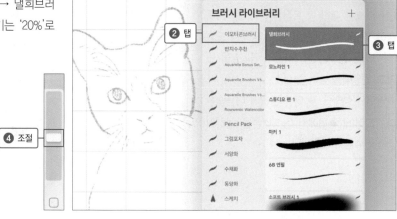))를 탭하여 브러시 라이
브러리에서 〔이모티콘브러시 → 댈희브러
시〕를 선택합니다. 브러시 크기는 '20%'로
조절합니다.

대상을 단순하게 이모티콘화하기 **165**

13 │ 눈, 코, 입과 고양이의 몸을 제외한 나머지 부분은 생략하고 따라 그립니다.

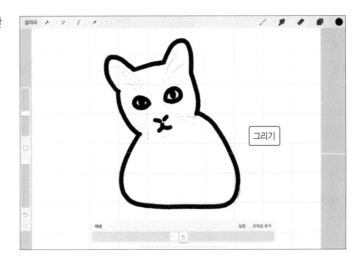

14 │ 형태를 확인하기 위해 [레이어()]에서 '레이어 2'를 체크 해제합니다.

형태 다듬기

01 │ 빠른 대화 속 복잡한 이미지는 가독성이 낮습니다. 단순하면서도 명확한 도형에 가까운 형태는 이모티콘의 가독성을 높이고, 전달력을 높여 줍니다.
고양이의 형태를 좀 더 단순하게 다듬습니다. [레이어()]에서 [+] 버튼을 탭하여 '레이어 4'를 추가합니다.

02 | 몸 형태를 좀 더 동그랗게 따라 그립니다.

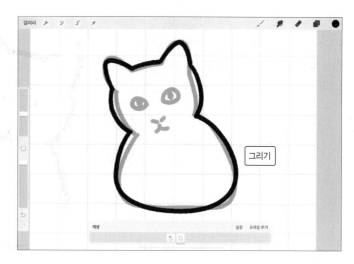

03 | 눈, 코, 입도 형태만 알아볼 수 있게 단순하게 변형하여 그려 줍니다.

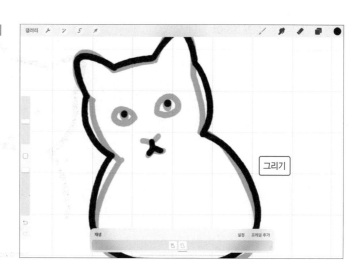

04 | 형태를 점검하기 위해서 〔레이어()〕에서 '레이어 3'을 체크 해제합니다.

05 눈과 입이 너무 멀어 보이기 때문에 입을 눈 쪽으로 이동합니다. (선택(⑤))을 탭한 다음 하단 메뉴에서 (올가미)를 선택합니다.

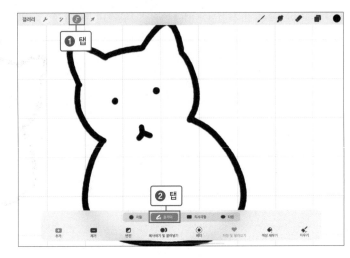

06 입 주변을 드래그하여 선택 영역으로 지정합니다.

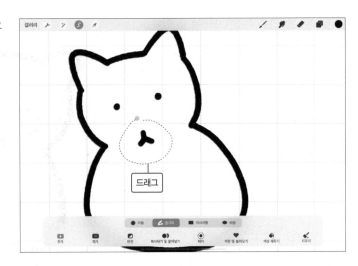

07 (변형(⬈))을 탭하면 이동할 수 있는 상태가 됩니다.

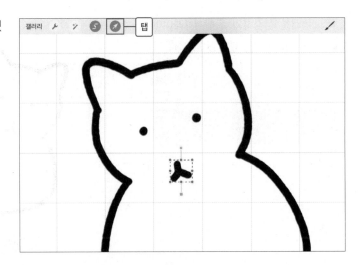

08 | 눈과 가깝게 위쪽으로 드래그하여 입을 이동합니다.

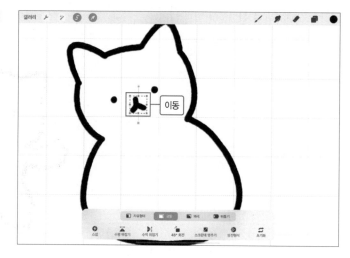

09 | 위치 조절이 완료되었으면 (변형 (⬈))을 다시 한번 탭하여 마무리합니다.

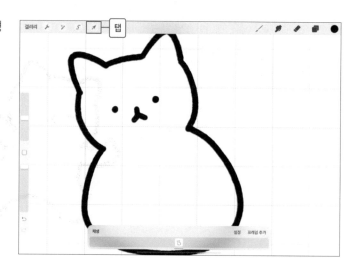

의인화하기

01 | 이모티콘은 사람의 감정을 대변하는 역할을 합니다. 이 때문에 동물이어도 공부를 하고, 출근도 하는 것입니다. 특이한 콘셉트가 아니라면 의인화 과정을 거치는 것이 좋습니다. 의인화 과정은 거창한 것이 아니라 사람처럼 2족 보행을 할 수 있는 형태로 바꿔 그리는 것을 말합니다.

(레이어(▥))에서 (+) 버튼을 탭하여 '레이어 5'를 추가합니다.

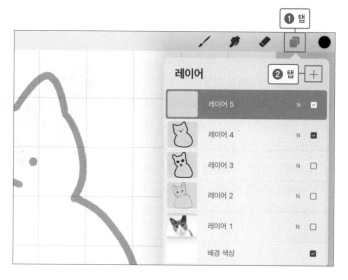

02 │ '레이어 4'를 참고하여 팔과 다리가
있는 고양이로 변형하여 그립니다.

03 │ [레이어(■)]에서 '레이어 4'를 체크
해제한 다음 형태를 점검하고 부족한 부분
이 있다면 보완합니다.

특징 강조하기

01 │ 의인화 과정까지 마쳤지만 아직 캐
릭터의 개성이 나타나지는 않았을 확률이 큽
니다. 무늬를 넣거나 액세서리를 그려 내 캐
릭터만의 개성을 더해 주는 것이 좋습니다.
사진을 보면 고양이의 얼굴에 무늬가 있습
니다. 이러한 무늬도 특징이 될 수 있습니
다. 무늬를 넣어 고양이의 개성을 살려 보겠
습니다.

02 │ [레이어()]에서 '레이어 5'를 왼쪽으로 드래그한 다음 [복제] 버튼을 탭하여 레이어를 복제합니다.

03 │ 두 개의 '레이어 5'를 다중 선택한 다음 [그룹]을 탭하여 그룹으로 지정합니다.

TIP 선택하려는 레이어를 모두 오른쪽으로 드래그하면 다중 선택할 수 있습니다.

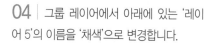

04 │ 그룹 레이어에서 아래에 있는 '레이어 5'의 이름을 '채색'으로 변경합니다.

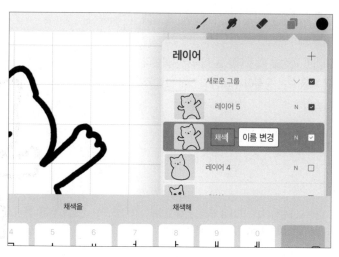

05 | 채색하기 위해서 〔레이어(▦)〕에서 '배경 색상' 레이어를 체크 해제합니다.

06 | '회색'으로 고양이의 무늬를 그립니다. 나머지 부분은 '흰색'으로 채색합니다.

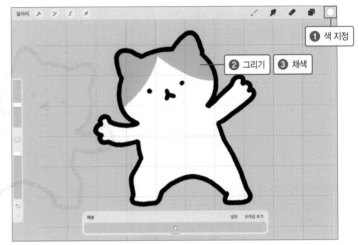

07 | 개성을 더 추가하기 위해서 코 옆에 점을 찍어 줍니다.
이러한 과정을 거쳐 대상을 이모티콘화한다면 처음 보는 동물이나 대상도 쉽게 그릴 수 있습니다.

TIP 마지막까지 남아야 하는 동물의 포인트는 무엇이 있는지 생각해 봅니다.

···14 다양한 방법으로 캐릭터 채색하기

- 난이도 : ★★
- 브러시 : 이모티콘브러시 – 댈희브러시
  소프트 브러시 1
- 예제 파일 : 02\이모티콘브러시.brushset
- 완성 파일 : 02\메롱 곰_완성.procreate
  코알라_완성.procreate

Drawing **Style**

캐릭터를 멋지게 그리는 것도 중요하지만 캐릭터를 채색하는 것 또한 그에 못지않게 중요합니다. 생각보다 채색에서 많은 시간을 보내는 작가들이 많습니다. 카카오 이모티콘 스튜디오에서는 적시성을 고려하여 색을 바꿀 것을 요청하기도 합니다.

직접 채색하기와 물통 떨어뜨리기

01 | 완료된 스케치를 직접 채색하는 방법과 색상을 드래그하여 적용하는 물통 떨어뜨리기 방법을 알아보겠습니다.

(새로운 캔버스 → 이모티콘) 캔버스를 불러옵니다. (동작(🔧) → 캔버스)에서 (애니메이션 어시스트)와 (그리기 가이드)를 모두 활성화한 다음 (편집 그리기 가이드)를 선택합니다.

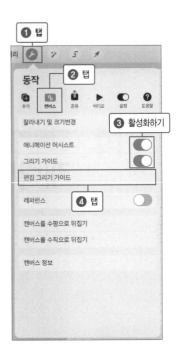

02 | 그리기 가이드 하단 메뉴에서 (2D 격자)를 선택합니다. 불투명도를 '50%', 두께를 '50%', 격자 크기를 '100px'로 조절한 다음 (완료) 버튼을 탭합니다.

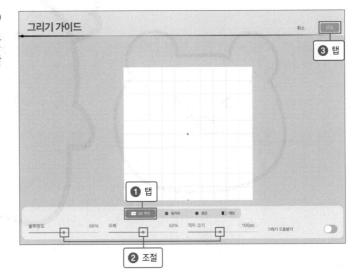

03 | 먼저 곰을 그린 다음 채색해 봅니다. (브러시(✏️))를 탭하여 브러시 라이브러리에서 (이모티콘브러시 → 댈희브러시)를 선택합니다.

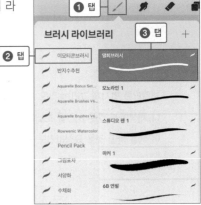

04 [색상(●)]에서 '검은색'을 선택합니다.

① 탭

② 탭

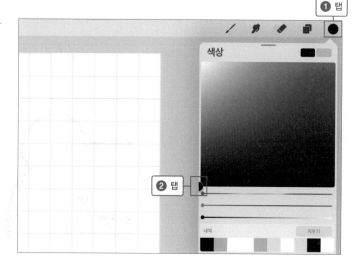

05 메롱 하는 곰 얼굴을 그립니다.

그리기

06 채색을 위해서 [레이어(■)]에서 '배경 색상' 레이어를 체크 해제합니다.

① 탭

다양한 방법으로 캐릭터 채색하기 **175**

07 │ (색상(●))에서 '흰색'을 선택합니다.

08 │ 브러시 크기를 크게 조절하여 넓은 면적부터 칠합니다.

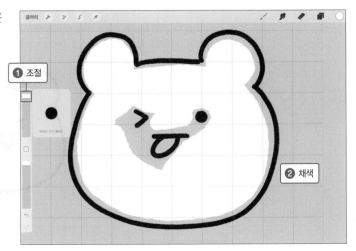

09 │ 외곽선이 있는 부분은 최대한 외곽선을 침범하지 않게 캔버스를 확대하여 채색합니다.

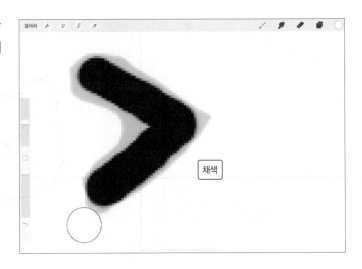

10 실습하면서 느낄 수 있듯이 직접 채색하는 방법은 외곽선의 안을 채우는 용도로는 적합하지 않습니다.

11 두 손가락으로 화면을 계속 탭하여 채색 전으로 돌아갑니다.

두 손가락으로 탭

12 넓은 면은 간단하게 색상을 드래그하여 채색하는 물통 떨어뜨리기 방법을 활용합니다.

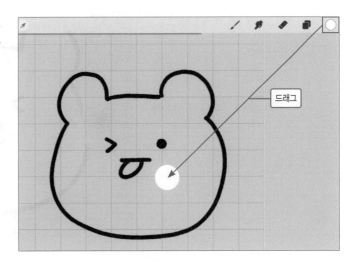

드래그

13 | 곰의 혓바닥도 '분홍색'으로 채색합
니다.

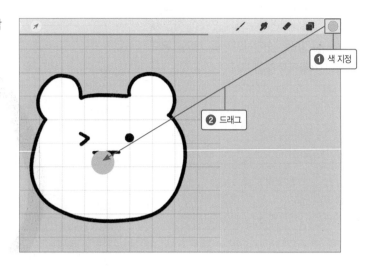

❶ 색 지정

❷ 드래그

14 | 볼 터치를 표현해 봅니다. (브러시
(✏️))를 탭하여 브러시 라이브러리에서 (이
모티콘브러시 → 소프트 브러시 1)을 선택합
니다.

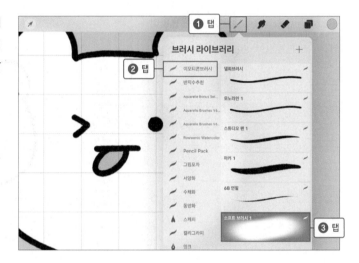

❶ 탭

브러시 라이브러리

❷ 탭 | 이모티콘브러시 | 델희브러시
반지수추천 | 모노라인 1
Aquarelle Bonus Set...
Aquarelle Brushes V6... | 스튜디오 펜 1
Aquarelle Brushes V6...
Rowwenic Watercolor | 마커 1
Pencil Pack
그림포차 | 6B 연필
서양화
수채화 | 소프트 브러시 1
동양화
스케치
캘리그라피
잉크

❸ 탭

15 | 브러시 크기를 '4%'로 조절합니다.

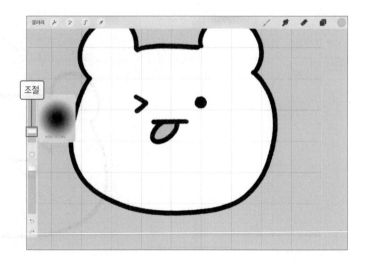

조절

16 얼굴의 균형을 생각해서 볼 터치를 그려 줍니다. 이렇게 물통 떨어뜨리기와 직접 채색하는 방법을 활용하면 빠르게 캐릭터를 완성할 수 있습니다.

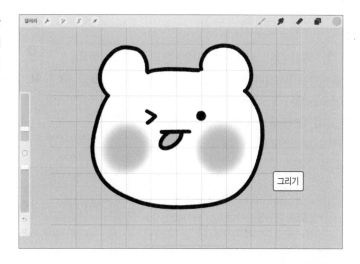

17 하지만 캐릭터나 시안의 색상을 변경하기 불편합니다. (색상(●))을 '노란색'으로 지정하여 얼굴을 덧칠해 봅니다.

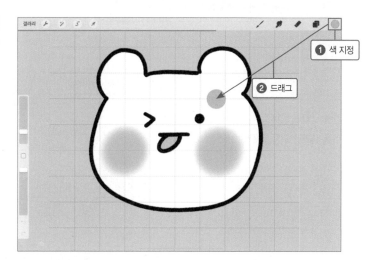

18 볼 터치와 외곽선, 채색 영역의 경계가 어색한 것을 확인할 수 있습니다. 따라서 캐릭터 혹은 시안이 복잡한 경우 레이어를 여러 개 사용하는 것이 유리합니다.

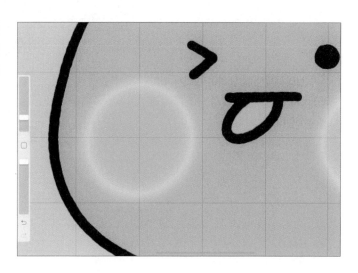

레이어를 나눠 채색하기

01 | 레이어를 나눠 채색하면 색상 변경 및 시안 변경에 용이합니다.
〔새로운 캔버스 → 이모티콘〕 캔버스를 불러 옵니다. 〔동작(🔧) → 캔버스〕에서 〔그리기 가이드〕를 활성화한 다음 〔편집 그리기 가이드〕를 선택합니다.

> **TIP** 레이어를 나눠 채색하는 방법은 꼼꼼한 성격의 작가들이 선호하는 방식으로, 이모티콘뿐만 아니라 디지털 드로잉의 정석으로 불리는 방법입니다. 또한 승인 후 카카오 이모티콘 스튜디오 검수 과정에서 확인된 오류를 쉽게 수정할 수 있습니다.

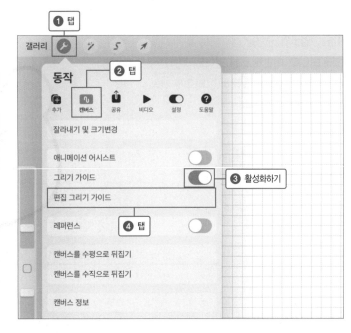

02 | 그리기 가이드 하단 메뉴에서 〔2D 격자〕를 선택합니다. 불투명도를 '50%', 두께를 '50%', 격자 크기를 '100px'로 조절한 다음 〔완료〕 버튼을 탭합니다.

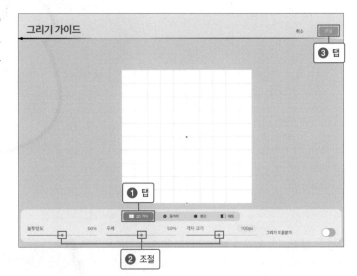

03 | 〔브러시(✏)〕를 탭하여 브러시 라이브러리에서 〔이모티콘브러시 → 댈희브러시〕를 선택합니다.

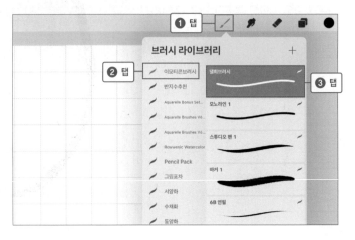

04 (레이어(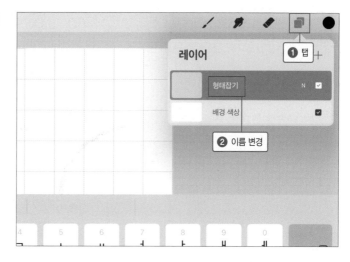))에서 '레이어 1'의 이름
을 '형태잡기'로 변경합니다.

05 캐릭터의 가이드가 될 사람 모양을
그려 줍니다.

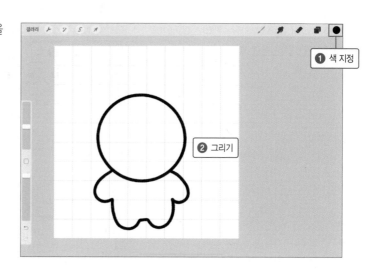

06 (레이어())에서 (+) 버튼을 탭하
여 '레이어 2'를 추가합니다.

07 | '레이어 2'의 이름을 '형태수정'으로 변경합니다.

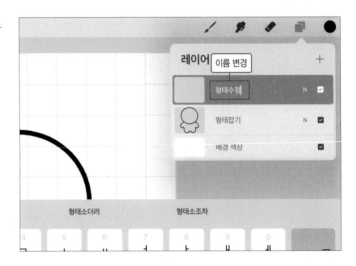

08 | 다시 (동작(🔧) → 캔버스)에서 (애니메이션 어시스트)를 활성화합니다.

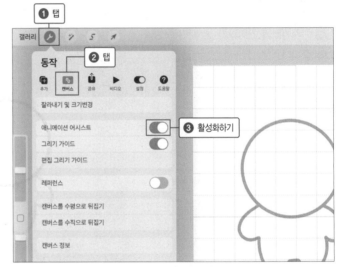

09 | '형태잡기' 레이어를 참고하여 일체형으로 사람을 그려 줍니다.

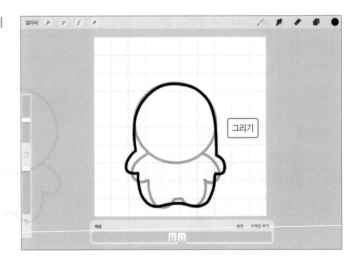

10 코알라를 표현해 봅니다. 코알라의 눈, 코, 입을 그립니다. 코알라는 큰 코가 포인트입니다.

11 코알라의 귀도 그려 줍니다. 부스스한 코알라의 귀를 간단하게 숫자 3으로 표현합니다.

12 형태를 점검하기 위해서 〔레이어 (▣)〕에서 '형태잡기' 레이어를 체크 해제합니다.

13 │ 채색을 위해서 [+] 버튼을 탭하여 '레이어 3'을 추가한 다음 이름을 '채색1'로 변경합니다.

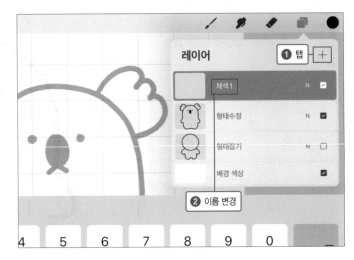

14 │ '채색1' 레이어와 '형태수정' 레이어를 오른쪽으로 드래그하여 다중 선택한 다음 [그룹]을 탭하여 그룹으로 지정합니다.

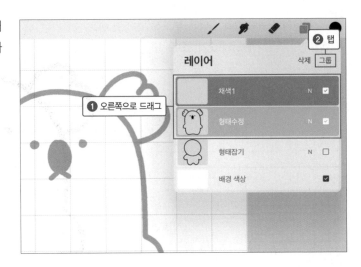

15 │ '채색1' 레이어를 '형태수정' 레이어 아래로 드래그하여 이동합니다.

16 〔색상()〕에서 '남청색'을 선택합니다.

17 채색 전에 '형태수정' 레이어의 〔N〕을 탭한 다음 불투명도를 '50%'로 조절합니다.

18 '채색1' 레이어에 코알라 외곽선과 조금씩 겹치게 안쪽으로 따라 그립니다.

19 캔버스를 확대하여 외곽선을 조금씩 겹치게 그리면 편리합니다.

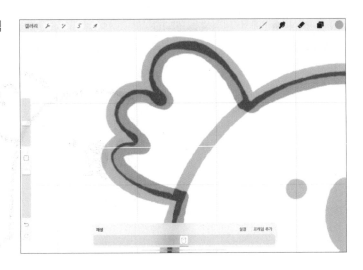

20 빈틈이 없는 상태에서 색상을 드래그하여 채색합니다.

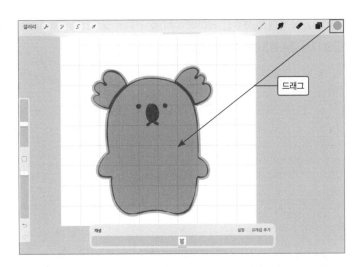

21 (레이어(▣))에서 (+) 버튼을 탭하여 레이어를 추가한 다음 이름을 '포인트'로 변경합니다.

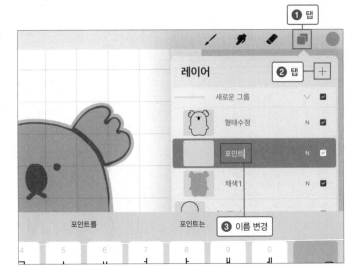

22 │ (색상(●))을 '흰색'으로 지정한 다음 귀와 입, 배 부분을 채색합니다.

23 │ '형태수정' 레이어의 (N)을 탭한 다음 불투명도를 다시 '최대'로 조절합니다.

24 │ '새로운 그룹' 그룹 레이어의 이름을 '캐릭터 기본자세'로 변경합니다.

25 | 하단 애니메이션 어시스트 메뉴에 하나의 프레임으로 표시되는 것을 확인할 수 있습니다.

TIP 하나의 그룹은 하나의 프레임으로 인식한다는 것을 기억하고 그룹으로 지정합니다.

댈희의 채색법

01 | 많은 작업 시간이 부담스럽다면 제가 하는 방법도 효과적이라고 생각하여 소개합니다. 먼저 (레이어(■))에서 (+) 버튼을 탭하여 '레이어 6'을 추가합니다.

TIP 이전 예제와 이어서 진행합니다.

02 | 외곽선을 따라 그려 스케치를 완료합니다.

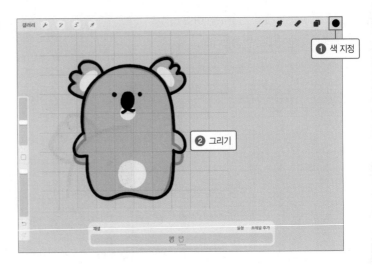

03 [레이어(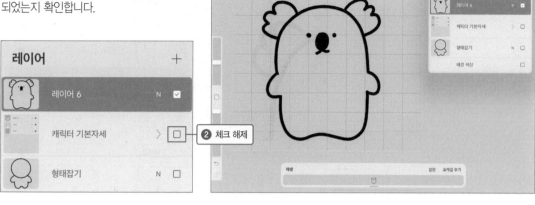)]에서 '캐릭터 기본자세' 그룹 레이어를 체크 해제하여 스케치가 잘 되었는지 확인합니다.

04 스케치가 완료되었다면 '레이어 6'을 왼쪽으로 드래그하여 [복제] 버튼 탭합니다.

05 '레이어 6'이 두 개로 복제되었습니다. 두 개의 '레이어 6'을 다중 선택한 다음 [그룹]을 탭하여 그룹으로 지정합니다.

06 | 아래에 있는 '레이어 6'의 이름을 '채색'으로 변경합니다.

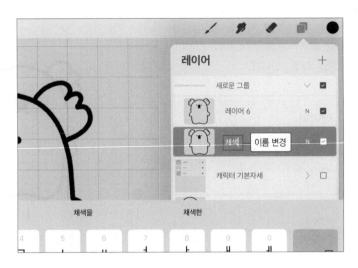

07 | (색상(●))을 '남청색'으로 지정한 다음 드래그하여 채색합니다.

08 | 빠진 부분 없이 모두 색을 채워 줍니다.

09 그대로 '채색' 레이어에 '흰색'으로 포인트를 그려 줍니다. '레이어 6'이 '채색' 레이어 위에 있기 때문에 자연스럽게 스케치를 침범하지 않고 무늬를 표현할 수 있습니다.

10 배에 무늬도 표현하기 위해서 원을 그려 줍니다.

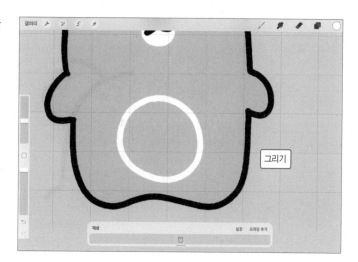

11 색상을 드래그하여 채색합니다. 한계값을 잘 조절하여 배 부분만 칠해지도록 설정합니다.

TIP 색상을 드래그한 다음 펜을 화면에 떼지 않은 상태로 좌우로 드래그하면 상단에 ColorDrop 한계값이 표시됩니다. 좌우로 드래그하여 색상이 잘 적용되도록 조절합니다.

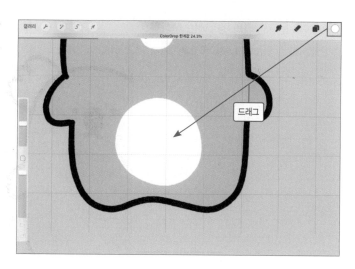

12 보다 적은 레이어를 활용하여 채색을 완료했습니다.

13 '새로운 그룹' 그룹 레이어의 이름을 '댈희채색법'으로 변경합니다.

14 어두운 캐릭터의 경우에는 색상을 수정해야 할 수 있습니다. (레이어(▣))에서 '채색' 레이어를 선택합니다.

15 [조정(✦)] → 색조, 채도, 밝기]를 선택한 다음 [레이어] 버튼을 탭합니다.

16 색조, 채도, 밝기를 조절하여 색상을 변경합니다. 외곽선은 다른 레이어에 그렸기 때문에 영향을 받지 않는 것을 확인할 수 있습니다.

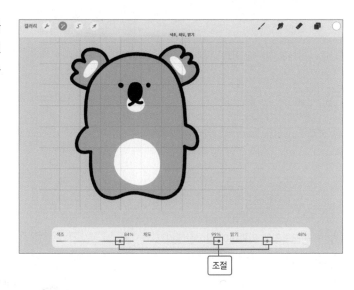

외곽선이 끊어진 캐릭터 **쉽게 채색하기**

기존의 이모티콘 출시작들을 보면 외곽선이 끊어져 있어서 오히려 그것이 매력적인 캐릭터들이 많습니다. 보통 이럴 때 앞서 살펴보았던 레이어를 하나하나 나눠서 채색하는 방법을 선택합니다. 이런 캐릭터 역시 댈희 채색법을 이용하면 보다 손쉽게 작업할 수 있습니다.

외곽선이 끊어진 형태로 강아지 그리기

01 〔새로운 캔버스 → 이모티콘〕 캔버스를 불러옵니다. 〔레이어(⬛)〕에서 '배경 색상' 레이어를 체크 해제합니다.

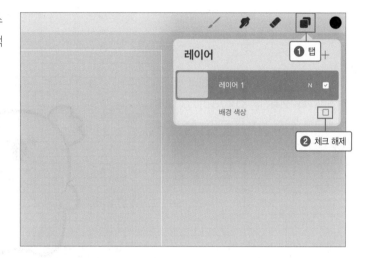

02 중간중간에 외곽선이 끊어진 강아지 캐릭터를 그립니다. 보통 귀나 꼬리처럼 많이 움직이는 부분의 외곽선을 끊어지게 표현하는 경우가 많습니다.

댈희 채색법으로 강아지 채색하기

01 〔레이어( )〕에서 '레이어 1'을 복제하여 2개로 만들어 줍니다.

02 두 개의 '레이어 1'을 다중 선택한 다음 〔그룹〕을 탭하여 그룹으로 지정합니다.

03 아래에 있는 '레이어 1'의 이름을 '채색'으로 변경합니다.

04 | '레이어 1'의 (N)을 탭한 다음 불투명도를 '50%'로 조절합니다.

05 | '채색' 레이어를 선택합니다. 끊어진 부분을 캐릭터의 색으로 이어 줍니다. 이 캐릭터는 흰색 캐릭터라서 '흰색'을 선택하여 끊어진 부분을 이어 줍니다.

06 | 끊어진 부분을 다 이었다면 색상을 드래그하여 채색을 완료합니다.

07 〔레이어()〕에서 '레이어 1'의 〔N〕
을 탭한 다음 불투명도를 다시 '최대'로 조
절합니다.

08 댈희 채색법으로 빠른 시간 안에 외
곽선이 끊어진 캐릭터 채색을 완료했습니다.

3

한눈에 딱!
멈춰 있는 이모티콘 그리기

멈춰 있는 이모티콘은 한 장면에서 내가 표현하고자 하는 것을 명확하게, 또 재밌게 전달하는 것이 핵심입니다. 다양한 표정과 동세, 그리고 위트 있는 대사나 표현이 어우러지면 움직이지 않아도 매력 넘치는 이모티콘을 만들 수 있습니다. 함께 실습하며 멈춰 있는 이모티콘의 세계로 가 보도록 하겠습니다.

01 역동적인 장면 연출하기

- **난이도 :** ★★★
- **브러시 :** 이모티콘브러시 – 댈희브러시
  스튜디오 펜 1
- **예제 파일 :** 03\이모티콘브러시.brushset
- **완성 파일 :** 03\역동적인 장면_완성.procreate

emoticon Drawing

역동적인 장면 연출은 이모티콘의 재미를 더해 줄 수 있는 좋은 기능입니다. 프로크리에이트에서 움직임 흐림 효과로 손쉽게 연출할 수 있어 많은 작가들이 애용합니다. 함께 그려 보며 해당 기능을 배워 보도록 하겠습니다.

회전하는 사람 그리기

01 | (새로운 캔버스 → 이모티콘) 캔버스를 불러옵니다. (동작(🔧) → 캔버스)에서 (그리기 가이드)를 활성화한 다음 (편집 그리기 가이드)를 선택합니다.

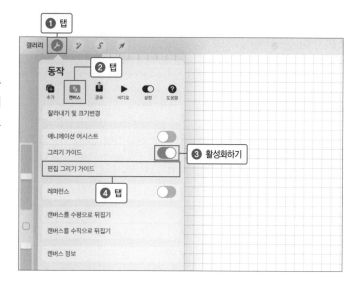

02 | 그리기 가이드 하단 메뉴에서 (2D 격자)를 선택합니다. 불투명도를 '50%', 두께를 '50%', 격자 크기를 '100px'로 조절한 다음 (완료) 버튼을 탭합니다.

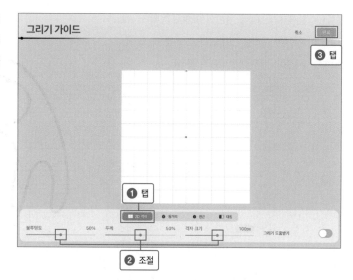

03 | (브러시(✏️))를 탭하여 브러시 라이브러리에서 (이모티콘브러시 → 댈희브러시)를 선택합니다.

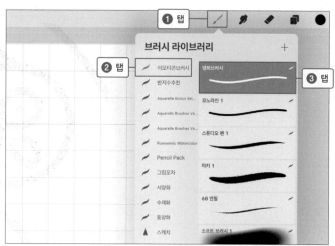

04 │ [색상(●)]에서 '검은색'을 선택합
니다.

05 │ 회전하는 사람을 그리기 위해서 그림
과 같이 간단한 동작을 그립니다. 기능을 배
워 보는 시간이니 부담 없이 그려 봅니다.

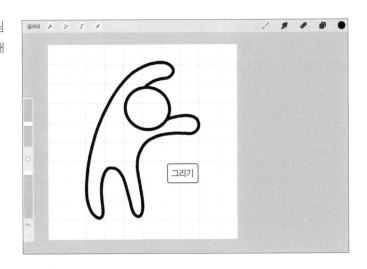

06 │ 얼굴 부분을 확대하여 놀란 표정의
눈과 입을 그립니다.

사람 채색하기

01 | 〔색상(●)〕에서 '노란색'을 선택합
니다.

02 | 색상을 드래그하여 얼굴과 몸을 채
색합니다.

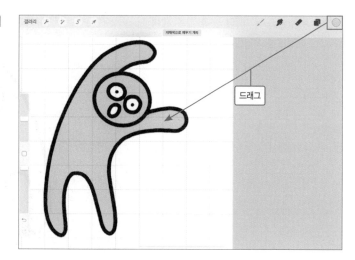

03 | 눈과 입을 채색하기 위해서 〔레이어
(■)〕에서 '배경 색상' 레이어를 체크 해제
합니다.

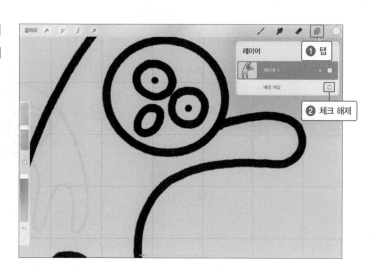

04 [색상()]에서 '흰색'을 선택합니다.

05 색상을 드래그하여 눈과 입을 채색한 다음 캐릭터를 점검합니다.

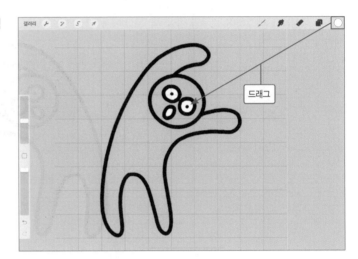

빨려 들어가는 듯한 배경 그리기

01 [브러시(✏️)]를 탭하여 브러시 라이브러리에서 [이모티콘브러시 → 스튜디오 펜 1]을 선택합니다. 브러시 크기는 '30%'로 조절합니다.

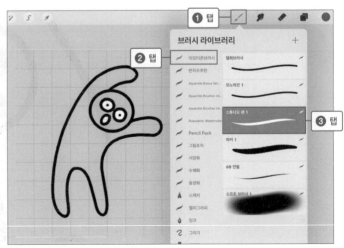

02 〔색상(●)〕에서 '파란색'을 선택합
니다.

03 배경을 그리기 위해서 〔레이어(▣)〕
에서 〔+〕 버튼을 탭하여 '레이어 2'를 추가합
니다.

04 배경은 캐릭터의 뒤로 가야 하므로
'레이어 2'를 '레이어 1' 아래로 이동합니다.

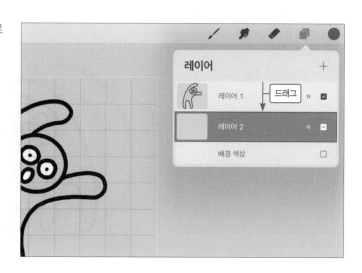

TIP 레이어를 길게 탭한 다음 드래그하
여 레이어를 이동할 수 있습니다.

05 캐릭터를 참고하되 배경을 잘 그리기 위해서 '레이어 1'의 (N)을 탭한 다음 불투명도를 '50%'로 조절합니다.

06 빨려 들어가는 듯한 표현을 하기 위해서 가운데에서부터 바깥쪽으로 동그랗게 회오리를 그립니다.

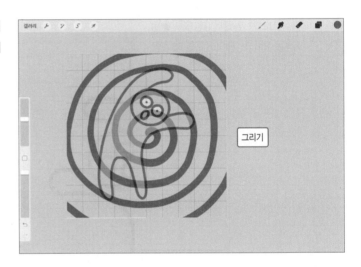

07 배경을 완성하였다면 (레이어(🖿))에서 '레이어 1'의 (N)을 탭한 다음 불투명도를 다시 '최대'로 조절합니다.

역동적인 움직임 연출하기

01 | 캐릭터를 역동적으로 움직이는 듯한 느낌을 더하겠습니다. (조정( )) → 움직임 흐림 효과)를 선택한 다음 (레이어) 버튼을 탭합니다.

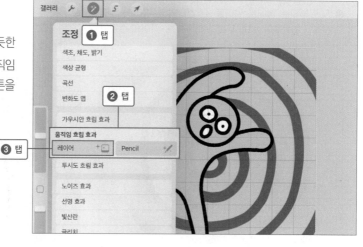

PART 03

02 | 주로 움직임의 방향에 맞춰서 '10%' –'15%' 정도의 움직임 흐림 효과를 적용하면 무난하게 표현할 수 있습니다.
움직임 흐림 효과를 배경에 맞춰 오른쪽 대각선으로 '10%' 정도로 조절하여 적용을 완료합니다.

TIP 움직임 흐림 효과 알아보기

❶ 화면을 오른쪽으로 드래그하면 점점 움직임 흐림 효과가 커집니다. 다음은 '10%' 정도로 조절하였을 때의 모습입니다.

❷ '20%' 정도로 조절하면 형태를 간신히 알아볼 정도가 됩니다.

❸ '50%'부터는 형태를 알아볼 수 없습니다. 따라서 적정 선에서 활용해야 하며, 주로 '10%'–'15%' 사이의 수치가 적절합니다.

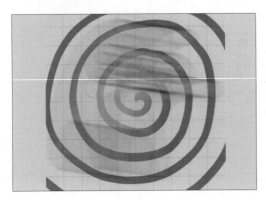

❹ 움직임 흐림 효과의 잔상은 펜슬의 드래그 방향에 따라 원래의 형태가 양쪽으로 갈라집니다. 위로 드래그하면 다음과 같은 모습이 됩니다.

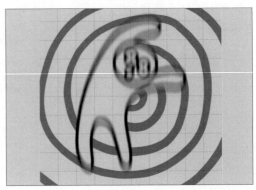

커피 잔을 치는 장면 연출하기

01 │ 다른 표현으로 복습해 봅니다. (레이어(▤))에서 (+) 버튼을 탭하여 '레이어 3'을 추가합니다.

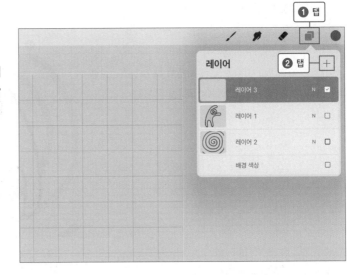

02 │ (브러시(✎))를 탭하여 브러시 라이브러리에서 (이모티콘브러시 → 댈희브러시)를 선택합니다.

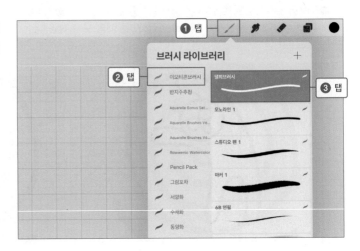

03 무언가를 손으로 치는 듯한 동작을 그립니다. 장면을 생각했을 때 가장 앞에 있는 것부터 그립니다.

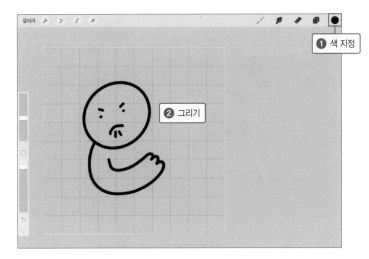

04 커피 잔을 치는 사람의 모습을 그립니다. 기능을 배우는 것이 목적이므로 무언가를 손으로 치는 듯한 동작을 부담 없이 그려 봅니다.

05 (색상(●))에서 '흰색', '노란색', '갈색'을 선택한 다음 드래그하여 채색합니다.

06 캐릭터를 역동적으로 움직이는 듯한 느낌을 더해 봅니다. (조정(✎) → 움직임 흐림 효과)를 선택한 다음 (레이어) 버튼을 탭합니다.

07 화면을 드래그하여 움직임 흐림 효과를 '13%' 정도로 조절한 다음 동작에 맞게 오른쪽으로 잔상을 적용하였습니다. 각자 취향대로 효과를 적용하면 됩니다.

TIP 채색 전 스케치 상태에서 움직임 흐림 효과를 적용하고 나중에 채색을 하면 채색이 되지 않는 부분이 생기기 때문에 순서에 주의해야 합니다.

내면의 소리 **표현하기**

- **난이도** : ★ ★ ★
- **브러시** : 이모티콘브러시 – 댈희브러시
- **예제 파일** : 03\이모티콘브러시.brushset
- **완성 파일** : 03\내면의 소리_완성.procreate

emotion Drawing

Drawing Style

내면의 소리를 표현하는 방식도 이모티콘에서 자주 쓰는 표현 중 하나입니다. 자기 할 말을 다 하는 사람 보다 속으로만 끓고 있는 사람들이 많기 때문에 이런 표현은 쉽게 공감대를 형성해 주는 표현입니다. 불 투명도만 잘 조절하면 어렵지 않게 할 수 있는 표현이기에 배워 두는 것이 좋습니다.

헤드셋을 쓴 캐릭터 그리기

01 | (새로운 캔버스 → 이모티콘) 캔버스
를 불러옵니다. (동작(🔧) → 캔버스)에서
(그리기 가이드)를 활성화합니다.
(브러시(✏️))를 탭하여 브러시 라이브러리
에서 (이모티콘브러시 → 댈희브러시)를 선
택합니다.

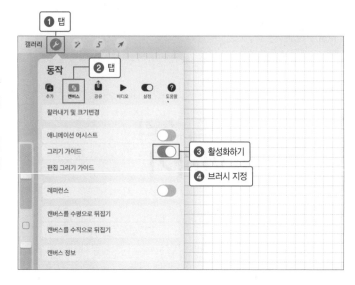

02 | 캐릭터의 얼굴과 몸을 간단하게 그
립니다. 원을 그리고 펜을 떼지 않은 상태로
기다리면 원이 반듯하게 수정되어 쉽게 깔
끔한 원을 그릴 수 있습니다.

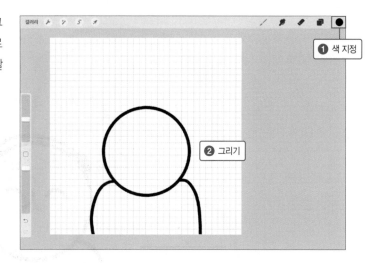

03 | 사회생활용 웃음을 짓는 표정을 그
려 줍니다. 머리에는 헤드셋을 그립니다.

04 [레이어(■)]에서 '레이어 1'을 복제한 다음 복제된 레이어의 이름을 '복제'로 변경합니다.

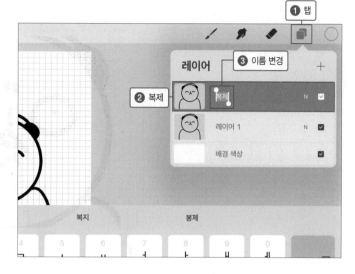

05 '레이어 1'의 [N]을 탭한 다음 불투명도를 '50%'로 조절합니다.

06 [동작(🔧) → 캔버스]에서 [애니메이션 어시스트]를 활성화합니다.
본심은 다른 표정을 짓는 모습을 그리기 위해서 '복제' 레이어를 선택한 다음 캐릭터의 눈, 코, 입을 [지우개(◆)]로 지웁니다.

07 화를 참는 듯한 실제 표정을 그립니다. 눈, 코, 입을 그릴 때 위치가 변하지 않는 것이 중요합니다.

08 (레이어( ))에서 '레이어 1'의 (N)을 탭한 다음 불투명도를 다시 '최대'로 조절합니다.

헤드셋을 쓴 캐릭터 채색하고 배치하기

01 (색상( ))에서 '살구색'을 선택합니다. 색상을 드래그하여 채색합니다.

02 〔레이어()〕에서 '복제' 레이어를 선택합니다. 〔색상(●)〕에서 '살구색', '흰색', '빨간색'을 선택하여 채색합니다.

03 〔레이어()〕에서 '복제' 레이어의 〔N〕을 탭한 다음 불투명도를 '50%'로 조절합니다. 내면의 소리를 표현하는 그림은 보통 불투명도가 낮습니다.

04 '레이어 1'을 선택합니다. 〔변형(↗)〕을 탭하여 캔버스 크기의 1/4로 조절한 다음 오른쪽 하단으로 이동합니다.

05 〔레이어()〕에서 '복제' 레이어를
선택합니다. 〔변형(↗)〕을 탭하여 크기를
1.5배 정도 크게 조절한 다음 왼쪽 끝으로
이동합니다.

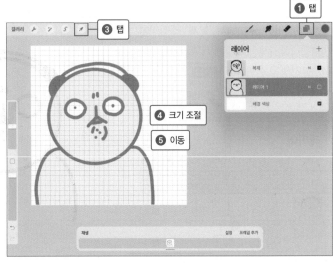

06 내면의 소리 부분이 뒤로 가는 것이
자연스럽기 때문에 〔레이어(■)〕에서 '레이
어 1'을 '복제' 레이어 위로 이동합니다.

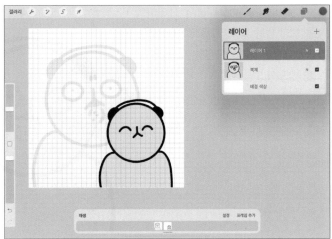

07 '레이어 1'과 '복제' 레이어를 다중 선
택한 다음 〔그룹〕을 탭하여 정리합니다.

올가미 기능을 활용하여
생쥐 캐릭터 그리기

● **난이도** : ★ ★
● **브러시** : 이모티콘브러시 – 댈희브러시
● **예제 파일** : 03\이모티콘브러시.brushset
● **완성 파일** : 03\생쥐_완성.procreate

emoticon Drawing

올가미 기능은 움직이는 이모티콘을 제작할 때 정말 유용하게 활용되는 기능입니다. 작가들의 고생을 덜어 주는 기능이므로 능숙하게 활용해야 할 필요가 있습니다. 간단한 실습으로 배워 보도록 하겠습니다.

생쥐 그리기

01 | (새로운 캔버스 → 이모티콘) 캔버스를 불러옵니다. (동작(🔧) → 캔버스)에서 (그리기 가이드)를 활성화합니다.
(브러시(✏))를 탭하여 브러시 라이브러리에서 (이모티콘브러시 → 댈희브러시)를 선택합니다.

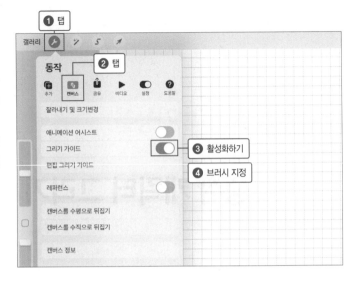

02 | 작은 생쥐를 그려 봅니다. 전체 캐릭터의 크기가 캔버스의 절반 정도가 되게 얼굴은 크게, 몸은 아주 작게 그립니다. 이보다 더 작으면 너무 작아서 보이지 않습니다.

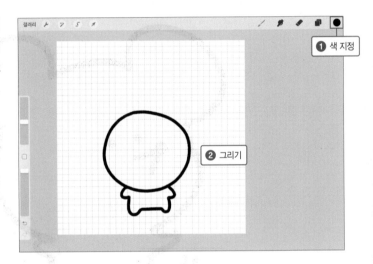

03 | (동작(🔧) → 캔버스)에서 (애니메이션 어시스트)를 활성화합니다.

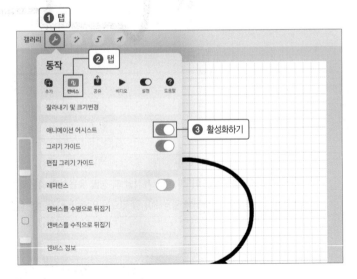

04 〔레이어(📑))에서 〔+〕 버튼을 탭하여 '레이어 2'를 추가합니다.

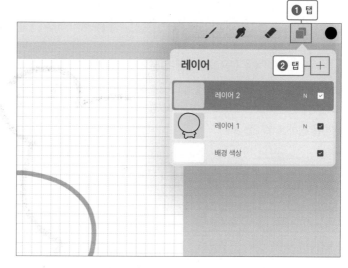

05 '레이어 1'을 참고하여 귀를 크게 그리고 꼬리를 그려 생쥐의 외형을 완성합니다.

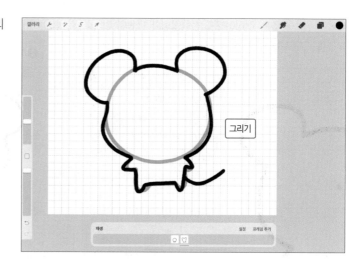

06 형태를 점검하기 위해서 〔레이어(📑))에서 '레이어 1'을 체크 해제합니다.

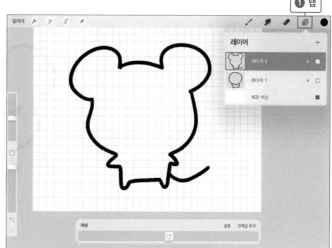

올가미 기능으로 생쥐 변형하기

01 올가미 기능을 활용하기 전에 원본을 보호하기 위해 복제 기능을 활용합니다. '레이어 2'를 왼쪽으로 드래그한 다음 [복제] 버튼을 탭하여 복제합니다.

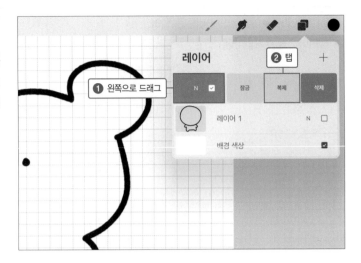

02 위쪽에 있는 '레이어 2'를 선택합니다. [선택([S])]을 탭한 다음 하단 메뉴에서 [올가미]를 선택합니다. 생쥐의 얼굴 부분을 드래그하여 선택 영역으로 지정합니다.

03 [변형([↗])]을 탭하면 올가미로 선택한 부분이 이동할 수 있는 상태가 됩니다.

04 │ 초록색 조절점으로 회전이 가능합니다. 살짝 고개를 든 모습을 표현하기 위해서 얼굴을 오른쪽으로 살짝 회전한 다음 몸통과 연결합니다.

05 │ 몸동작을 바꾸기 위해 몸 부분을 [지우개(✏️)]로 지웁니다.

06 │ 얼굴과 이어서 원하는 몸동작을 자연스럽게 그립니다.

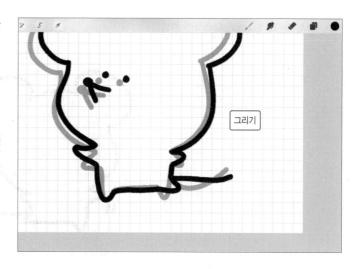

07 형태 점검을 위해 [레이어()]에서 아래에 있는 '레이어 2'를 체크 해제합니다.

생쥐 채색하기

01 [색상(●)]에서 '회색'을 선택합니다.

02 색상을 드래그하여 채색하면 완성입니다.

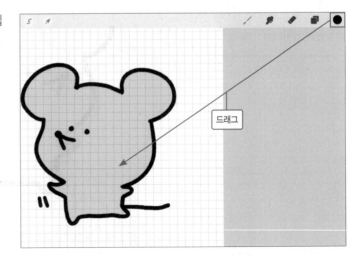

04 그리기 가이드로 다양한 소품과 효과 표현하기

- 난이도 : ★★
- 브러시 : 이모티콘브러시 – 댈희브러시
- 예제 파일 : 03\이모티콘브러시.brushset
- 완성 파일 : 03\소품과 효과_완성.procreate

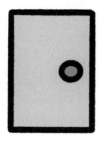

emoticon Drawing

그리기 가이드를 활용하면 소품과 효과를 손쉬우면서도 깔끔하게 그릴 수 있어 작품의 완성도와 상품성을 높일 수 있습니다. 그리기 가이드 중 이모티콘에 많이 쓰이는 기능들을 사용하여 4가지 표현을 배워봅니다.

격자를 이용해 문 그리기

01 | (새로운 캔버스 → 이모티콘) 캔버스를 불러옵니다. (동작(🔧) → 캔버스)에서 (그리기 가이드)를 활성화한 다음 (편집 그리기 가이드)를 선택합니다.

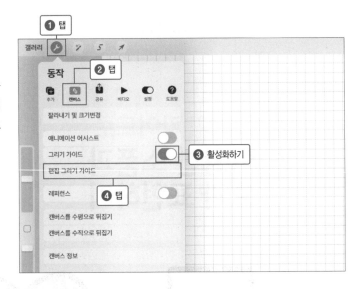

02 | 그리기 가이드 하단 메뉴에서 (2D 격자)를 선택하고 (그리기 도움받기)를 활성화합니다. 불투명도를 '50%', 두께를 '50%', 격자 크기를 '32px'로 조절한 다음 (완료) 버튼을 탭합니다.

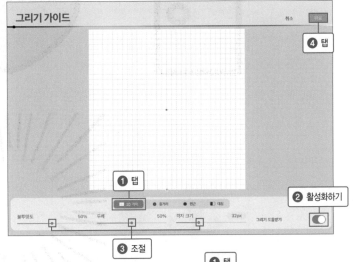

03 | (브러시(✏️))를 탭하여 브러시 라이브러리에서 (이모티콘브러시 → 댈획브러시)를 선택합니다.

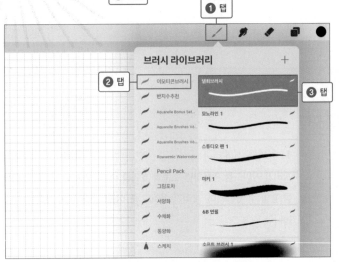

04 〔색상(●)〕에서 '검은색'을 선택합니다.

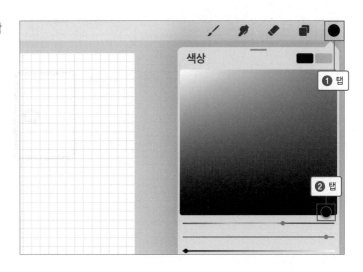

05 〔레이어(■)〕에서 '레이어 1'을 탭하여 〔그리기 도우미〕를 선택합니다. 이모티콘에서 문은 자주 보이는 소품 중 하나입니다. 문을 그리기 위해서 길쭉한 직사각형을 그려 줍니다.

TIP 그리기 가이드가 활성화되어 있기 때문에 쉽게 그릴 수 있습니다.

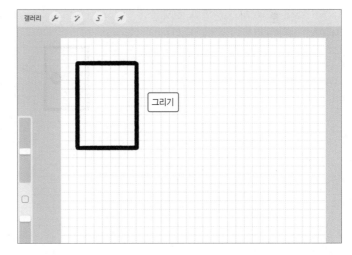

06 그리기 도우미가 활성화되어 있는 상태에서는 원을 그릴 수 없습니다. 문고리를 그리기 위해서 〔레이어(■)〕에서 '레이어 1'을 탭한 다음 다시 〔그리기 도우미〕를 탭하여 선택을 해제합니다.

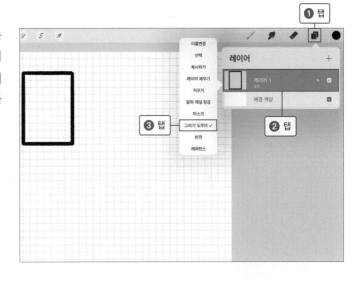

07 | 문고리 위치에 원을 그려 줍니다.

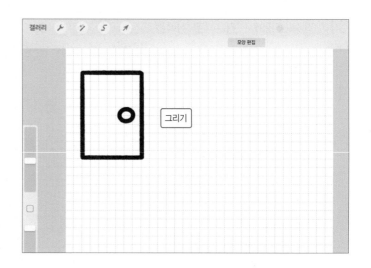

08 | 〔색상(●)〕에서 '노란색'과 '회색'을 선택하여 채색합니다.

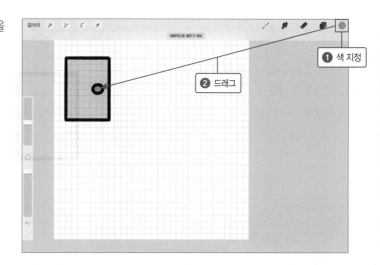

대칭을 이용해 하트 그리기

01 | 〔레이어(◼)〕에서 〔+〕 버튼을 탭하여 '레이어 2'를 추가합니다.

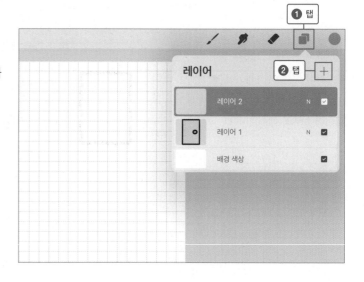

02 │ [동작(🔧) → 캔버스]에서 [편집 그리기 가이드]를 선택합니다.

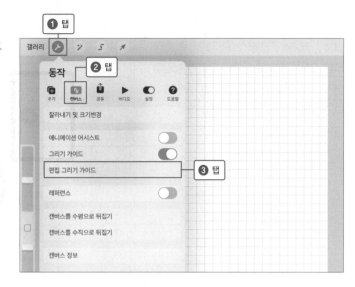

03 │ 그리기 가이드 하단 메뉴에서 [대칭]을 선택합니다.

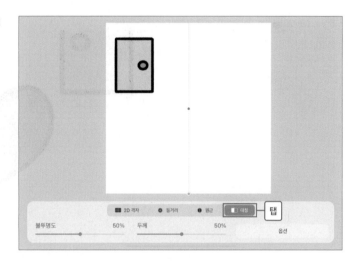

04 │ [옵션] 버튼을 탭합니다. [수직]을 선택하고 [그리기 도움받기]를 활성화한 다음 [완료] 버튼을 탭합니다.

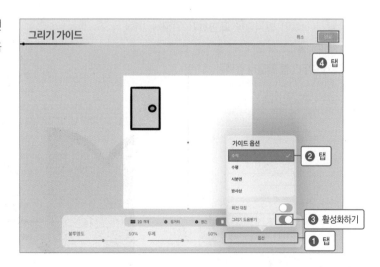

05 가운데 가이드 선을 기준으로 왼쪽 또는 오른쪽에 하트 반쪽을 그리면 대칭되어 하트가 그려지는 것을 확인할 수 있습니다. 가이드를 이용하면 반듯하고 예쁘게 그림을 그릴 수 있습니다.

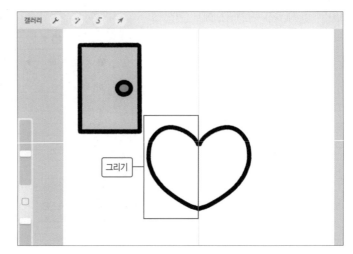

06 (색상(●))에서 '빨간색'을 선택하여 채색합니다.

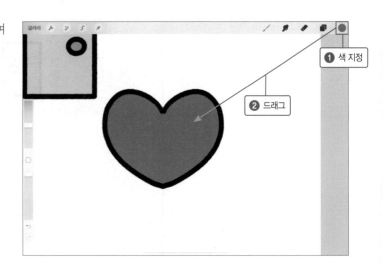

07 하트에 반짝임을 표현하기 위해서 (레이어(■))에서 '레이어 2'를 탭한 다음 (그리기 도우미)를 탭하여 선택을 해제합니다.

08 〔색상(●)〕에서 '흰색'을 선택하여 반짝임을 그려 줍니다.

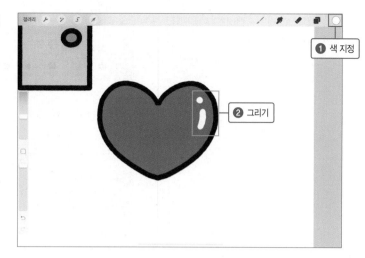

TIP 더 부드러운 느낌을 위해서 '소프트 브러시'를 사용하는 것도 좋은 방법입니다.

09 〔변형(↗)〕을 탭한 다음 하단 메뉴에서 〔균등〕을 선택합니다. 캔버스 크기의 1/4로 크기를 조절한 다음 오른쪽 상단으로 이동합니다.

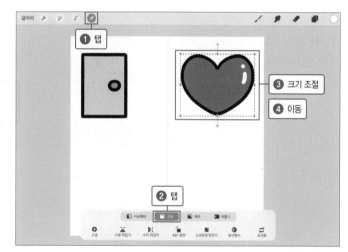

사분면을 이용해 반짝이 효과 그리기

01 〔레이어(⬚)〕에서 〔+〕 버튼을 탭하여 '레이어 3'을 추가합니다.

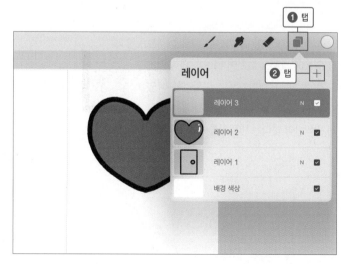

02 | (동작(🔧) → 캔버스)에서 (편집 그리기 가이드)를 선택합니다.

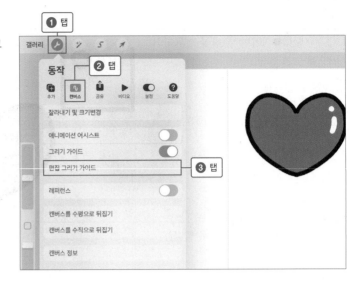

03 | 그리기 가이드 하단 메뉴에서 (옵션) 버튼을 탭합니다. (사분면)을 선택하고 (그리기 도움받기)를 다시 활성화한 다음 (완료) 버튼을 탭합니다.

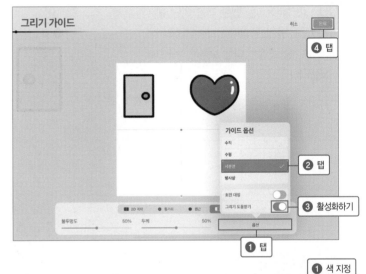

04 | 사분면 가운데 가이드 선을 기준으로 한쪽에 그림을 그리면 나머지 세 구역에도 함께 그림이 그려지는 것을 확인할 수 있습니다. (색상(●))에서 '노란색'을 선택하여 반짝반짝 빛나는 반짝이를 그려 봅니다.

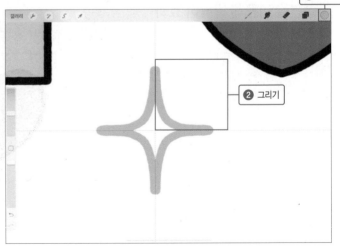

05 색상을 드래그하여 반짝이의 안쪽을 채색합니다. 추가로 주변에 반짝이를 더 그립니다.

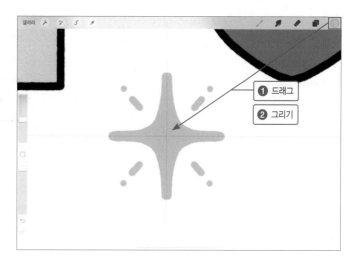

06 (변형(↗))을 탭한 다음 하단 메뉴에서 (균등)을 선택합니다. 캔버스 크기의 1/4로 크기를 키운 다음 왼쪽 하단으로 이동합니다.

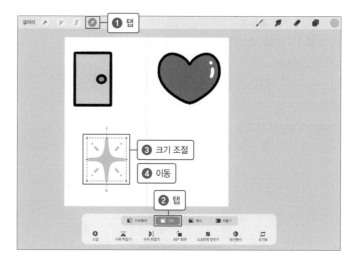

방사상을 이용해 강조 효과 그리기

01 (레이어(▣))에서 (+) 버튼을 탭하여 '레이어 4'를 추가합니다. (동작(🔧)) → 캔버스)에서 (편집 그리기 가이드)를 선택합니다.

02 그리기 가이드 하단 메뉴에서 (옵션) 버튼을 탭합니다. (방사상)을 선택하고 (그리기 도움받기)를 활성화한 다음 (완료) 버튼을 탭합니다.

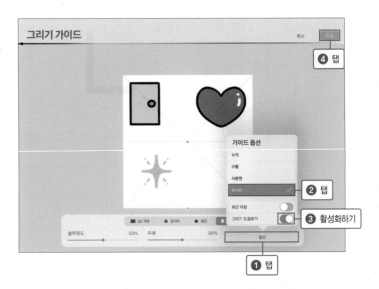

03 (레이어(▣))에서 '레이어 4'와 '배경 색상' 레이어를 제외한 모든 레이어를 잠시 체크 해제합니다.

방사상의 경우 캔버스의 1/8 어느 곳이든 그림을 그리면 나머지 7개의 구역에도 똑같은 그림이 대칭으로 그려집니다.

04 선을 하나 그어 보면 바로 이해할 수 있습니다. 선을 여러 개 그어서 만화적 강조 효과를 나타내 봅니다.

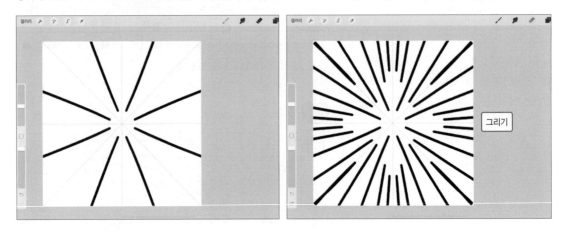

05 (지우개( ))를 선택하여 가운데 부분을 동그랗게 지웁니다.

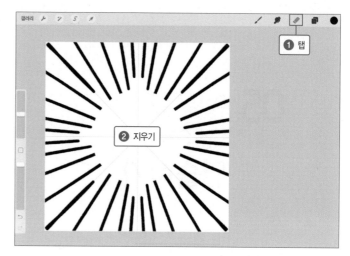

06 (변형( ))을 탭한 다음 하단 메뉴에서 (균등)을 선택합니다. 캔버스 크기의 1/4로 크기를 줄인 다음 오른쪽 하단으로 이동합니다.

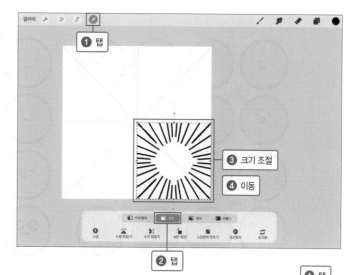

07 (레이어( ))에서 모든 레이어를 체크 표시합니다. 그리기 가이드를 활용한 깔끔한 소품과 효과들이 완성되었습니다.

···05 이모티콘의 다양한 표정 연습하기

● 난이도 : ★★
● 브러시 : 이모티콘브러시 – 댈희브러시
● 예제 파일 : 03\이모티콘브러시.brushset
● 완성 파일 : 03\다양한 표정_완성.procreate

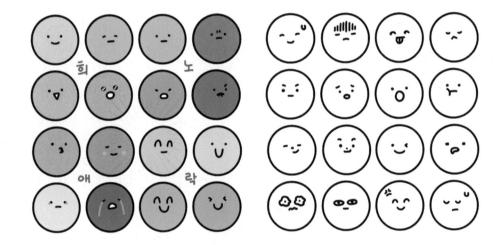

이모티콘의 본 기능은 역시 감정 전달입니다. 글씨로는 전달하기 애매한 감정을 이미지로 전달하는 것이 본질입니다. 기본 감정을 잘 전달하는 것이 상품성을 높이는 첫 번째 방법이라고 할 수 있습니다. 같은 감정에도 경중이 있다는 점을 잘 생각하여 희로애락(기쁨, 분노, 사랑, 즐거움)의 표정을 그려 본 다음 이모티콘에서 자주 쓰이는 표현들을 연습해 봅니다. 기본적인 감정인 희로애락 외에도 미묘한 감정들은 대화 속에서 효과적으로 전달할 수 있습니다.

원을 복제하여 둥근 얼굴형 그리기

01 │ (새로운 캔버스 → 이모티콘) 캔버스를 불러옵니다. (동작(🔧) → 캔버스)에서 (그리기 가이드)를 활성화한 다음 (편집 그리기 가이드)를 선택합니다.

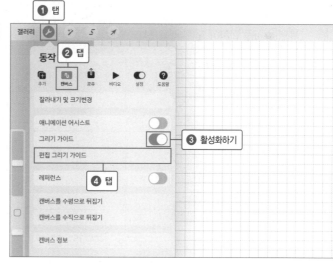

02 │ 그리기 가이드 하단 메뉴에서 (2D 격자)를 선택하고 (그리기 도움받기)를 비활성화합니다. 불투명도, 두께를 원하는 값으로 조절하고 격자 크기를 '250px'로 설정한 다음 (완료) 버튼을 탭합니다.

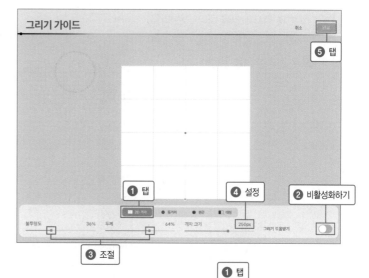

03 │ (브러시(✏️))를 탭하여 브러시 라이브러리에서 (이모티콘브러시 → 댈희브러시)를 선택합니다. 브러시 크기를 '5%'로 조절합니다.

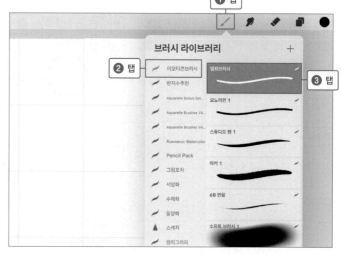

04 │ [색상(●)]을 탭하여 '검은색'을 선
택합니다.

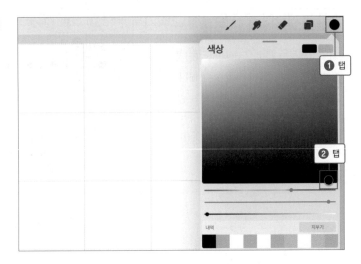

05 │ 첫 번째 격자에 원을 하나 그린 다음
펜을 화면에서 떼지 않은 상태에서 모양 편
집 기능으로 깔끔한 원을 완성합니다.

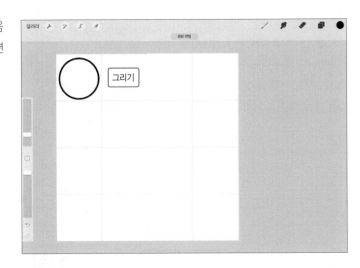

06 │ [변형(↗)]을 탭한 다음 하단 메뉴
에서 [스냅]을 탭하여 [자석]과 [스냅]을 활
성화합니다.

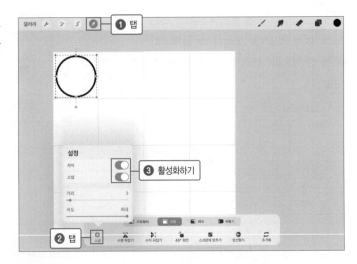

07 │ (레이어(🔲))에서 '레이어 1'의 이름
을 '1'로 변경합니다.

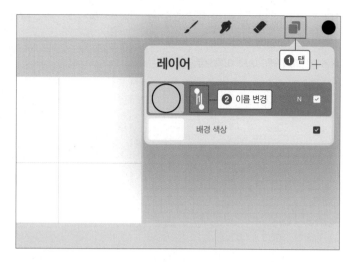

08 │ '1' 레이어를 3개 복제한 다음 복제한
레이어의 이름 각각 '2', '3', '4'로 변경합니다.

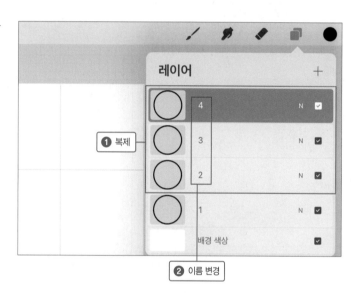

09 │ 하나의 원이 하나의 칸에 들어가도록 위치를 조절합니다. 스냅, 자석 기능을 활용하여 좌우로 정렬하면서 원을 배
치합니다.

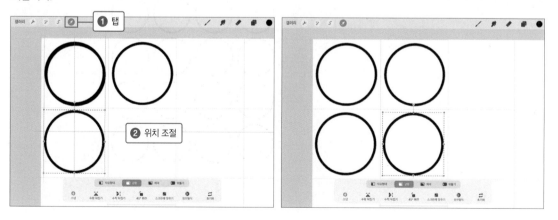

10 〔레이어(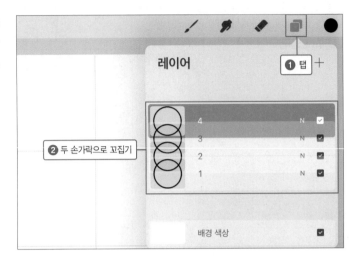)〕에서 모든 레이어를 두 손가락으로 꼬집어 합칩니다. 레이어를 합치면 맨 아래 레이어의 이름으로 변경되는 것을 확인할 수 있습니다.

11 '1' 레이어를 3개 복제한 다음 복제한 레이어의 이름을 각각 '2', '3', '4'로 변경합니다.

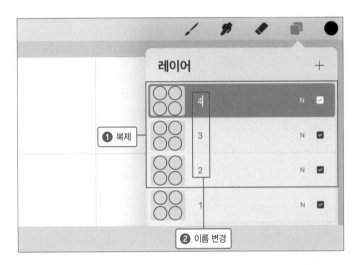

12 각 레이어를 선택하여 그림과 같이 모든 칸에 원을 배치합니다.

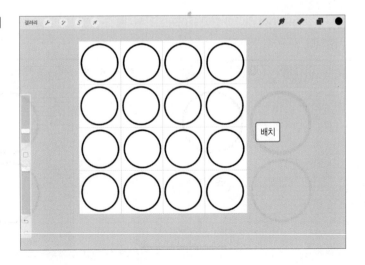

13 〔레이어(■)〕에서 모든 레이어를 두 손가락으로 꼬집어 합칩니다.

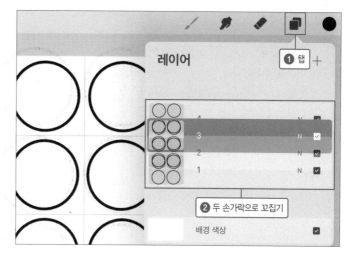

14 〔레이어(■)〕에서 〔+〕 버튼을 탭하여 '레이어 2'를 추가합니다.

15 〔색상(●)〕에서 '빨간색'을 선택한 다음 '희노애락'을 적습니다.

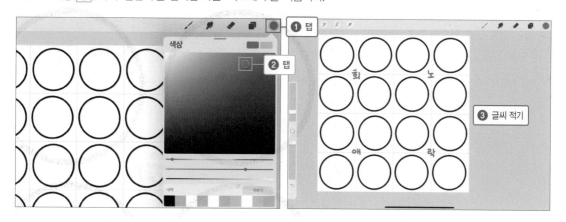

기쁨 표현하기

01 │ 〔레이어(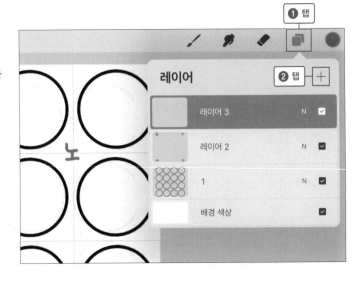)〕에서 〔+〕 버튼을 탭하여 '레이어 3'을 추가합니다.

02 │ 〔색상(●)〕에서 '검은색'을 선택합니다.

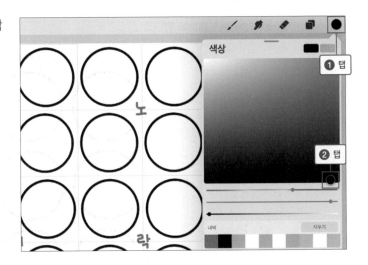

03 │ 기쁜 표정 중에서 기분이 나쁘지 않은 상태. 조금 좋은 느낌의 얼굴을 그립니다. 입만 살짝 웃고 있으며 보통 캐릭터의 기본 표정이 됩니다.

04 눈만 조금 웃고 있는 표정을 그립니다. 입은 일자로 선을 긋고, 눈은 조금 처지게 그려 줍니다. 눈으로만 웃고 있어서 힘이 없을 때, 한심한 듯 바라볼 때 자주 쓰이는 표정입니다.

05 좀 밝은 느낌의 표정을 그려 봅니다. 입을 세로로 그리면 좀 더 기쁜 표정을 연출할 수 있습니다. 캐릭터의 성격에 따라서 항상 이 표정을 하고 있을 수도 있습니다.

06 황홀하거나 기뻐서 눈과 입이 확장된 표정을 그립니다. 눈에 흰색으로 빛이 맺히는 표현을 해 주면 기쁜 표정을 강조할 수 있습니다. 원래 캐릭터의 눈이 작더라도 이 표정을 지을 때는 일시적으로 눈을 크게 키워 줍니다.

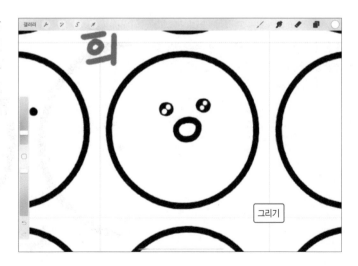

07 | 기쁜 표정은 이렇게 네 가지 외에도 다양한 표현이 있지만 이렇게 연습해 두지 않으면, 무의식적으로 매번 같은 얼굴 표정으로 감정을 표현하여 식상해질 수 있습니다. 같은 감정을 여러 표정으로 그리며 표현하는 연습이 필요합니다.

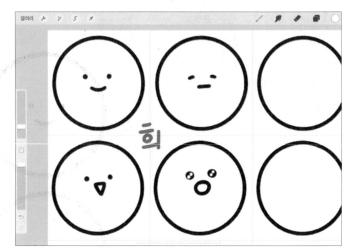

화남 표현하기

01 | 화난 표정을 그려 봅니다. 아주 약간 화난 표정인데, 심기가 거슬려서 정색하는 표현입니다. 입은 일자로 선을 긋고, 눈은 점을 찍어 주면 정색하는 표정이 됩니다.

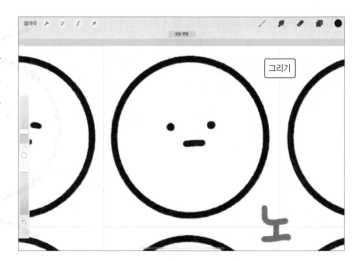

02 | 조금 더 화난 표정을 그려 봅니다. 싫은 감정이 좀 더 강하게 드는 경우 미간에 주름이 생깁니다. 미간 주름과 약간 위로 올라간 입을 그립니다.

03 │ 화남 표현의 기준이 되는 표정을 그려 봅니다. 눈은 치켜세워 그리고, 입은 아랫부분이 좀 더 넓게 그립니다. 캐릭터에 따라서 더 과격하게 표현할 수 있지만 귀여운 캐릭터가 너무 무섭게 화내는 것은 어울리지 않습니다.

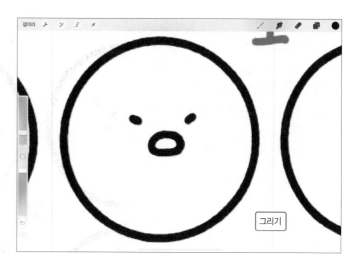

04 │ 분노로 부들부들 떠는 표정을 그려 봅니다. 얼굴 외곽에 효과 선을 그리면 더 명확하지만 이번에는 표정만 그리도록 합니다. 한쪽 눈썹을 치켜 그리고, 깨무는듯한 입술을 그립니다. 너무 복잡하게 느껴지지 않도록 주의합니다.

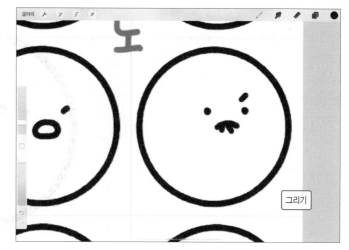

사랑 표현하기

01 │ 사랑과 관련된 표정을 그립니다. 사랑을 요구하는 뽀뽀 입을 그려 줍니다. 숫자 3을 그리면 간단하게 표현할 수 있습니다.

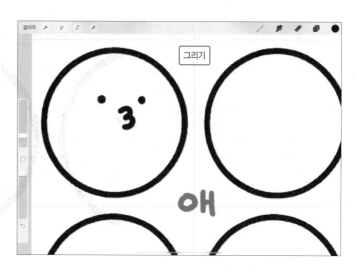

02 │ 사랑하는 것을 생각하며 볼에 홍조를 띠는 표정을 표현합니다. 눈은 지그시 감고, 입은 웃고 있는 얼굴로 그립니다. 이런 감정은 굉장히 사랑받고 있어서 캐릭터 자체에 볼 터치가 항상 있는 캐릭터도 많습니다.

03 │ 사랑하는 사람에게 서운해서 눈물이 맺힌 표정을 표현합니다. 눈물방울을 조금 그리면 서운해하는 표정이 됩니다. 입꼬리는 처지게 그리는데, 감정의 기복에 따라서 입꼬리 각도를 조절합니다.

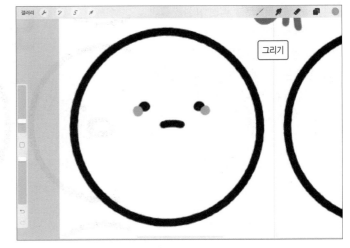

04 │ 더 펑펑 우는 표정을 표현합니다. 사랑하는 사람에게 애교 섞인 우는 표현으로도 많이 사용합니다. 우는 표현은 활용도가 높기 때문에 24개 혹은 32개의 시안을 구성할 때 1 – 2개를 꼭 넣어 주는 것이 좋습니다.

즐거움 표현하기

01 즐거운 표정은 눈으로 표현하는 것이 간단합니다. 얼굴 중에서 가장 확실하게 표현할 수 있는 눈을 거꾸로 된 U자로 그립니다.

02 반대로 입을 U자로 그리는 방법도 있습니다. 이 표정은 장난스러운 표현으로 즐거운 척할 때도 쓰일 수 있는 표정입니다.

03 눈과 입을 모두 웃는 표정으로 표현하면 더 확실하게 즐거운 감정을 전달할 수 있습니다. 세모 형태의 입과 조합해도 좋습니다.

04 〉〈 모양의 눈을 활용하여 즐거움을 표현할 수도 있습니다. 즐거워서 비명을 지르는 상황에서 지으면 좋은 표정입니다.

감정별로 채색하기

01 [레이어(⬛)]에서 '1' 레이어를 복제합니다.

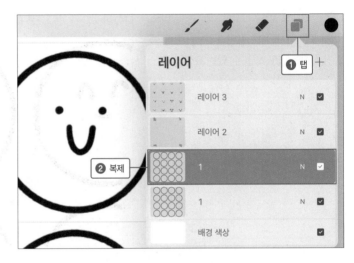

02 위에 있는 '1' 레이어를 '레이어 3' 아래로 이동합니다.

03 얼굴을 감정에 따라 채색하기 위해 '레이어 3'과 '1' 레이어를 두 손가락으로 꼬집어 합칩니다.

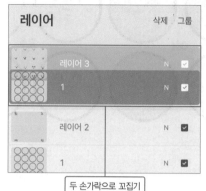

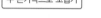

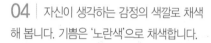

두 손가락으로 꼬집기

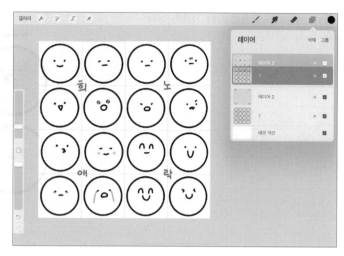

04 자신이 생각하는 감정의 색깔로 채색해 봅니다. 기쁨은 '노란색'으로 채색합니다.

❶ 색 지정

❷ 드래그

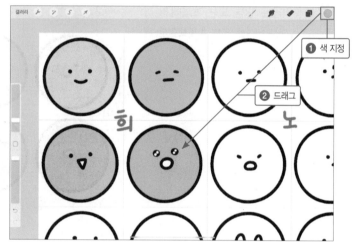

05 화난 표현은 '붉은색'으로 채색합니다. 화남의 강도에 따라서 색상을 달리하여 채색해 봅니다.

❶ 색 지정

❷ 드래그

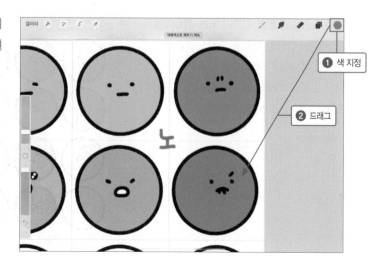

06 | 사랑하는 표현은 감정 기복이 심하다고 생각하여 '분홍색'과 '파란색'으로 채색하였습니다.

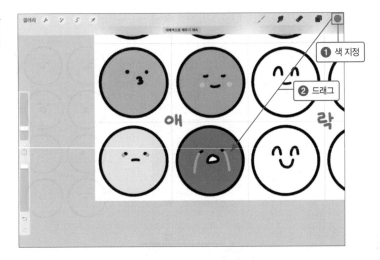

07 | 즐거움은 '흰색' 또는 '초록색'이 어울립니다. 색상 비교를 위해 초록색으로 채색하였습니다.

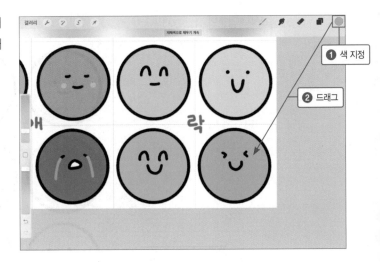

08 | 감정 표현의 기본이 되는 희로애락을 주제로 다양한 표정을 그려 보았습니다. 하나의 이모티콘 세트 속에 다양하고 흥미로운 표현을 위해서 표정이 풍부한 여러분의 캐릭터를 그려 보기 바랍니다.

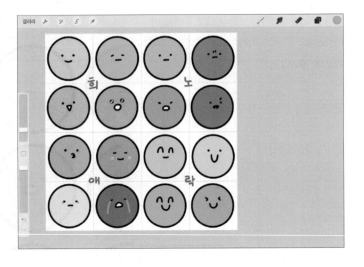

자주 사용하는 표정 연습하기

01 │ 이모티콘에서 자주 사용하는 표정을
그려 봅니다. (레이어(⬛))에서 (+) 버튼을
탭하여 '레이어 4'를 추가합니다. 위에 있는
'1' 레이어과 '레이어 2'는 체크 해제합니다.

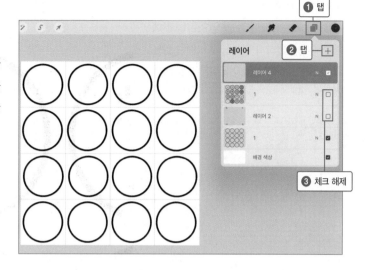

02 │ 옅게 웃는 얼굴에 땀방울을 하나 그
려 조금 당황한 듯한 표현을 합니다.

03 │ 질색이 된 얼굴은 눈 위에 빗금을 그
려서 표현합니다. 종종 색을 보라색이라 남
색으로 바꾸어서 표현하기도 합니다.

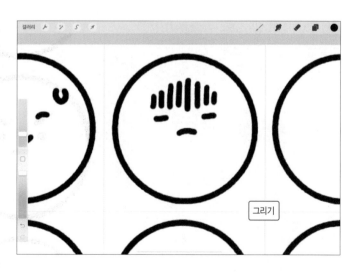

04 놀리는 표정은 눈을 옆으로 하고 메롱을 하면 간단하게 완성됩니다. 이런 장난기가 많은 듯한 표정도 이모티콘에 넣어 주면 좋습니다.

05 삐진 표정은 눈을 감은 상태에서 입을 삐죽하게 올려 그리면 완성됩니다. 주로 흥! 하는 대사와 함께 쓰이곤 합니다.

06 자신감이 있는 표정, 결심하는 표정은 눈썹을 올려서 그리면 완성입니다.

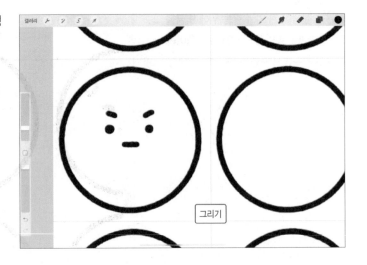

07 │ 걱정하는 표정은 눈썹을 아래로 그
리고, 입은 살짝 벌려 주면 좋습니다.

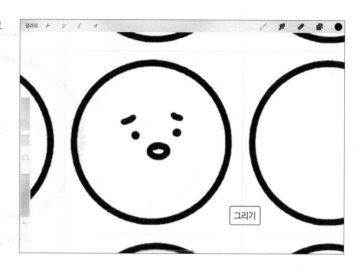

08 │ 놀라는 표정에서는 크게 벌어진 입
이 포인트입니다.

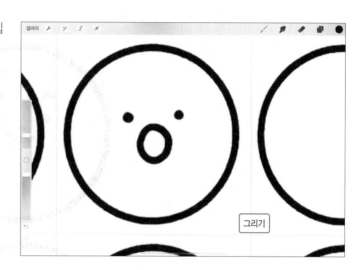

09 │ 먹고 있는 얼굴, 약간 삐친 얼굴을
표현할 때 볼 한쪽을 빵빵하게 그립니다.

10 │ 비웃는 표정, 씨익 웃는 표정은 입을
옆으로 빼서 그리면 잘 표현할 수 있습니다.

11 │ 자세히 쳐다보는 표정, 감시하는 표
정은 눈썹을 위로 올리고 웃고 있는 입을 그
리면 됩니다.

12 │ 윙크하는 표정, 애교 섞인 표정은 웃
는 얼굴에서 한쪽 눈만 〈 모양으로 표현합
니다.

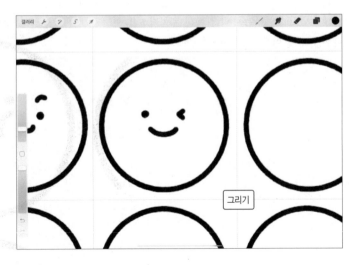

13 | 졸리거나 배고픈 얼굴을 표현할 때는 입에서 침이 조금 나온 것을 표현합니다.

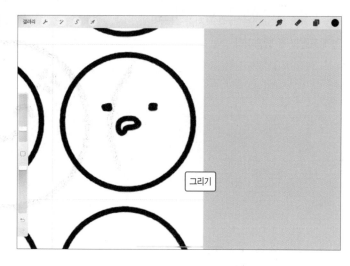

14 | 눈물을 글썽이거나 억울할 때는 눈 주위에 눈물이 그렁그렁하게 구불구불한 선으로 그립니다. 점으로 된 눈을 가진 캐릭터도 필요에 따라 활용할 수 있는 표현입니다. 입 역시 구불구불하게 그립니다.

15 | 의심하는 표현도 자주 쓰입니다. 이때는 실눈은 그려 주는 것이 좋습니다. 캐릭터의 눈이 점으로 된 눈이라도 필요에 따라 눈을 바꿔도 무방합니다.

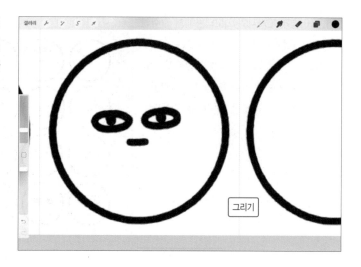

16 골이 난 표현은 빠직 표시를 그리면 쉽게 표현할 수 있습니다.

17 미안한 표정은 감은 눈과 다문 입, 땀방울 하나로 쉽게 표현할 수 있습니다.

18 이렇게 16가지의 이모티콘에서 자주 사용하는 표현을 함께 알아보며 그렸습니다. 이모티콘으로 다양한 감정을 전달할 수 있을 때 사용자는 기쁨을 느낍니다. 다양한 표정으로 감정이 풍부한 캐릭터를 만들어 보기 바랍니다.

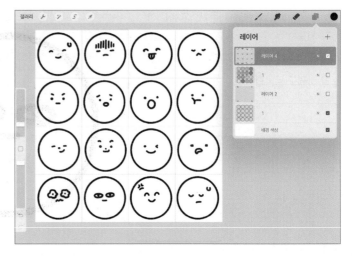

···**06** 웃음을 주는
표정 연습하기

- **난이도** : ★ ★ ★
- **브러시** : 이모티콘브러시 – 댈희브러시
- **예제 파일** : 03\이모티콘브러시.brushset
- **완성 파일** : 03\웃음을 주는 표정_완성.procreate

emoticon Drawing

**Drawing
Style**

장난스러운 콘셉트의 이모티콘인 경우, 웃음을 유발할 수 있는 재미있는 표정이 담긴 시안을 1 – 2개 배치하는 것은 상품성을 높이는 좋은 방법이 될 수 있습니다. 여러 가지 재미있는 표정을 연습해 두면 필요한 순간에 유용하게 활용할 수 있습니다. 함께 재미를 줄 수 있는 표정을 연습해 봅니다.

재미를 주는 다양한 웃긴 표정 그리기

01 | (새로운 캔버스 → 이모티콘) 캔버스를 불러옵니다. (동작(🔧) → 캔버스)에서 (그리기 가이드)를 활성화합니다.

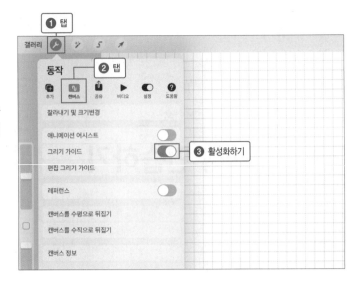

02 | (브러시(✏️))를 탭하여 브러시 라이브러리에서 (이모티콘브러시 → 댈희브러시)를 선택합니다.
캔버스에 꽉 차게 동그란 원을 그린 다음 상반신 몸도 그립니다.

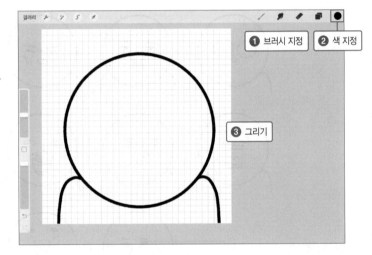

03 | (레이어(🗇))에서 (+) 버튼을 탭하여 '레이어 2'를 추가합니다.

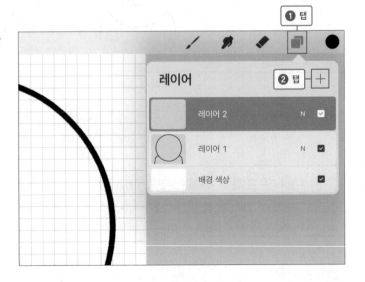

04 눈을 크게 그리고 동공을 좌우로 그립니다. 주로 바보 캐릭터를 연출하는 데 많이 쓰입니다.

TIP 이런 눈을 기본으로 하여 흥행한 캐릭터들도 많고, 필요에 따라서 특정 시안에서 이런 표정을 짓는 이모티콘을 자주 만날 수 있습니다.

05 (레이어(▣))에서 (+) 버튼을 탭하여 '레이어 3'을 추가합니다. 눈, 코, 입을 사람의 원래 외형과 비슷하게 그립니다. 잘생기지 않은 평범한 사람을 표현하는 것만으로도 공감을 불러일으켜 웃음을 줄 수 있습니다.

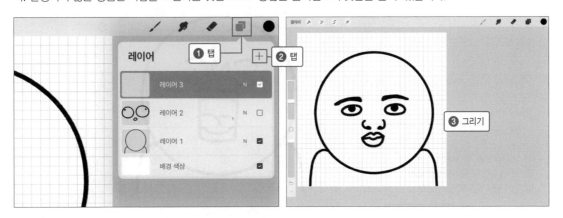

06 (레이어(▣))에서 (+) 버튼을 탭하여 '레이어 4'를 추가합니다. 볼이 홀쭉 들어가고 침을 흘리는 표정을 그립니다. 카페인이 필요할 정도로 지쳤다거나 힘든 상황을 나타낼 때 정말 많이 사용하는 표정입니다.

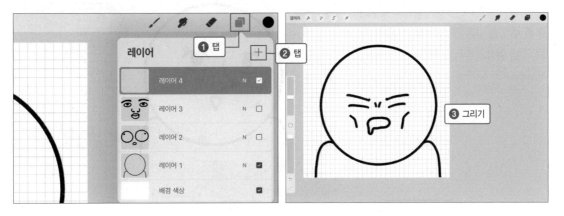

07 〔레이어(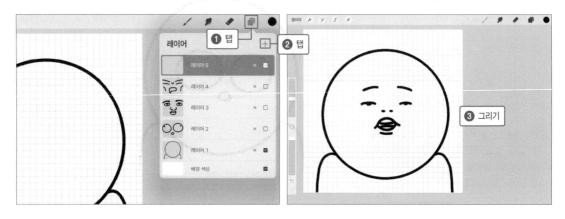)〕에서 〔+〕 버튼을 탭하여 '레이어 5'를 추가합니다. 입을 얄밉게 벌리고 '네'를 '늬에'로 발음하는 표정입니다. 늬에시로 인기를 얻은 작가의 전매특허 표정이지만 많은 사람들이 표현에 녹여내는 표정이기도 합니다.

08 〔레이어(◨)〕에서 〔+〕 버튼을 탭하여 레이어를 추가합니다. 눈을 크게 뜨고 입을 벌리는 표정도 연습합니다. 고함을 치거나 놀랄 때 유용하게 쓰입니다.

> **TIP** 입 모양이 잘 표현되도록 연습해 두면 캐릭터가 바뀌어도 캐릭터의 이미지에 맞게 변형할 수 있습니다.

09 〔레이어(◨)〕에서 〔+〕 버튼을 탭하여 레이어를 추가합니다. 초등학교 저학년 여학생이 그린 듯한 여자를 그려도 재미를 줄 수 있습니다. 이모티콘은 주 사용자인 20, 30대 여성의 추억의 공감대를 자극하기에 좋습니다.

10 ｜〔레이어(▣)〕에서 〔+〕 버튼을 탭하여 레이어를 추가합니다. 입술과 팔자주름을 그려서 살아 있는 표정을 전달할 수도 있습니다. 오니기리라는 캐릭터가 대표적이지만 그 외에도 다양한 캐릭터가 이런 표현 방식을 따르고 있습니다.

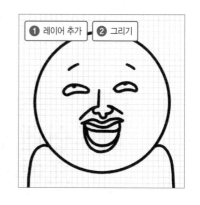

11 ｜〔레이어(▣)〕에서 〔+〕 버튼을 탭하여 레이어를 추가합니다. 일부러 대충 그린 듯한 코를 그리는 것도 개성을 살리면서 재미를 줄 수 있습니다.

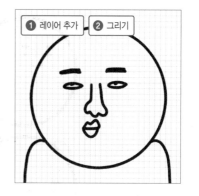

12 ｜〔레이어(▣)〕에서 〔+〕 버튼을 탭하여 레이어를 추가합니다. 입을 앙다문 표정도 표현해 봅니다. 사람의 얼굴을 간단한 선으로 묘사하는데, 캐릭터에 따라서 적절히 생략하여 활용할 수 있습니다.

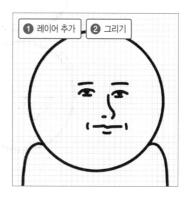

13 ｜〔레이어(▣)〕에서 〔+〕 버튼을 탭하여 레이어를 추가합니다. 눈썹이나 코, 입 등을 확대하여 재미를 줄 수 있습니다. 이렇게 여러 가지 다양한 표현을 하며 사용자가 한 번쯤 즐겁게 사용할 수 있는 시안도 함께 그리면 상품성을 높일 수 있습니다.

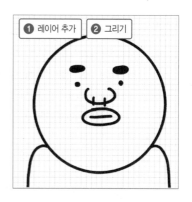

···07 간단한 방법으로
쉽게 얼굴 방향 표현하기

- **난이도** : ★★
- **브러시** : 이모티콘브러시 – 댈희브러시
- **예제 파일** : 03\이모티콘브러시.brushset
- **완성 파일** : 03\얼굴 방향 표현_완성.procreate

Drawing Style

많은 초보자들이 정면만을 바라보는 이모티콘을 제작합니다. 그리고 미승인을 받고 영문도 모른 채 포기하는 것을 보면 안타까울 때가 있습니다. 다채롭게 표현을 구성하는 것은 사용자에게 사용의 편의성을 높이고, 재미를 주는 요소이므로 승인에 결정적인 역할을 합니다. 여러 동세를 연습하기 전에 먼저 캐릭터의 시선 처리를 자연스럽게 하는 방법부터 알아보겠습니다.

얼굴 방향에 맞춰 이목구비 그리기

01 (새로운 캔버스 → 이모티콘) 캔버스를 불러옵니다. (동작(⚒) → 캔버스)에서 (그리기 가이드)를 활성화하고 (편집 그리기 가이드)를 선택합니다.

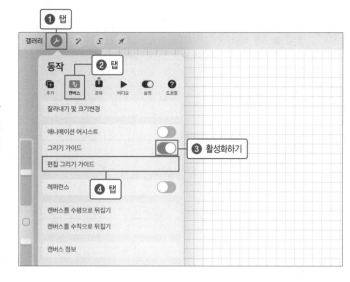

02 그리기 가이드 하단 메뉴에서 (2D 격자)를 선택하고 (그리기 도움받기)를 비활성화합니다. 불투명도, 두께를 원하는 값으로 조절한 다음 격자 크기를 '320px'로 설정하여 9칸으로 나누고, 파란색 중심점을 옮겨 줍니다. 설정이 완료되었으면 (완료) 버튼을 탭합니다.

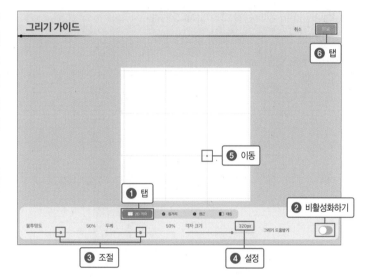

03 (브러시(✎))를 탭하여 브러시 라이브러리에서 (이모티콘브러시 → 댈희브러시)를 선택합니다. 브러시 크기는 '5%'로 조절합니다.

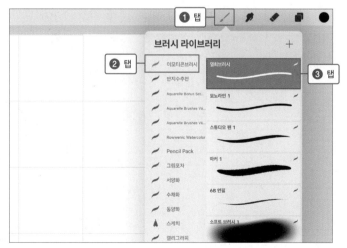

04 │ (색상(●))을 탭하여 '검은색'을 선
택합니다.

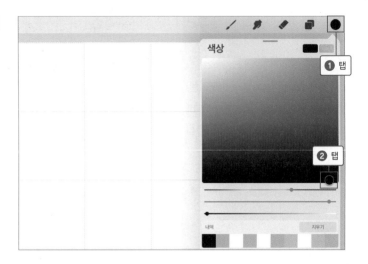

05 │ 가운데 칸에 원을 그려 줍니다. 원을
그린 다음 펜을 화면에서 떼지 않으면 원이
깔끔하게 보정됩니다.

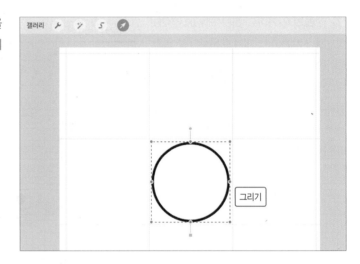

06 │ (변형(➚))을 탭한 다음 하단 메뉴
에서 (스냅)을 탭하여 (자석)과 (스냅)을 활
성화합니다.

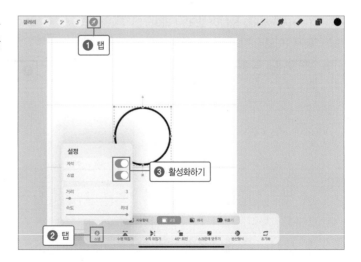

07 │ (레이어(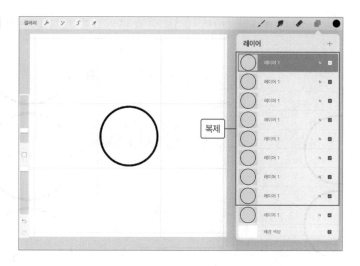))에서 '레이어 1'을 복제
하여 총 9개의 레이어를 만들어 줍니다.

08 │ 레이어를 선택하고 (변형(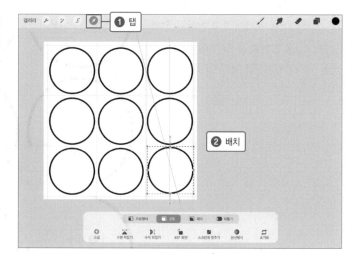))을 탭
하여 한 칸에 원을 하나씩 배치합니다. 자석
과 스냅 기능이 활성화되어 있으므로 파란
색 가이드 선을 참고하여 배치합니다.

09 │ (레이어(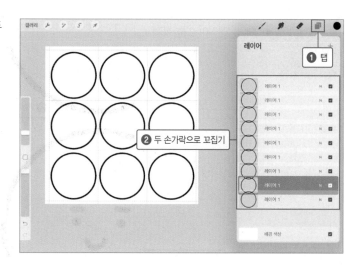))에서 모든 레이어를 두
손가락으로 꼬집어 합칩니다.

10 [레이어(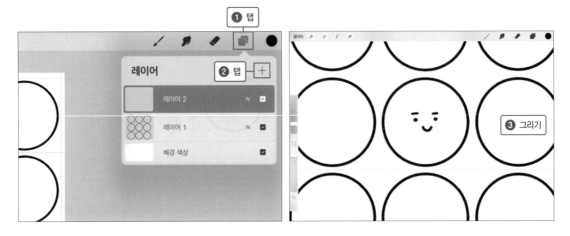)]에서 [+] 버튼을 탭하여 '레이어 2'를 추가합니다. 가운데 동그라미에 이목구비를 그립니다.

11 레이어를 복제하여 이동하기 전에 [변형(➔)]을 탭한 다음 하단 메뉴에서 [스냅]을 탭하여 [자석]과 [스냅]을 비활성화합니다.

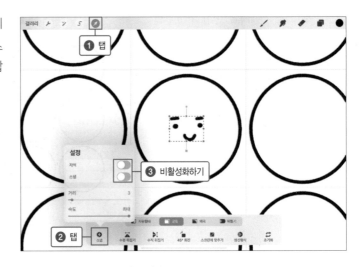

12 [레이어()]에서 '레이어 2'를 복제합니다.

13 │ (변형(↗))을 탭한 다음 이목구비를
오른쪽으로 이동하여 오른쪽을 보는 얼굴을
완성합니다.

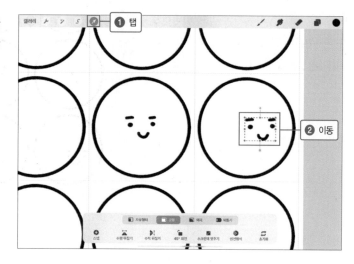

14 │ 12번–13번 과정과 같은 방법으로
왼쪽을 보는 얼굴도 완성합니다.

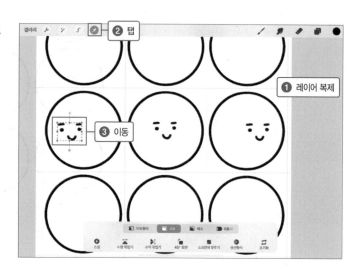

15 │ 12번–13번 과정과 같은 방법으로
상단의 원도 이목구비를 위쪽으로 이동하여
위를 보는 얼굴을 완성합니다.

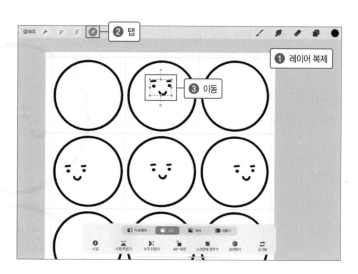

16 | 12번–13번 과정과 같은 방법으로 남은 원도 이목구비를 이동하여 각각 방향이 다른 얼굴을 완성합니다.

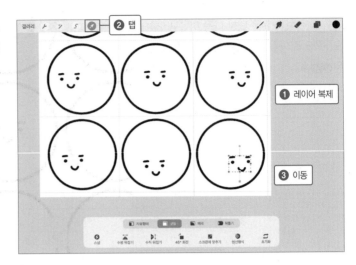

17 | (레이어(■))에서 모든 '레이어 2'를 두 손가락으로 꼬집어 합칩니다.

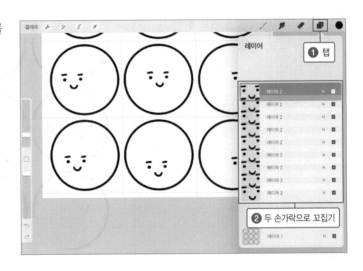

18 | 완성된 얼굴들을 점검합니다. 입이나 코는 바라보는 쪽의 눈과 조금 더 가까워야 합니다. (선택(S))을 탭한 다음 하단 메뉴에서 (올가미)를 선택합니다. 입을 드래그하여 선택 영역으로 지정합니다.

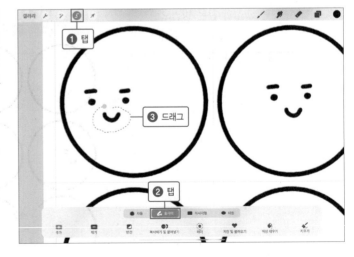

19 〔변형(↗)〕을 탭하여 입의 위치를 조절합니다. 나머지 얼굴의 입도 위치를 조절해 줍니다.

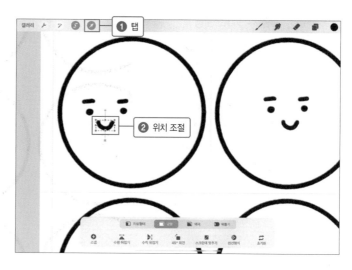

얼굴 방향에 맞춰 귀 그리기

01 자연스럽게 여러 방향을 보는 얼굴이 완성되었습니다. 이모티콘 캐릭터 중에 귀가 있는 캐릭터가 많기 때문에 귀도 그려 봅니다. 〔레이어(▣)〕에서 〔+〕 버튼을 탭하여 '레이어 3'을 추가합니다.

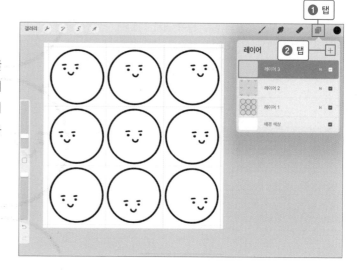

02 〔색상(●)〕에서 '빨간색'을 선택합니다.

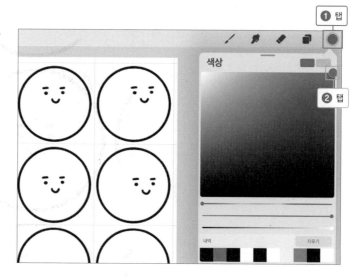

03 가운데 있는 얼굴부터 귀를 그립니다.

04 왼쪽을 보는 얼굴의 경우 왼쪽 귀가 얼굴에 조금 가려집니다. 보이는 부분을 예상하며 그립니다.

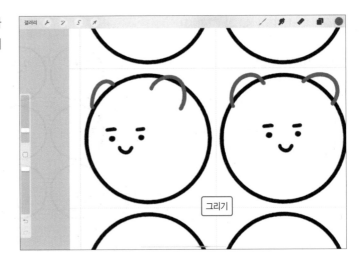

05 오른쪽을 보는 얼굴도 귀를 그려 줍니다.

06 위쪽을 보는 얼굴의 경우 귀가 조금 보입니다.

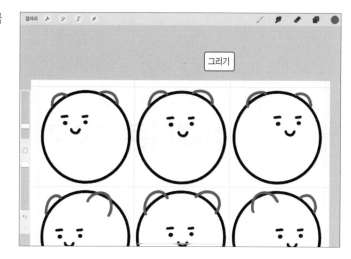

07 아래를 보는 얼굴은 귀를 조금 내려서 그려 줍니다. 이때 눈과 귀의 거리는 정면을 보는 얼굴에서 눈과 귀의 거리와 비슷합니다.

08 여러 방향을 보는 얼굴을 완성했습니다. 이모티콘 전체 시안에서 여러 방향을 보는 시선 처리만으로도 다채로운 느낌을 더할 수 있습니다.

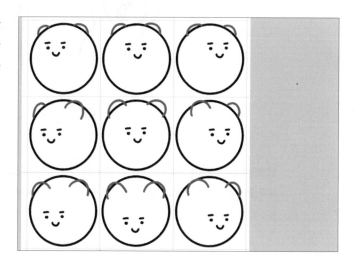

···08 상체만 표현하는
상체티콘 그리기

- 난이도 : ★★★
- 브러시 : 이모티콘브러시 – 댈희브러시
- 예제 파일 : 03\이모티콘브러시.brushset
- 완성 파일 : 03\상체티콘_완성.procreate

Drawing
Style

상체만 표현하는 일명 '상체티콘'은 초보자가 접근하기 쉬운 분야입니다. 다리를 그리지 않아도 되고, 상체에 있는 몸통과 얼굴, 팔만 잘 조합하면 되기 때문입니다. 많이 쓰는 표현들을 중심으로 함께 상체티콘을 그리는 방법을 배워 보도록 하겠습니다.

상체만 이용하여 여러 가지 동작 표현하기

01 │ [새로운 캔버스 → 이모티콘] 캔버스를 불러옵니다. [동작(🔧) → 캔버스]에서 [애니메이션 어시스트]와 [그리기 가이드]를 활성화합니다.

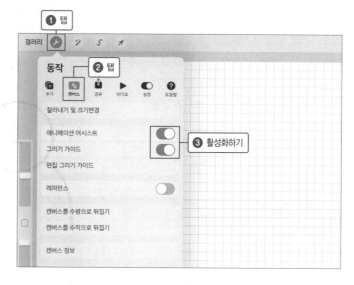

02 │ [브러시(✏️)]를 탭하여 브러시 라이브러리에서 [이모티콘브러시 → 댈희브러시]를 선택합니다.

간단하게 동그란 얼굴과 몸의 형태를 그립니다. 하나의 표현이 되면서 동시에 캐릭터 표현의 기준이 됩니다.

TIP 상체가 나오는 동작의 경우 대부분 몸이 정면을 바라보고 있기 때문에 초보자가 멈춰있는 이모티콘을 표현하기에 부담이 적습니다.

03 │ [레이어(▦)]에서 [+] 버튼을 탭하여 레이어를 추가합니다.

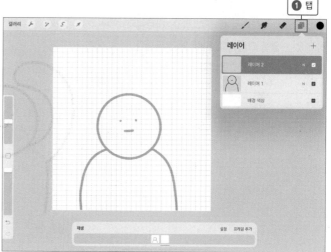

04 | 한쪽 손을 올리는 동작을 그립니다. 다른 부분은 그대로 이전 동작을 따라 그리고, 한쪽 팔만 구부려서 그립니다. 인사하기, 누군가 부르기, 욕하기 등 여러 가지에 활용할 수 있습니다.

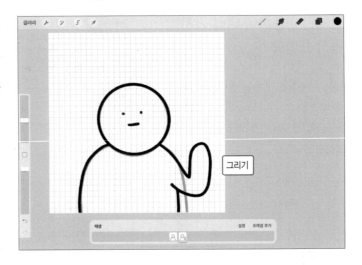

05 | [레이어(🔳)]에서 [+] 버튼을 탭하여 레이어를 추가한 다음 '레이어 2'를 체크 해제합니다.

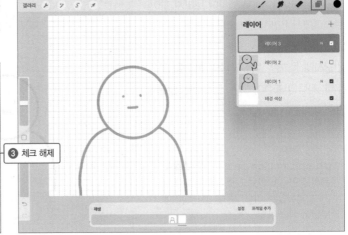

06 | 얼굴은 그대로 따라 그리고, 하트를 하고 있는 팔을 그립니다. 이때 팔의 두께가 너무 어색하지 않게 그립니다.

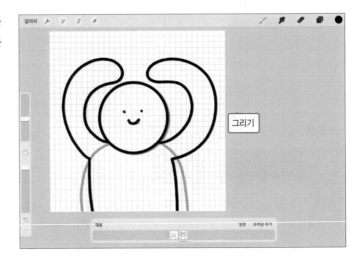

07 (레이어(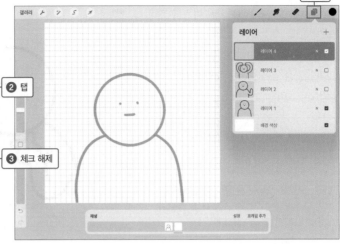))에서 (+) 버튼을 탭하여 레이어를 추가한 다음 '레이어 3'은 체크 해제합니다.

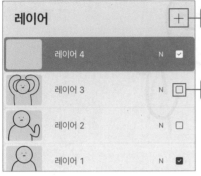

08 박수 치는 동작을 표현합니다. 보통 손을 맞닿는 순간을 표현하거나, 손을 밖으로 벌리고 안으로 오므리는 두 가지 동작을 표현하려고 합니다.

이모티콘은 텍스트도 활용할 수 있기 때문에 박수를 치는 중간 동작 하나만 쉽게 그려도 '짝짝'이라는 글씨로 의미를 확실하게 전달할 수 있습니다.

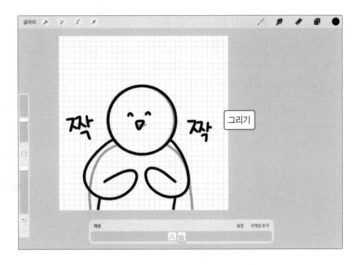

09 (레이어(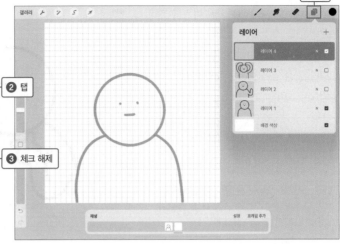))에서 (+) 버튼을 탭하여 레이어를 추가한 다음 '레이어 1'을 참고하여 힘이 나는 듯한 동작을 표현합니다.

TIP 너무 디테일한 표현을 하지 않도록 주의하면서 그립니다. 이모티콘은 최소한의 선으로 의미를 전달하는 것이 좋습니다.

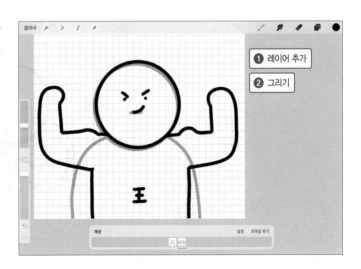

10 (레이어( ))에서 (+) 버튼을 탭하여 레이어를 추가한 다음 '레이어 1'을 참고하여 두 손으로 손가락질하는 동작을 표현합니다. 가장 앞에 보이는 것을 먼저 그리는 방법으로 그림을 그립니다.

TIP 오른쪽 그림은 손이 가장 앞에 보이기 때문에 손을 먼저 그린 다음 얼굴과 몸을 그리면 좀 더 쉽습니다.

11 (레이어( ))에서 (+) 버튼을 탭하여 레이어를 추가한 다음 '레이어 1'을 참고하여 노트북을 하는 사람을 그려 봅니다. 가장 앞에 있는 노트북을 먼저 그립니다.

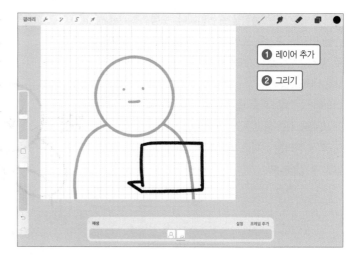

12 노트북을 하는 사람을 그립니다. 책상보다 팔꿈치가 앞에 보일 수 있어서 사람을 먼저 그립니다.

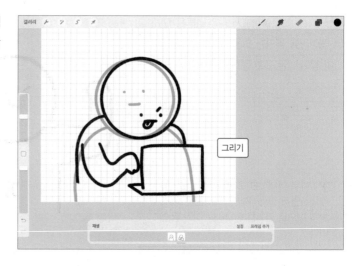

13 │ 노트북과 팔꿈치를 고려하여 책상을 선으로 표현해 줍니다.

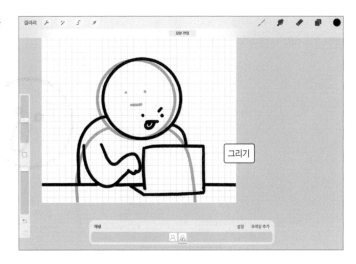

14 │ (레이어(▣))에서 (+) 버튼을 탭하여 레이어를 추가한 다음 '레이어 1'을 참고하여 한쪽 손이 배를 만지고 있는 동작을 그려 배고픔을 표현합니다. 얼굴 표정과 텍스트, 효과 선 등으로 쉽게 배고픔을 표현할 수 있습니다.

15 │ (레이어(▣))에서 (+) 버튼을 탭하여 레이어를 추가합니다. 지금까지는 얼굴을 같은 위치에 그렸습니다. 그러나 이렇게 얼굴을 계속 같은 위치에 그리면 단조로움을 주기 쉽습니다.
'레이어 1'을 참고하여 얼굴을 먼저 따라 그린 다음 (변형(↗))을 탭하여 각도나 위치를 조금씩 변경해 주며 표현하는 것이 좋습니다.

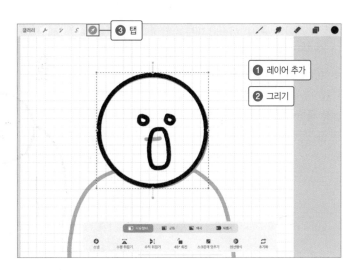

16 | 놀라서 몸이 뒤로 젖혀지는 동작을 표현하기 위해서 얼굴의 위치를 조절합니다.

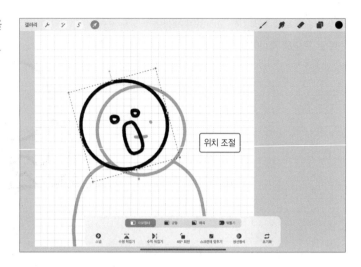

17 | 얼굴에 맞춰 몸을 그립니다. 얼굴이 전체 형태의 기준이 되기 때문에 얼굴을 먼저 그린 다음 몸의 위치를 조절해 그리는 것이 좋습니다.

18 | (레이어(▣))에서 (+) 버튼을 탭하여 레이어를 추가합니다. 간단한 소품을 이용하여 동작을 표현할 수 있습니다. 상체티콘에서는 알아볼 수 있게 소품의 일부만 그려도 좋습니다. 버스나 지하철 손잡이만으로 출근을 표현할 수 있습니다.

19 │ 완성한 다음 전체적으로 느낌을 확인하면 좋습니다. (레이어(▣))에서 모든 레이어를 체크 표시합니다.

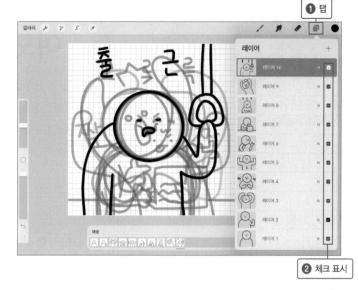

20 │ 애니메이션 어시스트 메뉴에서 (설정)을 탭하여 초당 프레임을 '1'로 조절합니다. 1초에 하나의 이미지가 표시됩니다.

21 │ (재생)을 탭하여 느낌을 확인합니다. 이렇게 보았을 때도 어색한 부분이 보인다면 수정하는 것이 좋습니다.

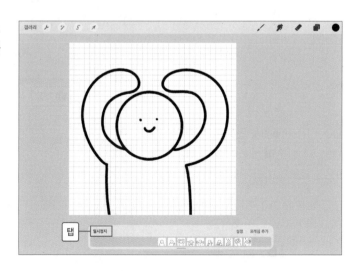

다양한 동세로 **이모티콘 매력 올리기**

캐릭터의 시선 처리를 자연스럽게 할 수 있게 되었다면 이제는 다양한 동세로 사용성 및 매력을 높일 차례입니다. 저는 이모티콘을 제작할 때 같은 동작이 연달아서 나오지 않도록 하려고 노력합니다. 다양한 동작을 표현하려고 할 때 도움을 줄 수 있는 자세를 함께 그려 보며 여러 동세를 배워 보도록 합니다.

많이 사용하는 매력적인 동작 그리기

01 (새로운 캔버스 → 이모티콘) 캔버스를 불러옵니다. (동작(🔧) → 캔버스)에서 (그리기 가이드)를 활성화한 다음 (편집 그리기 가이드)를 선택합니다.

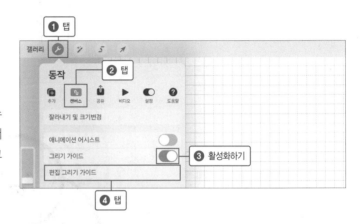

02 그리기 가이드 하단 메뉴에서 불투명도, 두께를 원하는 값으로 조절한 다음 격자 크기를 '250px'로 설정하여 16칸으로 나눕니다. 설정이 완료되었으면 (완료) 버튼을 탭합니다.

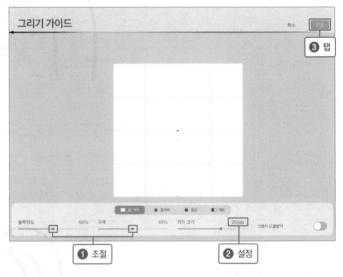

03 (색상(●))을 탭하여 '검은색'을 선택합니다. 한 칸에 하나의 동세를 그릴 예정이므로 브러시 크기를 '1%'로 조절합니다.

04 │ 첫 번째 칸부터 차례대로 그려 봅니다. 가장 기본이 되는 서 있는 자세를 그립니다.

05 │ 다음은 앉아 있는 자세입니다. 얼굴을 그린 후 등과 다리 순으로 표현합니다. 서기, 앉기, 눕기는 캐릭터의 기본 동작 중 하나입니다.

06 │ 점프를 하거나 한쪽 다리를 든 자세입니다. 당황, 도망, 설렘 등 다양한 감정을 표현할 때 다양하게 활용할 수 있습니다.

07 놀라거나 부끄러워하는 자세를 그립니다. 두 손을 모아 입 쪽으로 갖다 댄 자세역시 활용도가 높습니다. 보통 시선이 정면을 향하면 놀랄 때, 옆을 볼 땐 부끄러워하는 자세로 활용됩니다.

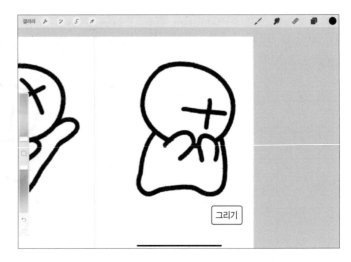

08 누워 있는 자세를 그려 봅니다. 누워있는 자세 역시 굉장히 많이 활용할 수 있습니다. 울 수도 있고, 잘 수도 있고, 멍하니 있을 수도 있습니다.

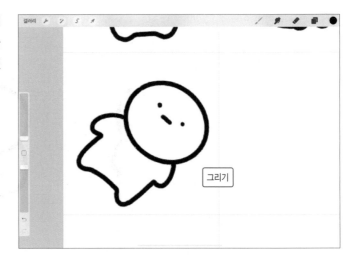

09 구석에 앉아 있는 자세를 그립니다. 무릎을 잡고 있는 것이 포인트입니다. 자주사용하고 재미있는 자세이기 때문에 연습해두면 좋습니다.

10 뛰는 자세입니다. 뛰는 자세는 동물 팔다리의 생김새별로 조금씩 달라서 따로 연습을 해 주는 것이 좋습니다. 움직이는 이모티콘을 만들 때 중간 프레임으로 굉장히 많이 사용합니다.

11 달려가는 자세입니다. 이 자세도 멈춰있는 이모티콘과 움직이는 이모티콘 모두 많이 사용합니다.

12 뒤돌아 있는 자세입니다. 살짝 째려봐도 되고, 아예 뒤를 바라본 모습을 그려도 됩니다. 뒷모습 역시 한 개 정도 시안으로 들어가면 전체 시안이 다채로워 보이는 효과를 줍니다.

13 다리를 꼬고 있는 자세입니다. 다리가 짧으면 어렵고, 어느 정도 다리 길이가 긴 경우에 가능한 자세입니다. 특정 표현에서만 외형을 조금 변형하는 것도 방법입니다.

14 발을 앞으로 든 자세입니다. 주로 조류 캐릭터에서 유용하게 사용하는 자세입니다. 걷기, 뛰기, 춤추기 등 여러 의미로 활용할 수 있습니다.

15 고개를 숙인 자세입니다. 고맙거나 미안한 감정을 전할 때 활용할 수 있습니다. 이목구비의 위치를 잘 확인하고 그려야 하며, 어깨와 등이 조금 말린 형태로 표현해주면 좋습니다.

16 벽에 얼굴만 기댄 자세입니다. 무기력하거나 게으른 표현을 할 때 활용할 수 있습니다. 목 부분에 벽의 경계를 그려 주면 표현이 자연스러워집니다.

17 일을 하는 자세입니다. 많은 캐릭터들이 이 동작을 표현합니다. 일하기는 모든 사람의 공감을 얻을 수 있는 강력한 표현입니다. 여러 번 연습해서 캐릭터에 어울리게 그릴 수 있게 준비해야 합니다.

18 옆으로 누워 있는 자세입니다. 시선에 따라서 감정을 추가로 표현할 수 있습니다.

19 엉덩이를 내민 자세입니다. 춤을 추거나, 방귀를 뀔 때, 장난칠 때 많이 활용되기 때문에 연습해 두면 좋습니다. 다소 과장되게 엉덩이를 그리면서 캐릭터에 어울리는 형태를 찾아야 합니다.

20 많이 사용하고 활용도가 높은 16가지 동작을 함께 그려 보았습니다. 그림에서 보듯이 다양한 동세만으로도 굉장히 풍부해 보이는 시안으로 발전할 수 있습니다. 여러 자세에 여러 가지 감정을 담다 보면 창의적인 표현을 많이 할 수 있을 것입니다.

···10 간단한 소품으로 상품성 높이기

- 난이도 : ★ ★
- 브러시 : 이모티콘브러시 – 댈희브러시
  소프트 브러시 1
- 예제 파일 : 03\이모티콘브러시.brushset
- 완성 파일 : 03\간단한 소품_완성.procreate

Drawing
Style

소품 없이 여러 가지 감정으로만 이모티콘을 구성하는 것도 가능은 하지만, 여러 가지 상황과 감정을 도울 소품이 함께 한다면 더욱 창의적이고 재밌는 표현이 가능합니다. 소품 중에서도 머릿속에 있는 이미지로 쉽게 표현할 수 있는 것들을 함께 그려 봅니다.

뽕망치 그리기

01 [새로운 캔버스 → 이모티콘] 캔버스를 불러옵니다. [동작(🔧]) → 캔버스]에서 [그리기 가이드]를 활성화합니다. [브러시(✏️)]를 탭하여 브러시 라이브러리에서 [이모티콘브러시 → 댈희브러시]를 선택합니다.

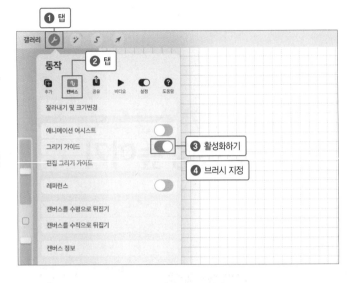

02 처음 그릴 것은 뽕망치입니다. 장난스러운 표현을 위해 많은 작가들이 이용하는 아이템입니다. 먼저 뽕망치의 손잡이를 그립니다.

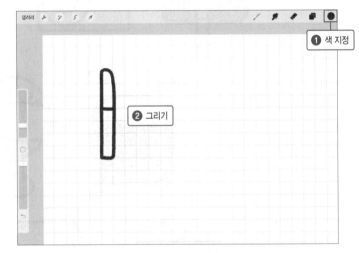

03 다음은 뽕망치의 빨간 고무 부분을 좌우 대칭으로 그립니다.

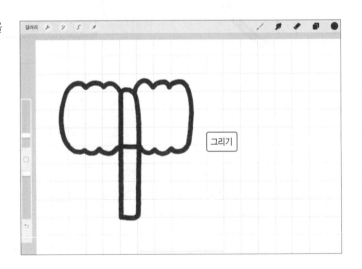

04 │ (색상(●))을 '빨간색'과 '회색'으로 지정하여 채색합니다.

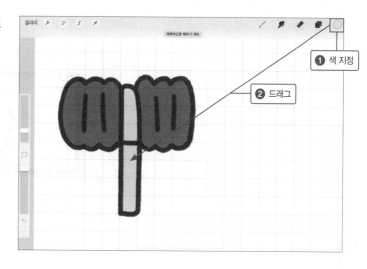

카메라 그리기

01 │ 카메라를 그리기 위해 먼저 사각형을 그립니다. 모양 편집 기능을 활용하면 더 쉽게 그릴 수 있습니다.

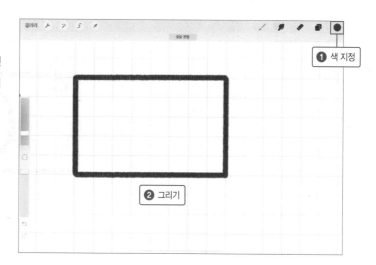

02 │ 모서리를 좀 더 둥글게 다듬을 수도 있습니다. (조정(✎))을 탭하고 (픽셀 유동화)를 선택한 다음 하단 메뉴에서 (밀기)를 선택합니다. 크기를 '10%'로 조절하여 네 모서리를 조금씩 밀어서 다듬습니다.

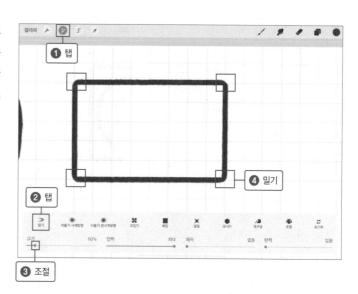

03 │ 카메라의 렌즈와 부품을 표현하기 위해 꼭 필요한 원 3개만 그립니다.

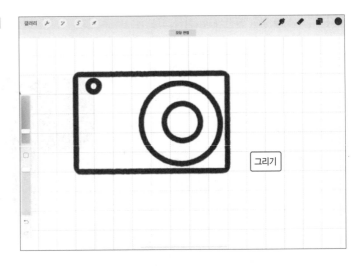

04 │ (색상(●))을 '분홍색', '회색', '하늘색'으로 지정하여 채색합니다.

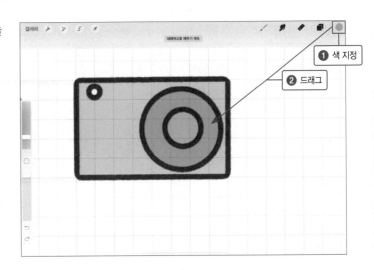

주스 잔 그리기

01 │ 커피나 주스는 소품으로 정말 많이 사용하며 그리는 법은 모두 동일합니다. 예제에서는 주스를 그리기 위해 먼저 컵을 그립니다.

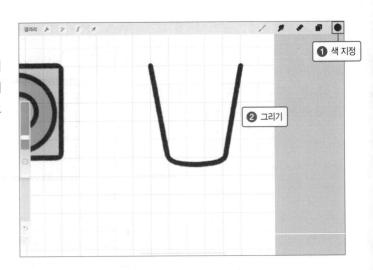

02 얼음 네 개를 그립니다.

그리기

03 얼음을 그린 선을 '하늘색'으로 바꿔 줍니다.

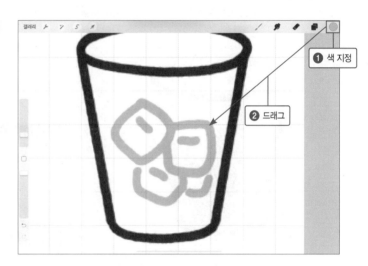

❶ 색 지정

❷ 드래그

04 주스를 그리기 위해서 (레이어(🗐)) 에서 (+) 버튼을 탭하여 '레이어 2'를 추가합 니다. '레이어 2'를 '레이어 1' 아래로 이동합 니다.

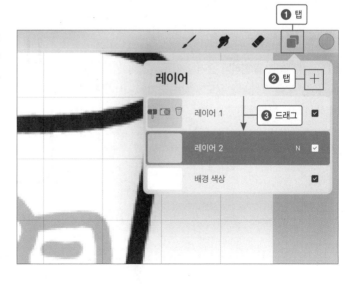

❶ 탭

레이어

❷ 탭 ＋

레이어 1 ❸ 드래그

레이어 2 N

배경 색상

05 │ (색상(●))에서 '주황색'을 선택합니다. 주스가 차 있는 만큼 컵의 테두리와 겹치게 선을 그립니다.

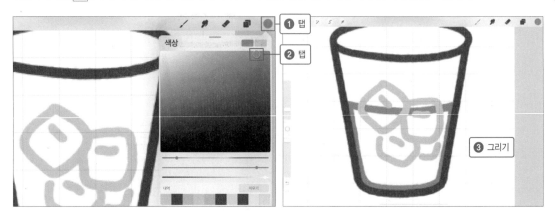

06 │ 색상을 드래그하여 채색을 완료합니다. (레이어(▣))에서 '레이어 1'과 '레이어 2'를 두 손가락으로 꼬집어 합칩니다.

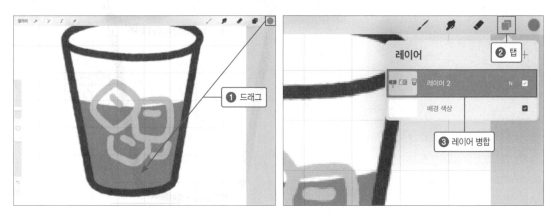

북 그리기

01 │ 기대하는 표현이나 즐거울 때 많이 사용하는 북을 그립니다. 용도에 맞는 크기로 북의 테두리를 그립니다.

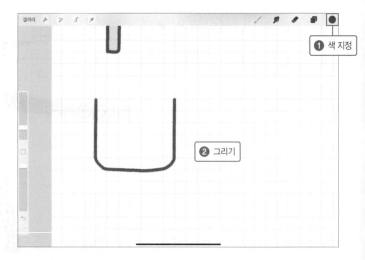

02 | 북의 가죽 부분은 원으로 그린 다음 원 아래에 선을 그립니다. 가죽 부분 위에 작게 스틱도 그려 줍니다.

03 | (색상(●))을 '갈색', '살구색', '고동색'으로 지정하여 채색합니다.

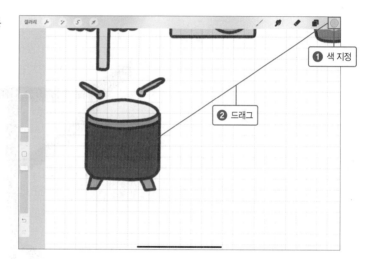

TIP 사실 소품의 색은 정해져 있다기보다 캐릭터의 색과 어울리는 색으로 선택해야 합니다. 포스터를 생각해 보면 잘 어울리는 몇 가지의 색을 정해서 그리는 것과 비슷합니다.

선풍기 그리기

01 | 이번에는 선풍기를 그려 봅니다. 캐릭터가 자연스럽게 선풍기 바람을 쐬는 모습을 표현하기 위해 선풍기의 뒷면을 그립니다. 먼저 선풍기의 모터 부분을 그린 다음 원을 그립니다.

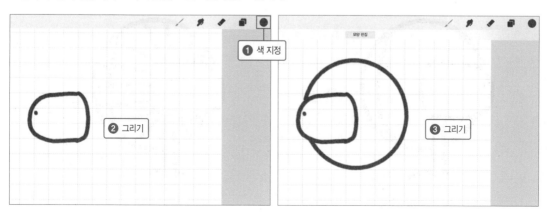

02 │ 선풍기 받침과 목 부분을 그립니다. 겹치는 부분은 지우면 되므로 신경 쓰지 않고 그려도 됩니다.

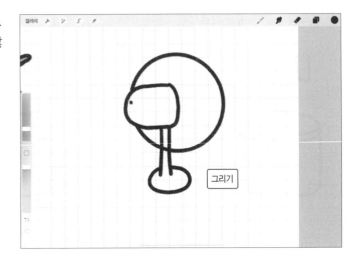

TIP 디지털 드로잉의 장점은 수정이 쉽다는 것입니다. 겹치는 것에 구애 받지 않고 먼저 표현하고자 하는 것을 표현해 보는 연습이 중요합니다.

03 │ 겹치는 부분은 (지우개( ))를 활용하여 지웁니다.

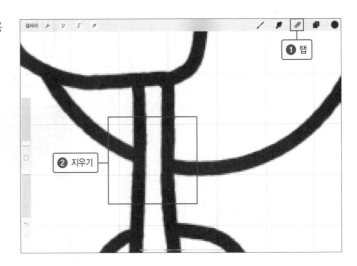

04 │ 선풍기의 앞과 뒤를 구분 지어 주는 옆 선을 그린 다음 선풍기의 망을 그립니다. 선의 굵기에 따라서 망의 개수는 달라질 수 있습니다.

05 선풍기 날을 그리기 전에 [레이어
([image_ref])]에서 [+] 버튼을 탭하여 레이어를 추
가합니다. 새로운 레이어를 기존 '레이어 2'
아래로 이동합니다.

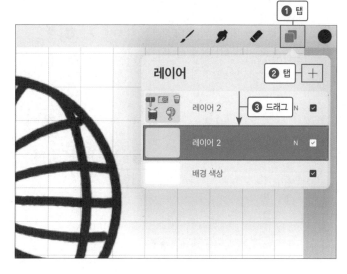

06 [브러시([image_ref])]를 탭하여 브러시 라이
브러리에서 [이모티콘브러시 → 소프트 브
러시 1]을 선택합니다.

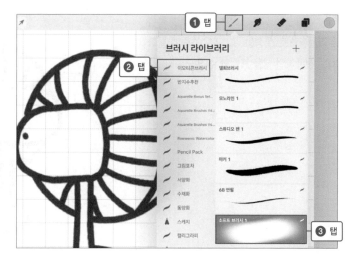

07 [색상([image_ref])]을 '하늘색'으로 지정한
다음 날이 돌아가는 부분을 채색합니다.

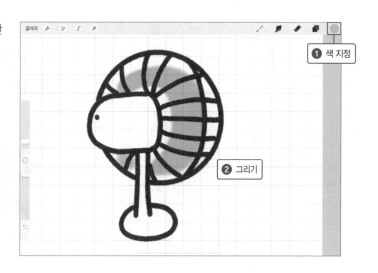

08 │ (조정(📎) → 가우시안 흐림 효과)
를 선택한 다음 (레이어) 버튼을 탭합니다.

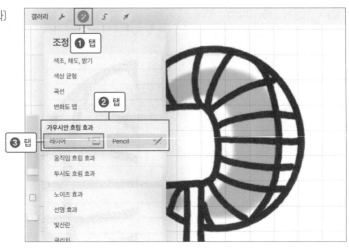

09 │ 화면을 드래그하여 가우시안 흐림
효과를 '7%'로 설정합니다. 자연스럽게 돌아
가는 선풍기의 날을 표현할 수 있습니다.

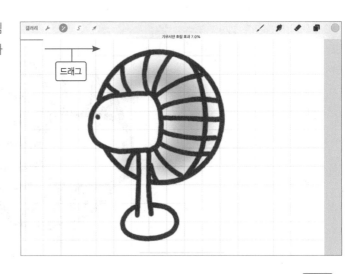

10 │ (레이어(🔲))에서 위쪽 '레이어 2'를
선택하여 '흰색'으로 선풍기의 본체 부분을
채색합니다.

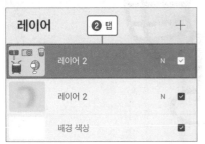

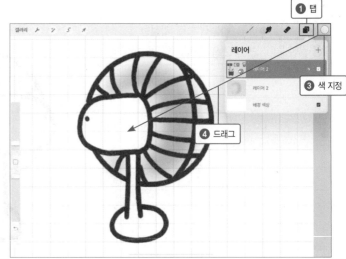

11 ﹝레이어()﹞에서 두 개의 '레이어 2'를 두 손가락으로 꼬집어 합칩니다.

샤워기와 상자 그리기

01 다시 ﹝브러시(✎)﹞를 탭하여 브러시 라이브러리에서 ﹝이모티콘브러시 → 댈희브러시﹞를 선택합니다.

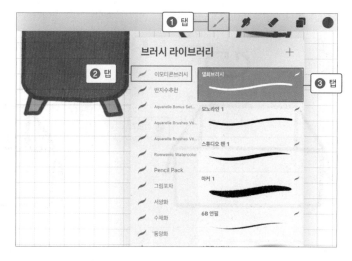

02 샤워기의 머리 부분만 간단하게 그린 다음 '노란색'과 '회색'으로 채색합니다.

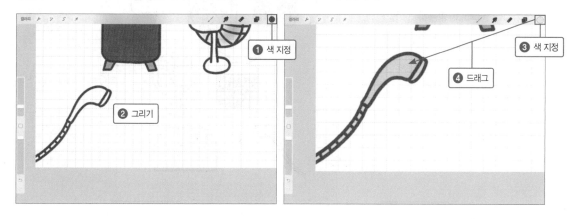

03 | 빈 상자를 그려 봅니다. 고양이뿐만 아니라 귀여운 캐릭터들은 상자에 들어가 있는 경우가 많습니다. 심지어 사람도 상자에 들어간 표현을 하여 재미를 줄 수 있습니다. 상자의 상단 부분을 사다리꼴로 그립니다.

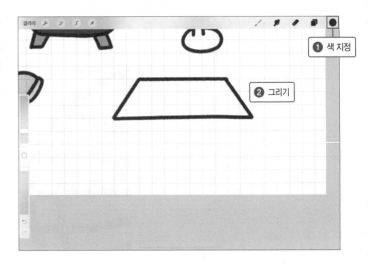

04 | 상자의 안쪽과 바깥쪽도 그린 다음 '연한 갈색'으로 채색합니다.

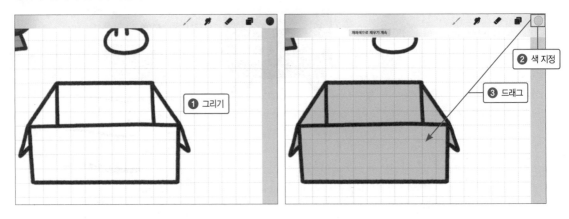

05 | 7가지 간단한 소품을 함께 그려 봤습니다. 소품은 표현을 도와주기 때문에 꼭 여러 가지를 연습하고 활용하기 바랍니다.

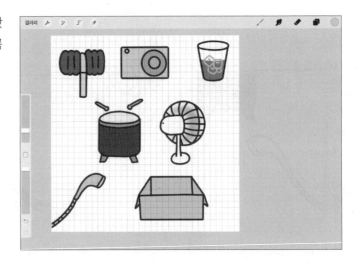

이모티콘에 많이 사용하는 소품 그리기

● **난이도** : ★ ★
● **브러시** : 이모티콘브러시 - 댈희브러시
● **예제 파일** : 03\이모티콘브러시.brushset
● **완성 파일** : 03\많이 사용하는 소품
　　　　 _완성 .procreate

Drawing
Style

이어서 사용성이 높은 소품을 그립니다. 확성기, 우산, 킥보드, 기타, 마이크, 사과, 표지판, 책더미 등 이 모티콘에 많이 사용하는 소품을 그려 봅니다.

확성기 그리기

01 │ (새로운 캔버스 → 이모티콘) 캔버스를 불러옵니다. (동작(🔧) → 캔버스)에서 (그리기 가이드)를 활성화합니다.

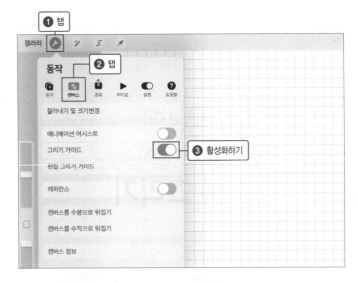

02 │ (브러시(✏️))를 탭하여 브러시 라이브러리에서 (이모티콘브러시 → 댈희브러시)를 선택한 다음 브러시 크기를 '1%'로 조절합니다.

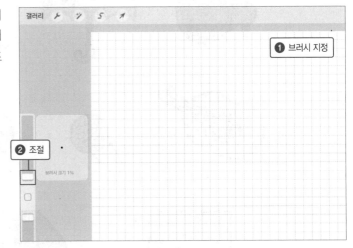

03 │ 확성기를 그립니다. 먼저 원 두 개를 겹쳐 그립니다.

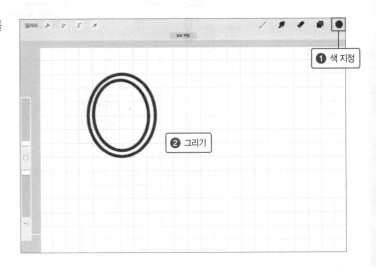

04 | 확성기의 머리 부분을 그린 다음 손잡이를 그립니다.

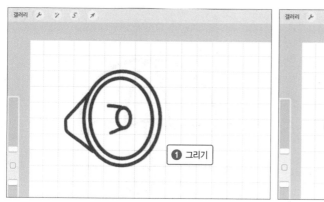

1 그리기

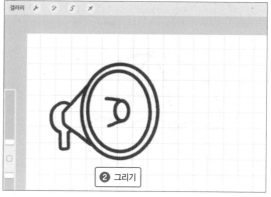

2 그리기

05 | (색상(●))을 '빨간색'으로 지정하여 채색합니다. 캐릭터에 따라서 색은 변경해 주는 것이 좋습니다.

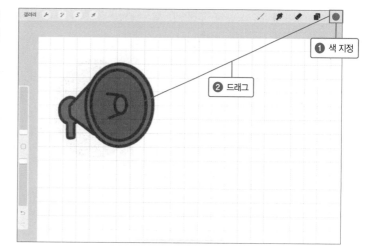

1 색 지정

2 드래그

우산과 킥보드 그리기

01 | 우산을 그립니다. 반원을 그리고 숫자 3 모양으로 우산 끝부분을 그립니다.

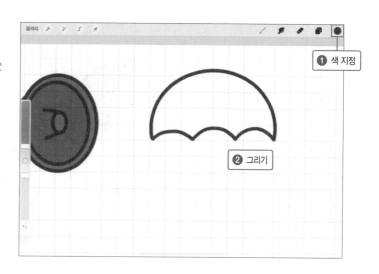

1 색 지정

2 그리기

02 | 우산의 결을 표현한 다음 손잡이를 그립니다.

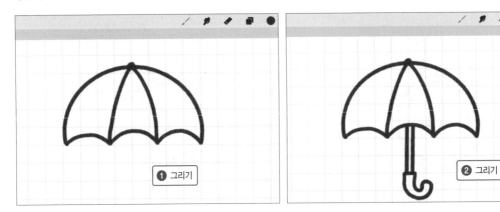

1 그리기

2 그리기

03 | [색상(●)]을 '노란색', '파란색', '빨간색', '회색'으로 지정하여 채색합니다.

1 색 지정

2 드래그

04 | 킥보드를 그려 봅니다. 먼저 킥보드의 발판 부분을 그립니다.

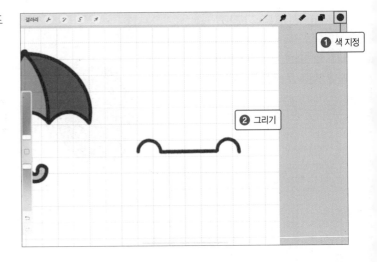

1 색 지정

2 그리기

05 발판의 아랫부분을 이어준 다음 바퀴를 그리고, 손잡이를 그립니다.

06 (색상(●))을 '파란색', '노란색'으로 지정하여 채색합니다.

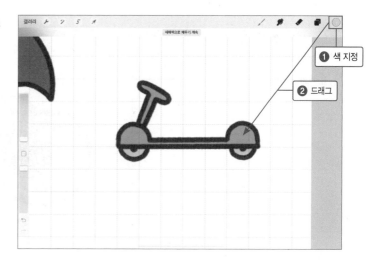

기타와 마이크 그리기

01 기타를 그려 봅니다. 먼저 기타의 손잡이를 그린 다음 몸통 부분을 그립니다. 대부분 앞에 있는 부분을 먼저 그려 주는 것이 쉽습니다.

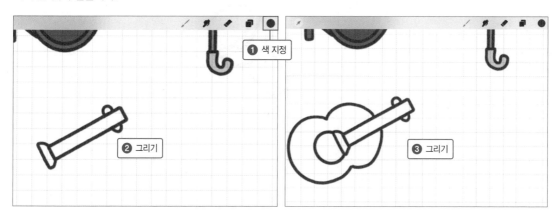

02 | 기타 줄을 그립니다. 꼭 6개의 줄을 다 그리지 않아도 됩니다. 이모티콘의 소품은 단순화하여 표현하는 것이 사용자도 인식하기 편하고, 창작자도 표현하기 쉽습니다.

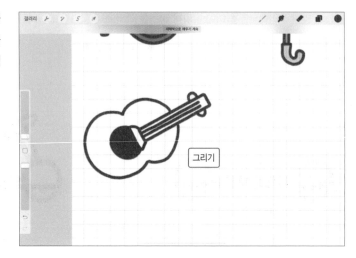

03 | 〔색상(●)〕을 '갈색', '노란색', '분홍색'으로 지정하여 채색합니다. '흰색'으로 광을 표현해도 좋습니다.

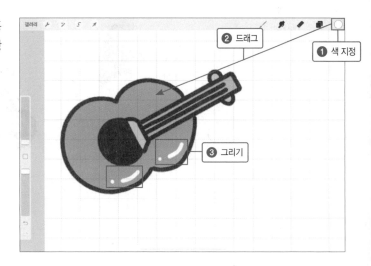

04 | 간단하게 원과 원통으로 마이크를 그립니다.

05 [색상(●)]을 '회색', '노란색'으로 지정하여 채색합니다.

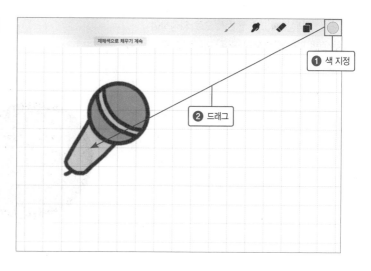

06 마이크의 디테일한 선을 그립니다. 마지막에 그려야 채색하는 시간을 단축할 수 있습니다.

사과와 표지판 그리기

01 사과를 그립니다. 사과는 단순하게 원을 그리고 꼭지를 표현합니다.

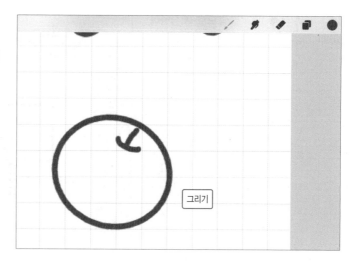

02 | (색상(●))을 '빨간색'으로 지정하여 채색합니다. '흰색'으로 광을 표현해도 좋습니다.

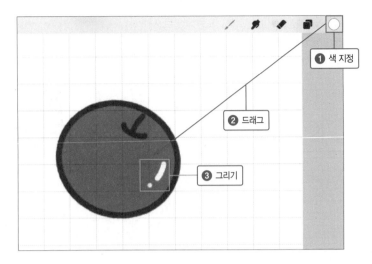

03 | 사각형 두 개를 그려 표지판을 표현합니다.

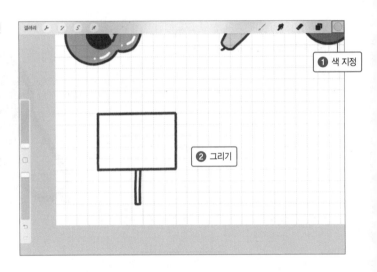

04 | (색상(●))을 '갈색'으로 지정하여 채색합니다.

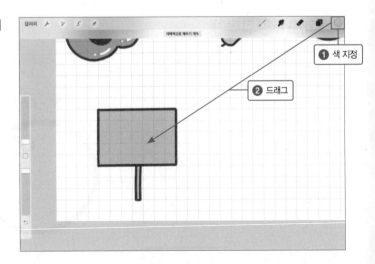

책더미 그리기

01 | 평행사변형을 이용하여 책더미를 그려 봅니다.

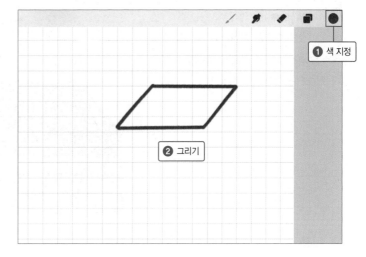

02 | 책의 개수만큼 연장선을 그립니다.

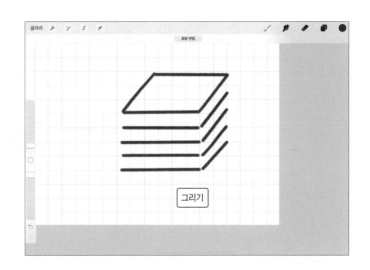

03 | 모서리를 둥글게 그려서 책의 볼록하고 오목한 부분들을 표현합니다.

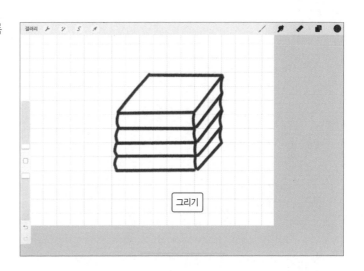

04 | (색상(●))을 '빨간색', '노란색', '초록색', '파란색'으로 지정하여 채색합니다. 책의 겉표지가 되는 부분만 채색합니다. 종이 부분은 '흰색'으로 채색합니다.

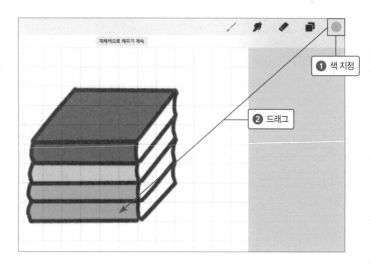

05 | 자주 사용하는 소품들이 완성되었습니다. 적재적소에 활용하여 여러분 이모티콘의 활용성과 매력을 높이기 바랍니다.

···**12** 큰 소품으로
완성도 높이기

- **난이도 :** ★★
- **브러시 :** 이모티콘브러시 – 댈희브러시
- **예제 파일 :** 03\이모티콘브러시.brushset
- **완성 파일 :** 03\침대_완성.procreate

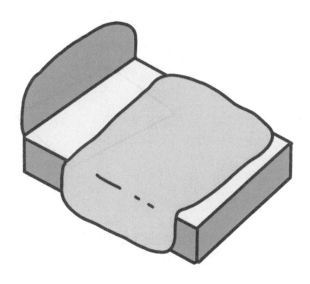

Drawing
Style

캐릭터보다 큰 소품을 이용하면 캐릭터의 귀여움을 더욱 높일 수 있습니다. 큰 소품의 경우 배경 역할도
같이 하기 때문에 정확하게 그릴수록 완성도가 올라갑니다. 큰 소품 중에서 가장 많이 활용되는 침대를
그려 봅니다.

침대 그리기

01 │ (새로운 캔버스 → 이모티콘) 캔버스를 불러옵니다. (동작(🔧) → 캔버스)에서 (그리기 가이드)를 활성화합니다.

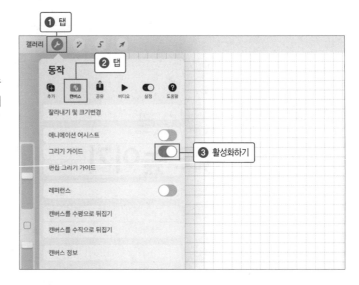

02 │ (브러시(✏️))를 탭하여 브러시 라이브러리에서 (이모티콘브러시 → 댈희브러시)를 선택합니다. 침대 판이 될 평행사변형을 그립니다.

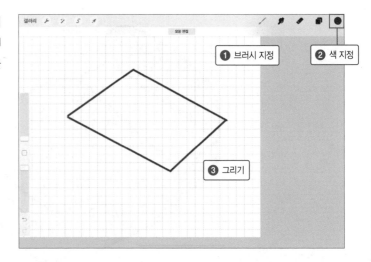

03 │ 침대의 단을 그립니다. 귀여운 캐릭터라면 모서리를 둥글게 다듬고 단이 좀 더 높아도 좋습니다. 예제에서는 침대의 기본형을 그려 봅니다.

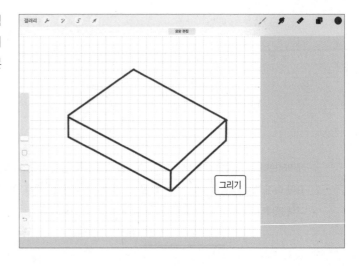

04 침대의 등받이를 그립니다.

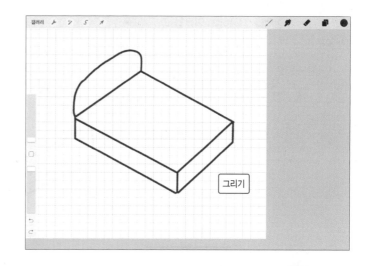

05 (레이어(▣))에서 (+) 버튼을 탭하여 '레이어 2'를 추가합니다.

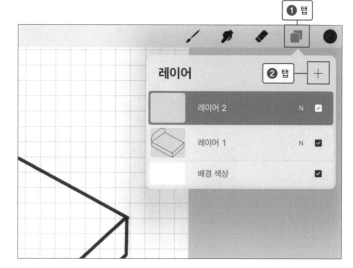

06 '레이어 2'에 이불을 그리기 위해서 '레이어 1'의 (N)을 탭한 다음 불투명도를 '50%'로 조절합니다.

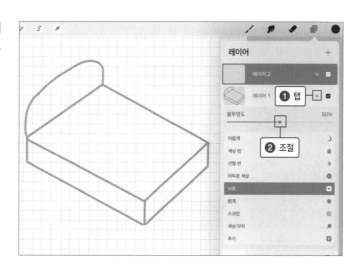

07 │ 침대의 형태를 참고하여 이불을 그립니다.

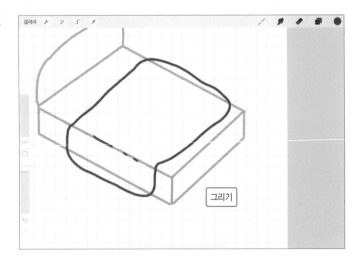

08 │ (색상(●))을 '노란색'으로 지정하여 채색합니다.

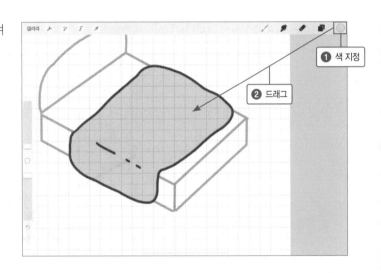

09 │ (레이어(■))에서 '레이어 2'를 체크 해제합니다. '레이어 1'을 선택하고 (N)을 탭한 다음 다시 불투명도를 '최대'로 조절합니다.

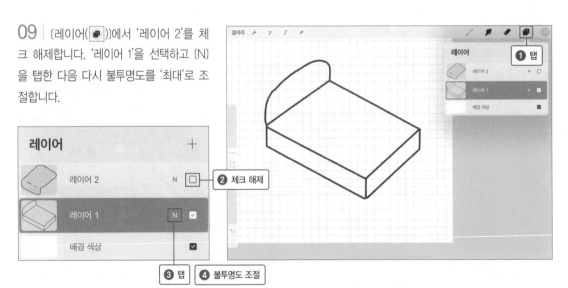

10 │ (색상(●))을 '갈색', '회색'으로 지정
하여 채색합니다.

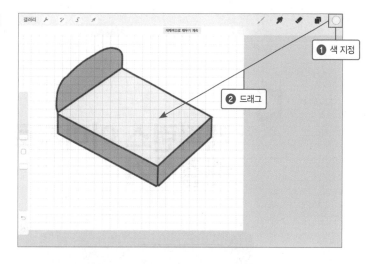

11 │ (레이어(▥))에서 모든 레이어를 체
크 표시하여 형태를 확인합니다.

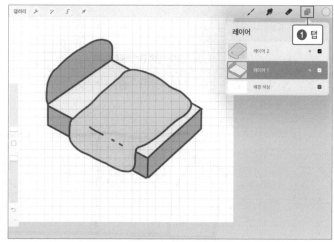

···13 복잡한 소품
레퍼런스 이미지로 해결하기

- **난이도** : ★★
- **브러시** : 이모티콘브러시 – 댈희브러시
- **예제 파일** : 03\이모티콘브러시.brushset
  소파.jpg
- **완성 파일** : 03\소파_완성.procreate

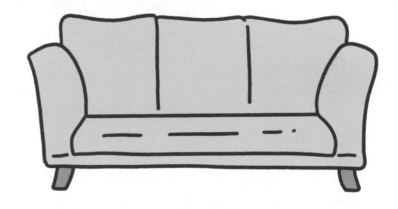

Drawing
Style

복잡한 소품의 경우 이모티콘 작가가 직접 상상해서 그리기가 힘들 수 있습니다. 이럴 때 레퍼런스 이미지를 활용하여 그린다면 보다 손쉽고 빠르게 소품을 완성할 수 있습니다.

소파 그리기

01 | (새로운 캔버스 → 이모티콘) 캔버스를 불러옵니다. (동작(✎) → 캔버스)에서 (그리기 가이드)를 활성화합니다.

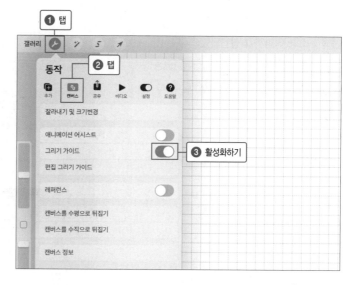

02 | (동작(✎) → 추가 → 파일 삽입하기)를 선택합니다.

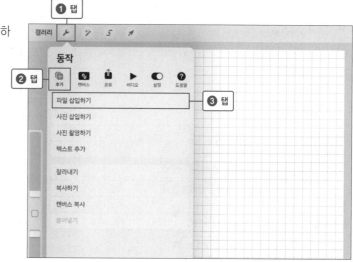

03 | 파일 앱 03 폴더에서 '소파.jpg' 파일을 불러옵니다.

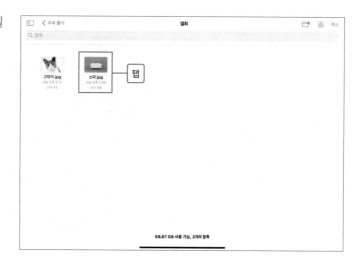

04 │ 소파 이미지가 삽입되었습니다. (변형(↗))을 탭한 다음 하단 메뉴에서 (균등)을 선택하여 캔버스에 맞는 크기로 조절합니다.

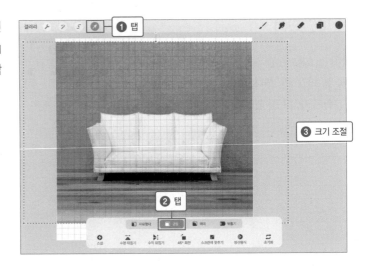

05 │ (레이어(▥))에서 (+) 버튼을 탭하여 '레이어 2'를 추가합니다. '레이어 1'의 (N)을 탭하여 불투명도를 '50%'로 조절합니다.

06 │ (브러시(✎))를 탭하여 브러시 라이브러리에서 (이모티콘브러시 → 댈희브러시)를 선택합니다. '레이어 2'에 소파 이미지의 외곽을 따라 그립니다.

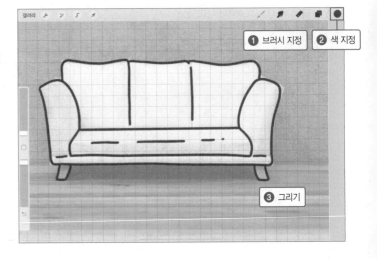

07 | (레이어())에서 '레이어 1'을 체크
해제합니다.

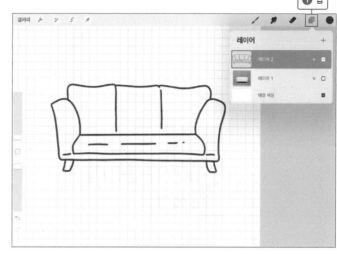

08 | (색상(●))을 '분홍색', '갈색'으로 지
정한 다음 채색하여 완성합니다.

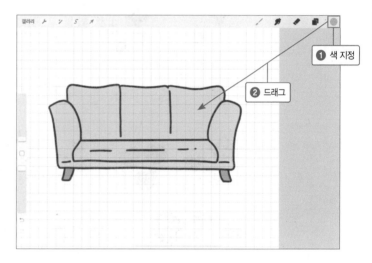

···14 이모티콘에 활력을 주는
만화적 효과 그리기

● 난이도 : ★★
● 브러시 : 이모티콘브러시 – 댈희브러시
● 예제 파일 : 03\이모티콘브러시.brushset
● 완성 파일 : 03\만화적 효과_완성.procreate

이모티콘에서 자주 쓰이는 만화적 효과들이 있습니다. 이 효과들은 이미 많이 쓰였기 때문에 어느 정도 약속되어 있는 표현입니다. 기본적으로 활용할 수 있는 효과들을 함께 그려 보며 다양한 표현을 익혀 보는 시간을 갖도록 하겠습니다.

다양한 만화적 효과 그리기

01 | [새로운 캔버스 → 이모티콘] 캔버스를 불러옵니다. [동작(🔧) → 캔버스]에서 [그리기 가이드]를 활성화합니다.

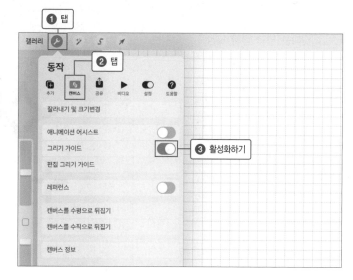

02 | [브러시(✏️)]를 탭하여 브러시 라이브러리에서 [이모티콘브러시 → 댈희브러시]를 선택합니다. 반짝반짝 빛나는 표현을 그립니다. 그리기 가이드를 활용하여 그려도 좋습니다.

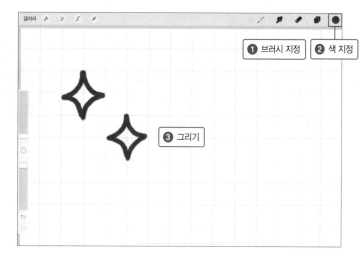

03 | [색상(●)]을 '노란색'으로 지정하여 채색합니다. 보통 노란색 계열의 색으로 채색합니다.

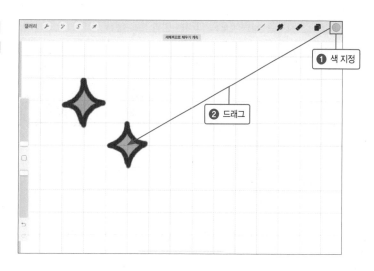

04 │ 빛나는 별과 십자 모양으로 터지는
표현을 함께 그릴 수도 있습니다.

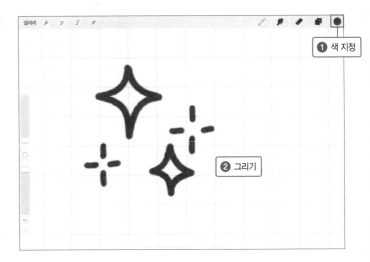

05 │ 역시 (색상(●))을 '노란색'으로 지
정하여 채색합니다.

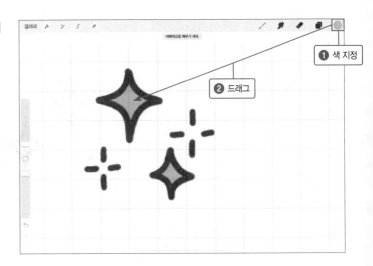

06 │ 선 자체를 '노란색'으로 그리는 방법
도 있습니다.

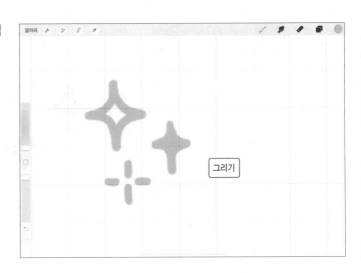

07 │ 보다 화려한 표현도 가능합니다. 기본 반짝이 주변에 대칭이 되는 신들을 그려 화려한 반짝이를 그립니다.

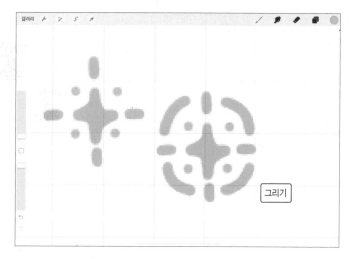

그리기

08 │ 웃는 표현은 반원에 선을 두세 개 그려 표현합니다. 만화에서 자주 쓰이는 표현으로 굉장히 효과적입니다.

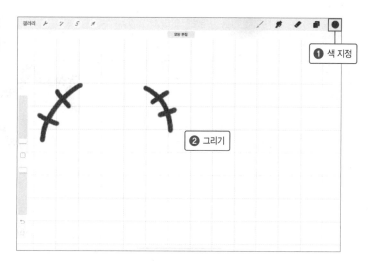

❶ 색 지정

❷ 그리기

09 │ 졸리거나 지칠 때 톡톡 터지는 표현을 사용합니다. 요즘은 하트, 음표 등 모든 이모티콘 효과에 터지는 표현을 더해 주어 귀여움을 추구하는 추세입니다.

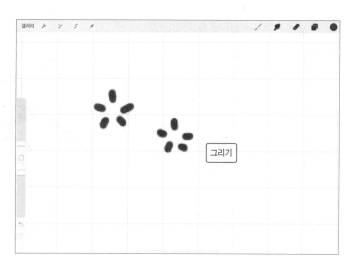

그리기

10 │ 졸린 표현을 할 때는 Z를 여러 번 그립니다.

11 │ 강조 표현으로 U를 반복해 이어서 그립니다. 놀라거나 타격감을 표현할 때 활용합니다.

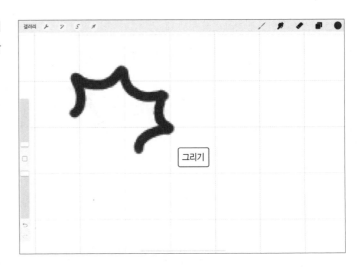

12 │ 잘난 체하거나 윙크를 할 때는 별을 활용할 수도 있습니다.

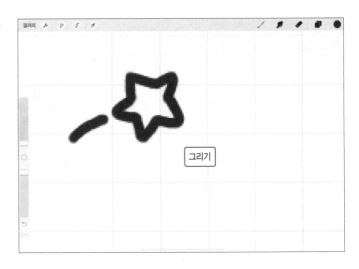

13 │ (색상(●))을 '노란색'으로 지정하여 채색합니다. 효과에서 노란색은 가장 사랑받는 색입니다.

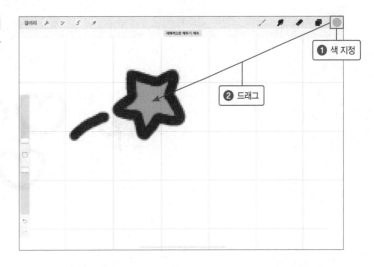

14 │ 타원을 활용해 물방울이 터지는 표현을 할 수 있습니다.

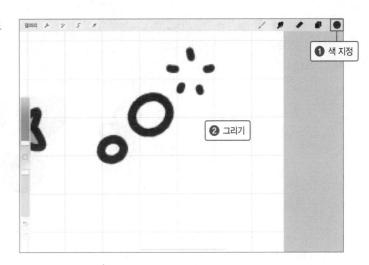

15 │ 꽃 표현도 굉장히 사랑받는 표현입니다. 색을 다채롭게 활용하면 사랑스러운 캐릭터를 표현할 수 있습니다.

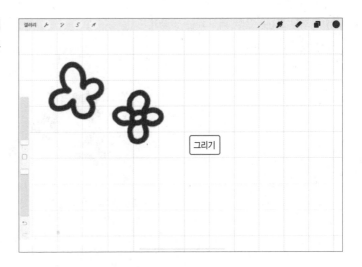

16 | 하트도 조금씩 모양이 다르기 때문에 세 가지 형태로 그려 봅니다.

그리기

17 | (색상(●))을 '빨간색'으로 지정하여 채색합니다. 보통 '빨간색', '분홍색' 계열의 색을 선택합니다.

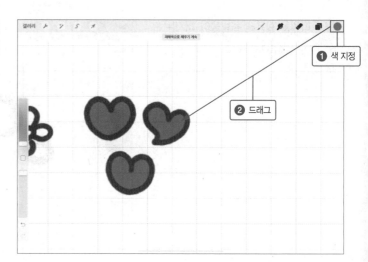

❶ 색 지정

❷ 드래그

18 | 화난 표현은 일명 빠직 하는 핏줄이선 표현을 활용합니다.

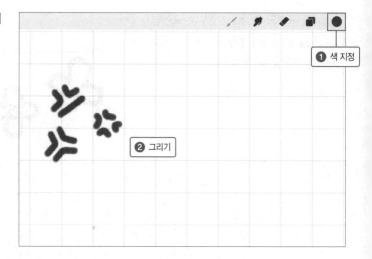

❶ 색 지정

❷ 그리기

19 | 캐릭터의 위나 옆에 빗금을 활용하면 주눅이 들거나 의기소침한 표현을 할 수 있습니다.

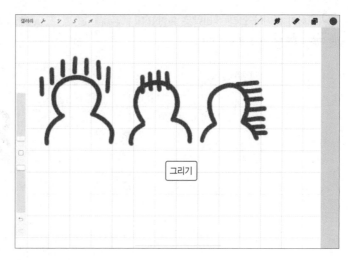

20 | 삐지거나 기분이 언짢을 때 선을 반복하여 그립니다.

21 | 땀을 흘리는 표현입니다. 캐릭터가 당황스럽다는 표현을 할 때 주로 사용하는 표현입니다.

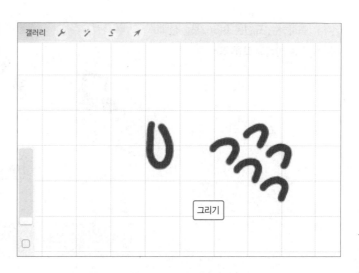

22 | 화가 나거나 입김, 콧바람을 표현할 때 작은 구름을 선 주변에 그립니다.

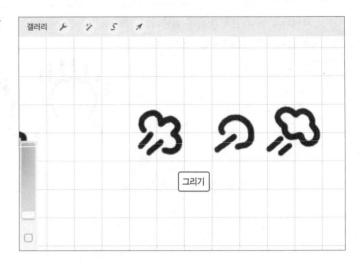

그리기

23 | 즐거울 때 음표도 효과적으로 활용할 수 있습니다.

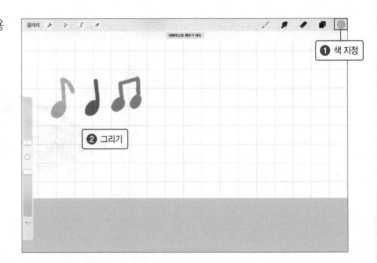

❶ 색 지정

❷ 그리기

24 | 축하하는 표현은 여러 색을 선택하여 사각형을 반복해 그립니다.

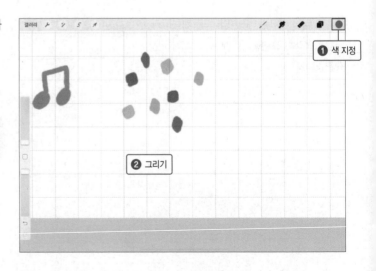

❶ 색 지정

❷ 그리기

25 | 느낌표, 물음표 역시 자주 활용할 수 있는 표현이자 효과입니다.

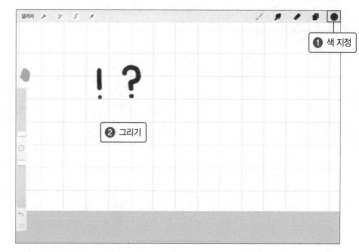

26 | 그 밖에 캐릭터 주변에 표현할 수 있는 효과로 집중 선, 부들부들 떨리는 선, 영혼이 나가는 효과를 활용할 수 있습니다.

27 | 다양한 효과들은 보다 섬세한 감정을 다룰 수 있게 합니다. 24개 또는 32개의 표현에 적극적으로 활용해 보기 바랍니다.

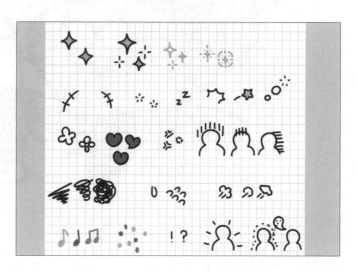

4

생명을 불어넣자!
움직이는 이모티콘 만들기

이모티콘 만들기의 최종 보스! 움직이는 이모티콘 만들기를 배워 봅니다. 앞서 배운 기능들에 '애니메이션' 기능만 추가됩니다. 핵심 원리를 바탕으로 기본 동작을 배우고 나아가 응용 동작까지 익히는 시간이 되기를 바랍니다. 내 캐릭터의 생명력을 불어넣는 방법 함께 알아봅시다.

···01 애니메이션 어시스트 기능으로 **반짝이 표현하기**

- ● 난이도 : ★★
- ● 브러시 : 이모티콘브러시 - 댈희브러시
- ● 예제 파일 : 04\이모티콘브러시.brushset
- ● 완성 파일 : 04\반짝이 효과_완성.procreate

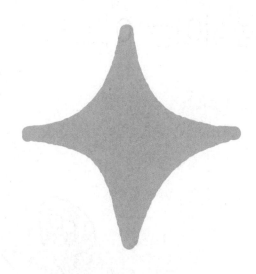

Drawing
Style

프로크리에이트는 매우 직관적이고 편리한 툴입니다. 다른 그림을 그리기에도 최적화되어 있지만, 이 앱이 이모티콘에 적합한 이유 중 하나는 바로 '애니메이션' 기능을 지원하기 때문입니다. 움직임에 필요한 몇 장의 그림을 준비하고, '애니메이션 어시스트' 기능을 활성화하는 것만으로 움직이는 이모티콘을 만들 수 있습니다. 시작은 아주 간단한 반짝이 효과를 그리면서 배워 보도록 하겠습니다.

움직이는 반짝이 효과 그리기

01 | (새로운 캔버스 → 이모티콘) 캔버스를 불러옵니다. (동작(🔧) → 캔버스)에서 (애니메이션 어시스트)와 (그리기 가이드)를 활성화합니다. 애니메이션 어시스트를 활성화하면 하단에 애니메이션 어시스트 메뉴가 표시됩니다. (편집 그리기 가이드)를 선택합니다.

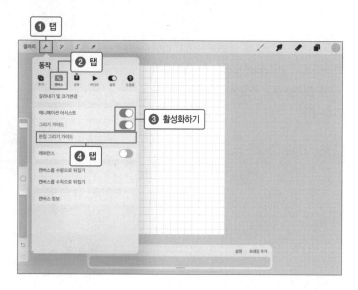

02 | 그리기 가이드 하단 메뉴에서 (2D 격자)를 선택합니다. 불투명도를 '50%', 두께를 '50%', 격자 크기를 '170px'로 조절한 다음 (완료) 버튼을 탭합니다.

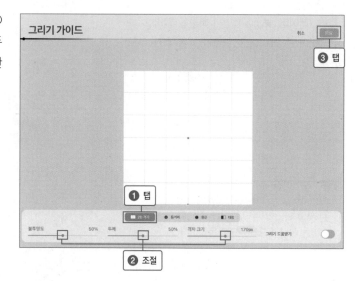

03 | 브러시 크기를 '100%'로 조절한 다음 (색상(●))을 '노란색'으로 지정합니다.

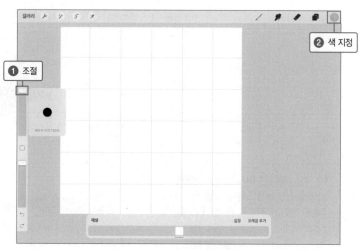

04 │ (브러시(✏))를 탭하여 브러시 라이브러리에서 (이모티콘브러시 → 댈희브러시)를 선택합니다. 가운데에 작은 반짝이를 그립니다.

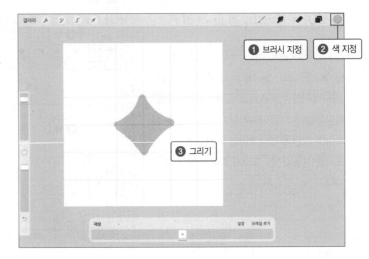

05 │ (레이어(🖼))에서 (+) 버튼을 탭하여 '레이어 2', '레이어 3', '레이어 4'를 추가합니다.

TIP 레이어를 추가하면 하단의 애니메이션 어시스트 메뉴에도 프레임이 추가된 것을 확인할 수 있습니다. 하나의 레이어는 하나의 프레임으로 동일합니다.

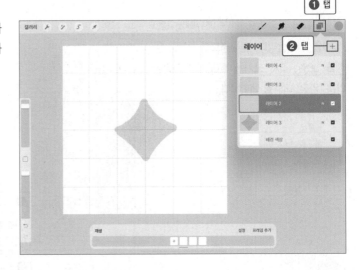

06 │ '레이어 2'에 조금 더 큰 반짝이를 그립니다.

TIP 애니메이션 어시스트 메뉴에서 프레임을 선택하여 그림을 그릴 수도 있습니다. '레이어 2'는 곧 두 번째 프레임입니다.

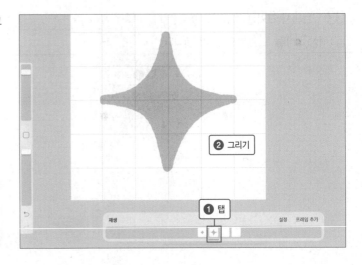

07 │ '레이어 3'에 십자선을 그어 사라지
는 반짝이를 표현합니다.

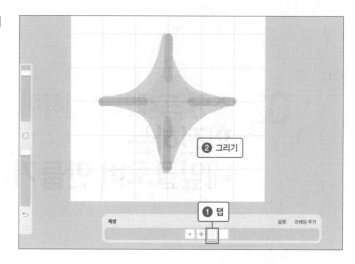

08 │ '레이어 4'에 큰 반짝이가 끝나는 지
점에 점을 찍어 완전히 사라지는 반짝이를
그립니다.

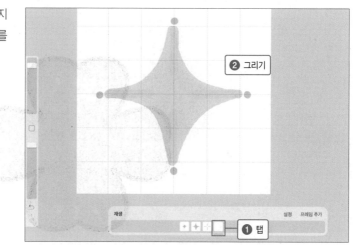

09 │ 애니메이션 어시스트 메뉴에서 (재
생)을 탭하면 반짝이는 효과를 확인할 수 있
습니다.
이처럼 애니메이션 어시스트 기능은 아주
간단하게 움직이는 효과를 직관적으로 그리
고 확인할 수 있습니다.

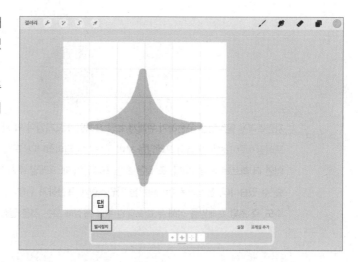

초당 프레임 조절하며
회전하는
네잎클로버 만들기

- **난이도** : ★ ★ ★
- **브러시** : 이모티콘브러시 – 댈희브러시
- **예제 파일** : 04\이모티콘브러시.brushset
- **완성 파일** : 04\네잎클로버_완성.procreate

emoticon Drawing

자연스러운 움직임을 구현하기 위해서 초당 프레임과 프레임 수의 관계를 반드시 이해해야 합니다. '초당 프레임'이란 1초에 몇 개의 프레임을 보여 주는가를 의미합니다. 프레임 수가 일정할 때 초당 프레임을 높이면 더 빠르게 움직입니다. 또 같은 초당 프레임일 때 프레임 수가 많을수록 자연스러운 움직임을 보여 줄 수 있습니다. 움직이는 이모티콘을 자연스럽게 표현하기 위해서는 자신이 잘 표현할 수 있는 편안한 속도, 즉 초당 프레임을 정해 두고 프레임 수를 조절해 보는 것을 권장합니다.

대칭을 이용하여 네잎클로버 그리기

01 〔새로운 캔버스 → 이모티콘〕 캔버스를 불러옵니다. 〔동작(🔧) → 캔버스〕에서 〔애니메이션 어시스트〕와 〔그리기 가이드〕를 활성화한 다음 〔편집 그리기 가이드〕를 선택합니다.

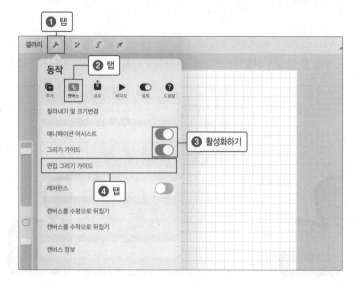

02 그리기 가이드 하단 메뉴에서 〔대칭〕을 선택합니다. 〔옵션〕 버튼을 탭하여 〔사분면〕을 선택한 다음 〔그리기 도움받기〕를 활성화합니다. 설정이 완료되었으면 〔완료〕 버튼을 탭합니다.

03 〔브러시(✏️)〕를 탭하여 브러시 라이브러리에서 〔이모티콘브러시 → 댈희브러시〕를 선택합니다. 가이드 기능을 이용하여 네잎클로버를 그린 다음 〔색상(●)〕을 '초록색'으로 지정하여 채색합니다.

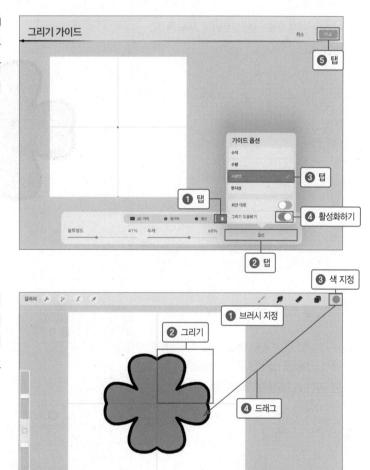

04 [레이어(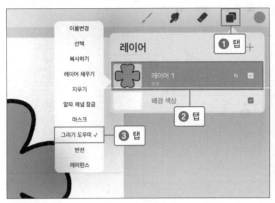)]에서 '레이어 1'을 탭하면 표시되는 레이어 옵션에 그리기 도우미가 활성화되어 있습니다. [그리기 도우미]를 탭하여 비활성화합니다. '레이어 1' 아래 '보조'라는 글자가 사라졌습니다.

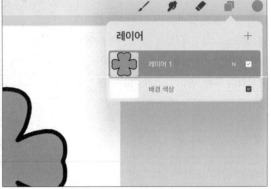

05 '흰색'으로 네잎클로버의 무늬를 표현합니다.

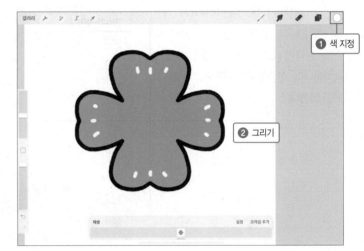

네잎클로버 움직임 주기

01 [변형(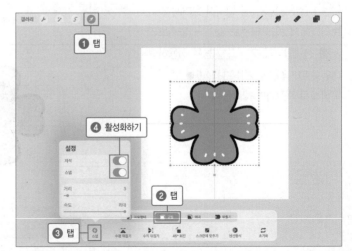)]을 탭한 다음 하단 메뉴에서 [균등]을 선택합니다. [스냅]을 탭한 다음 [자석]과 [스냅]을 활성화합니다.

02 | (레이어(■))에서 '레이어 1'을 3개 복제한 다음 이름을 각각 '1'–'4'로 변경합니다.

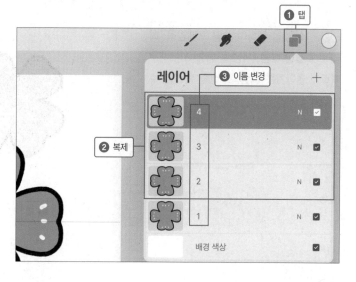

03 | '2' 레이어와 '4' 레이어는 체크 해제합니다.

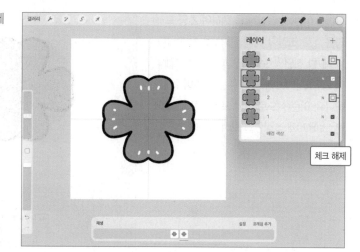

TIP 체크 해제한 레이어는 애니메이션 어시스트 메뉴에도 표시되지 않습니다.

04 | '3' 레이어를 선택한 다음 (변형(↗))을 탭하여 "–45°" 회전합니다.

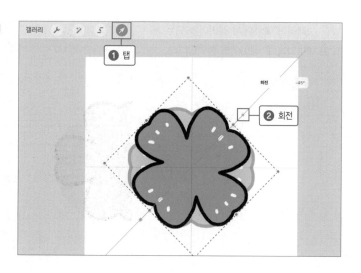

05 │ (설정)을 탭하여 초당 프레임을 '최대'로 조절한 다음 (재생)을 탭합니다. 매우 빠르게 돌아가는 네잎클로버를 확인할 수 있습니다.

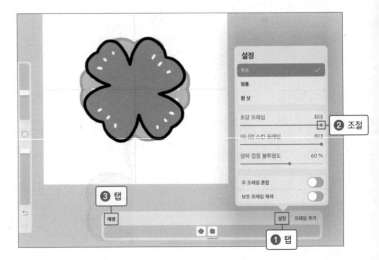

06 │ 이번에는 (설정)을 탭하여 초당 프레임을 '1'로 조절한 다음 (재생)을 탭합니다. 1초에 한 장면씩 보여 줍니다. 초당 프레임이 2가 되면 1초에 보여 주는 장면이 2개가 됩니다. 이런 식으로 초당 프레임이 10이 되면 1초에 10개의 장면을 보여 줍니다.

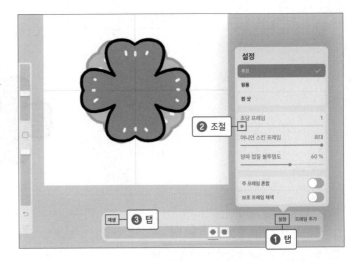

07 │ (레이어(▣))에서 레이어를 모두 체크 표시한 다음 '2' 레이어를 선택합니다.

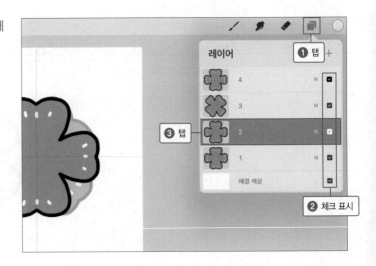

08 │ (변형(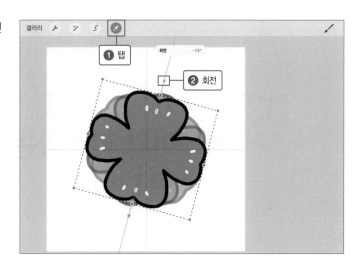))을 탭한 다음 '–15°' 회전
합니다.

09 │ (레이어( ))에서 '4' 레이어를 선택
한 다음 (변형( ))을 탭하여 '–60°' 회전합
니다.

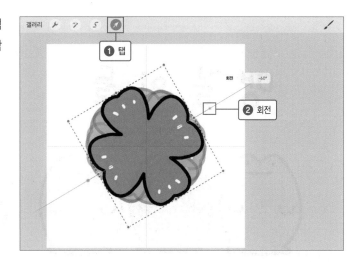

10 │ (재생)을 탭한 다음 (설정)을 탭합니
다. 초당 프레임을 좌우로 조절하면서 적절
한 속도를 찾습니다. 프레임이 4개가 되었
기 때문에 2개일 때보다 자연스러운 움직임
을 확인할 수 있습니다.

TIP 애니메이션은 1초에 12-24개의 프
레임을 보여 줍니다. 초당 프레임이 12
이상이 되면 매우 자연스러운 움직임이
가능합니다. 우리가 만드는 것은 이모티
콘이고, 이모티콘은 아주 작은 크기로
보이기 때문에 초당 프레임을 '10'으로
설정하여도 자연스럽게 보입니다.

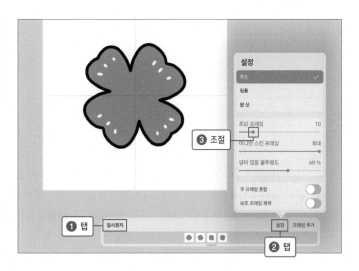

···03 스냅, 자석 기능으로
맹꽁이와 회전하는 사람 그리기

● **난이도** : ★★★
● **브러시** : 이모티콘브러시 – 댈희브러시
● **예제 파일** : 04\이모티콘브러시.brushset
● **완성 파일** : 04\맹꽁이와 회전하는 사람
　　　　　　　_완성.procreate

Drawing
Style

캐릭터를 줄 세우거나 일정한 각도로 회전시키는 등의 세밀한 작업을 할 때 활용하면 유용한 기능이 있습니다. 바로 스냅, 자석 기능입니다. 매번 활성화해 놓고 잘 사용하지는 않지만, 알아 두면 한 번씩은 꼭 사용하는 기능입니다. 두 개의 실습을 진행하여 기능을 배워 보겠습니다.

맹꽁이 그리기

01 │ (새로운 캔버스 → 이모티콘) 캔버스를 불러옵니다. (동작(🔧) → 캔버스)에서 (그리기 가이드)를 활성화한 다음 (편집 그리기 가이드)를 선택합니다.

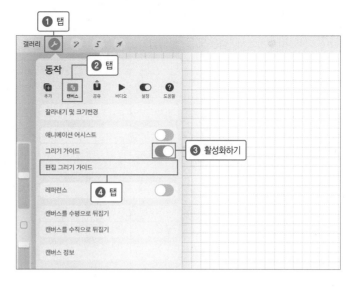

02 │ 그리기 가이드 하단 메뉴에서 (2D 격자)를 선택합니다. 불투명도를 '50%', 두께를 '50%', 격자 크기를 '100px'로 조절한 다음 (완료) 버튼을 탭합니다.

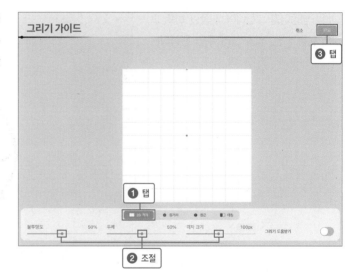

03 │ (브러시(✏️))를 탭하여 브러시 라이브러리에서 (이모티콘브러시 → 댈희브러시)를 선택합니다.

04 〔색상(●)〕에서 '검은색'을 선택합니다.

05 맹꽁이를 그립니다. 길쭉한 하트 모양의 몸통과 눈, 입을 그려 주면 완성되는 아주 간단한 캐릭터입니다.

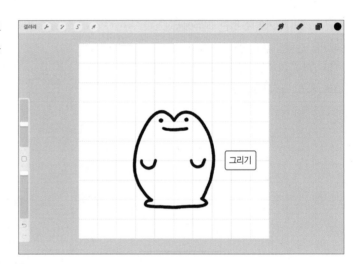

자석과 스냅 기능으로 맹꽁이 배치하기

01 맹꽁이 세 마리를 나란히 배치할 예정입니다. 〔변형(↗)〕을 탭한 다음 하단 메뉴에서 〔균등〕을 선택합니다. 가이드를 기준으로 맹꽁이 크기를 가로 3칸 정도로 조절합니다.

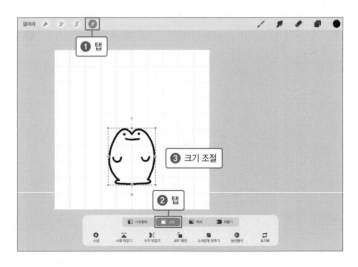

02 │ (레이어( ))에서 '레이어 1'을 복제한 다음 이름을 '레이어 2'로 변경합니다.

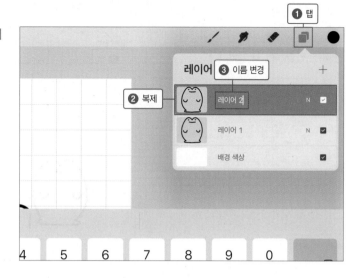

03 │ '레이어 2'를 복제한 다음 이름을 '레이어 3'으로 변경합니다.

04 │ '레이어 1'을 선택한 상태에서 (변형( ))을 탭합니다. 하단 메뉴에서 (스냅)을 선택한 다음 (자석)과 (스냅)을 모두 활성화합니다. 거리는 '3', 속도는 '최대'로 설정을 유지합니다.

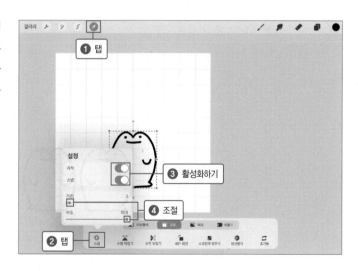

05 (레이어(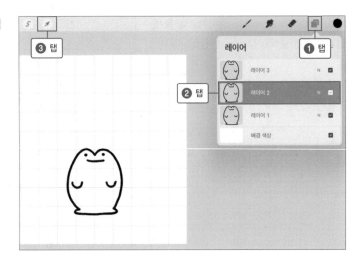))에서 '레이어 2'를 선택
한 다음 (변형( ))을 탭합니다.

06 자석과 스냅을 활성화한 상태이므로
캐릭터를 이동하면 가이드 선이 표시됩니
다. 왼쪽으로 드래그하여 캐릭터를 배치합
니다.

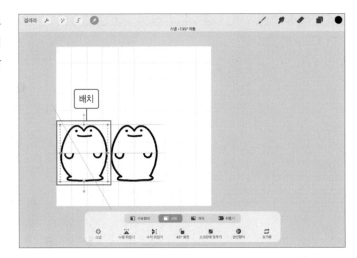

07 (레이어(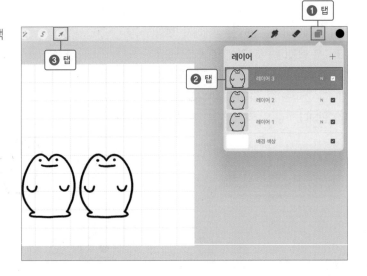))에서 '레이어 3'을 선택
한 다음 (변형( ))을 탭합니다.

08 오른쪽으로 드래그하여 캐릭터를 배치합니다.

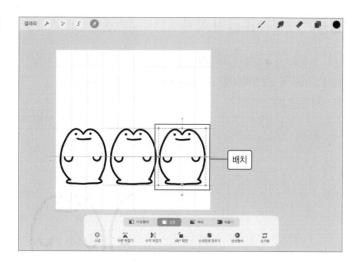

09 (레이어(▣))에서 '레이어 1'을 선택한 다음 (변형(↗))을 탭합니다.

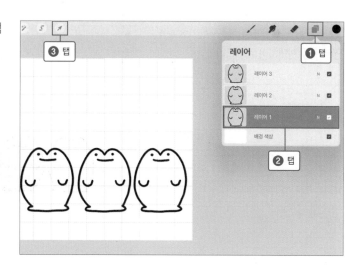

10 다시 한번 정중앙으로 캐릭터의 위치를 조절합니다.

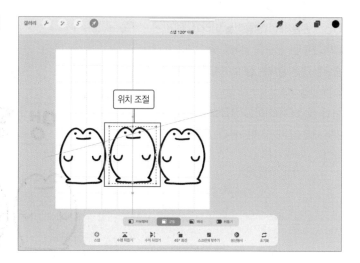

맹꽁이 채색하고 글씨 적기

01 [레이어(□)]에서 '레이어 1'부터 '레이어 3'까지 두 손가락으로 꼬집으면 레이어가 병합됩니다.

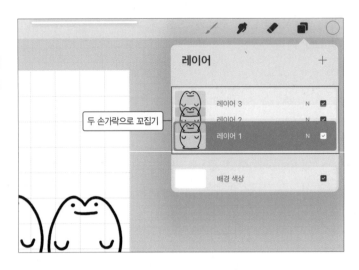

02 [색상(●)]에서 '살구색', '초록색', '연두색'을 선택하여 채색합니다.

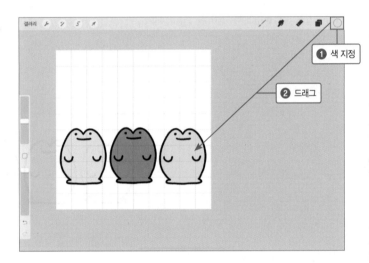

03 손글씨로 '맹꽁이들'이라고 적어 봅니다. 원하는 문구를 넣어도 좋습니다. 이때 중요한 것은 글씨는 잘 보이게 크게 써야 한다는 것입니다.
현재 설정에서 가이드 선을 기준으로 가로 2칸, 세로 2칸에 글씨를 쓴다고 생각하면 됩니다.

만세 하는 사람 그리기

01 | 이번에는 회전하는 캐릭터를 만들어
봅니다. (레이어(▣))에서 (+) 버튼을 탭하
여 '레이어 2'를 추가합니다.

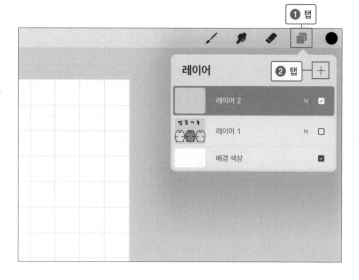

02 | 만세 하는 사람의 형태를 그립니다.
어떤 모습이든 괜찮습니다. 팔과 다리가 잘
구분되는 형태는 모두 좋습니다.

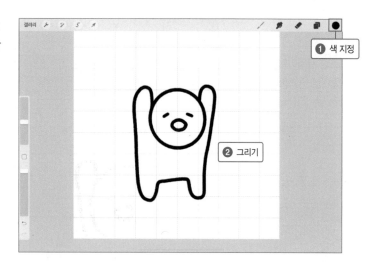

03 | (변형(↗))을 탭하여 위치를 정중앙
으로 이동합니다. 가이드 선과 함께 자석 기
능이 활성화되어 있어 이동하기에 용이합
니다.

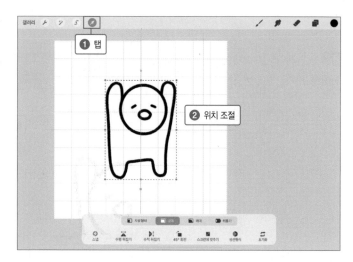

사람 캐릭터에 회전 애니메이션 적용하기

01 | 애니메이션을 적용하기 위해서 (동작(🔧) → 캔버스)에서 (애니메이션 어시스트)를 활성화합니다.

02 | (레이어(🗇))에서 '레이어 2'의 이름을 '1'로 변경합니다.

03 | '1' 레이어를 복제한 다음 복제된 레이어의 이름을 '2'로 변경합니다.

04 │ 03번 과정과 같은 방법으로 '8' 레이어까지 만들어 줍니다.

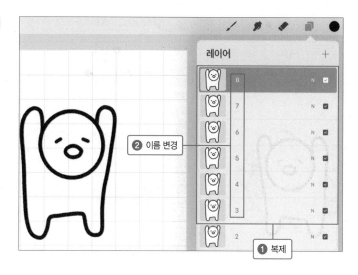

05 │ '2' 레이어를 선택한 다음 (변형(↗))을 탭합니다. 초록색 조절점을 드래그하여 캐릭터를 '-45°' 회전합니다.

06 │ (레이어(⬚))에서 '3' 레이어를 선택한 다음 (변형(↗))을 탭합니다. 초록색 조절점을 드래그하여 '-90°' 회전합니다.

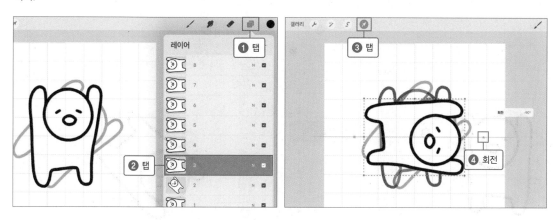

07 ┃ (레이어(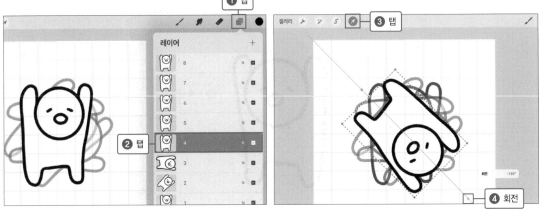))에서 '4' 레이어를 선택한 다음 (변형(↗))을 탭합니다. 초록색 조절점을 드래그하여 '−135°' 회전합니다.

08 ┃ (레이어())에서 '5' 레이어를 선택한 다음 (변형(↗))을 탭합니다. 초록색 조절점을 드래그하여 '−180°' 회전합니다.

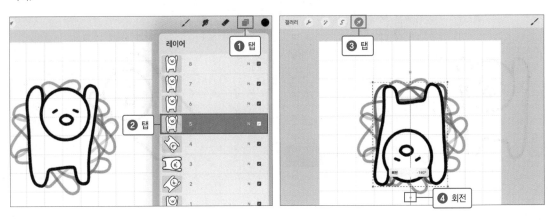

09 ┃ (레이어())에서 '6' 레이어를 선택한 다음 (변형(↗))을 탭합니다. 초록색 조절점을 드래그하여 '−225°' 회전합니다.

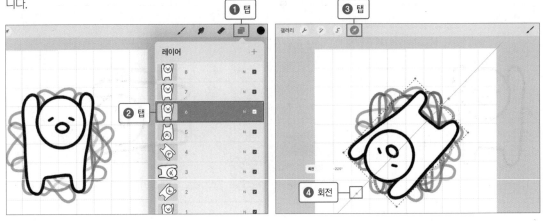

10 [레이어(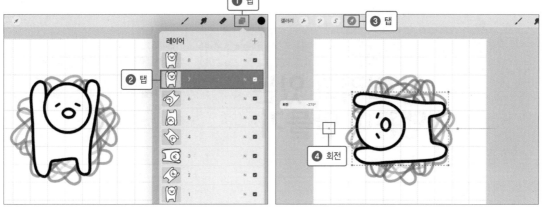)]에서 '7' 레이어를 선택한 다음 [변형(➚)]을 탭합니다. 초록색 조절점을 드래그하여 '–270˚' 회전합니다.

11 [레이어(▣)]에서 '8' 레이어를 선택한 다음 [변형(➚)]을 탭합니다. 초록색 조절점을 드래그하여 '–315˚' 회전합니다.

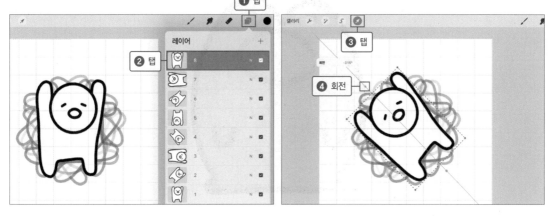

12 [재생]을 탭하면 시계 방향으로 돌아가는 이모티콘을 확인할 수 있습니다.

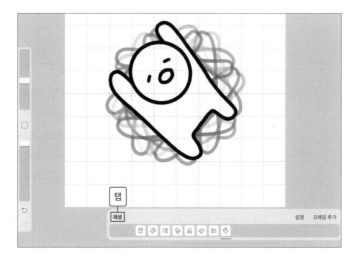

04 유지 지속시간을 활용해
입 벌리고 있는 맹꽁이 만들기

- **난이도** : ★ ★ ★
- **브러시** : 이모티콘브러시 – 댈희브러시
- **예제 파일** : 04\이모티콘브러시.brushset
- **완성 파일** : 04\입 벌리고 있는 맹꽁이
  _완성.procreate

매 프레임이 똑같은 시간으로 재생될 수도 있지만 특정 동작의 속도를 줄이거나 늘리면 더 자연스러운 모션, 창작자가 의도하는 모션을 만들 수 있습니다. 나타내고자 하는 '주제부(시안에서 핵심적으로 나타내고자 하는 장면)'를 강조할 수도 있습니다. 포토샵에서는 프레임마다 재생 시간을 세밀하게 조절할 수 있는 반면 프로크리에이트에서는 재생 시간을 세밀하게 조절할 수 없지만, '유지 지속시간'이라는 기능을 통해서 조절할 수 있습니다. 아주 간단한 실습을 통해서 유지 지속시간 기능을 활용하는 방법을 알아보겠습니다.

입 벌리는 맹꽁이 그리기

01 [새로운 캔버스 → 이모티콘] 캔버스를 불러옵니다. [동작(🔧) → 캔버스]에서 [애니메이션 어시스트]와 [그리기 가이드]를 활성화합니다.

[브러시(✏️)]를 탭하여 브러시 라이브러리에서 [이모티콘브러시 → 댈희브러시]를 선택합니다.

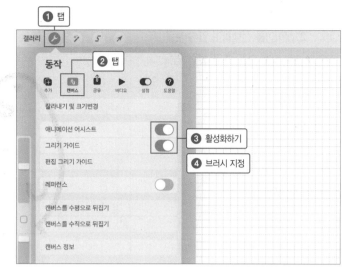

02 입만 움직이는 모션을 만들어 봅니다. 먼저 입을 다물고 있는 맹꽁이를 그립니다. 입을 크게 벌릴 수 있는 캐릭터라면 어떤 캐릭터를 그려도 괜찮습니다.

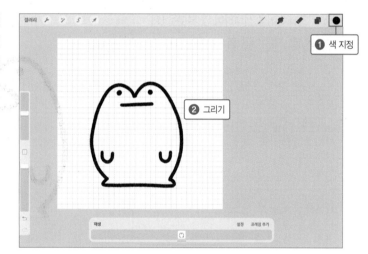

03 [레이어(🗐)]에서 '레이어 1'을 3개 복제한 다음 이름을 각각 '1'~'4'로 변경합니다.

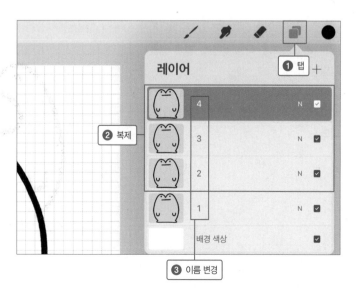

04 | '2' 레이어를 선택하여 입 부분을 [지우개(🧽)]로 지운 다음 조금 벌린 입을 그립니다.

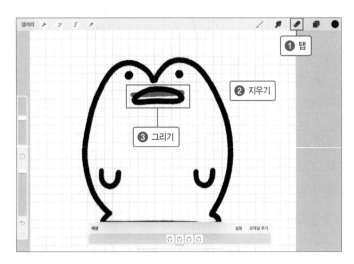

05 | '3' 레이어를 선택하여 입 부분을 [지우개(🧽)]로 지운 다음 좀 더 벌린 입을 그립니다.

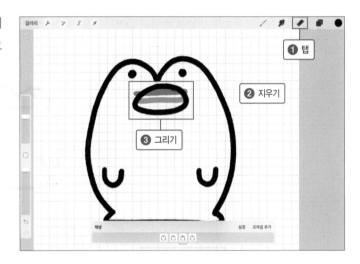

06 | '4' 레이어를 선택하여 입 부분을 [지우개(🧽)]로 지운 다음 완전히 벌린 입을 그립니다.
[재생]을 탭하면 입이 연속적으로 움직이면서 무언가 말하는 듯한 모션이 완성되었습니다.

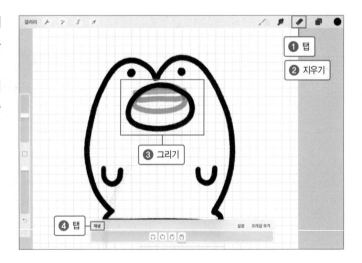

맹꽁이 지속시간 조절하기

01 │ 맹꽁이가 놀라는 것처럼 표현하기 위해 마지막 프레임의 동작을 좀 더 오랫동안 보이게 조절합니다. 애니메이션 어시스트 메뉴에서 '네 번째' 프레임을 선택한 다음 유지 지속시간을 '10'으로 조절합니다.

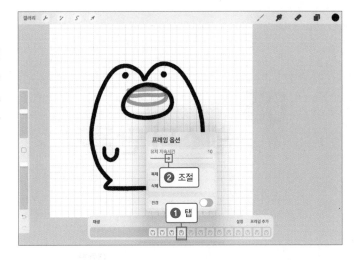

02 │ [재생]을 탭하여 확인해 보면 입을 벌린 후 유지 지속시간으로 설정한 프레임 수만큼 해당 동작이 지속되는 것을 알 수 있습니다.

TIP 유지 지속시간을 설정하지 않았을 때와 비교해 보면 완전히 다르게 표현된 것을 확인할 수 있습니다.

03 │ 각 레이어에서 맹꽁이를 채색하여 작업을 마무리합니다. 4개의 장면을 그렸지만 14개의 장면을 재생하는 만큼 재생 시간이 늘어난 것을 확인할 수 있습니다.

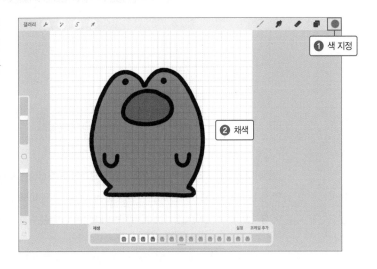

···05 두 컷으로 삐진 햄스터 만들기

- **난이도 :** ★★★
- **브러시 :** 이모티콘브러시 – 댈희브러시
- **예제 파일 :** 04\이모티콘브러시.brushset
- **완성 파일 :** 04\삐진 햄스터_완성.procreate

Drawing
Style

감정이나 상황을 나타내기 위해서 매번 많은 프레임을 써야 하는 것은 아닙니다. 움직임이 적은 모션이라면 단 두 컷만으로도 원하는 모션을 완성할 수 있습니다. 제 이모티콘 중에서도 단 두 컷으로 최종 통과되어 출시된 이모티콘도 있습니다. 움직이는 이모티콘 중 가장 쉬운 난이도! 두 컷 모션을 함께 그려 봅니다.

두 컷으로 햄스터 그리기

01 │ (새로운 캔버스 → 이모티콘) 캔버스를 불러옵니다. (동작( ) → 캔버스)에서 (애니메이션 어시스트)와 (그리기 가이드)를 활성화합니다.

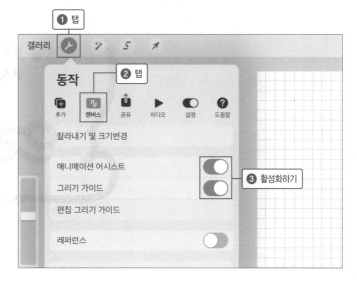

02 │ (브러시( ))를 탭하여 브러시 라이브러리에서 (이모티콘브러시 → 댈획브러시)를 선택합니다. 미간을 찌푸린 햄스터 얼굴을 그립니다.

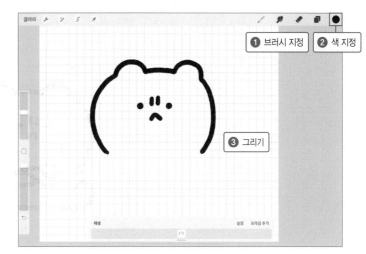

03 │ 앉아 있는 다리를 먼저 그리고 선을 이어 몸을 그립니다.

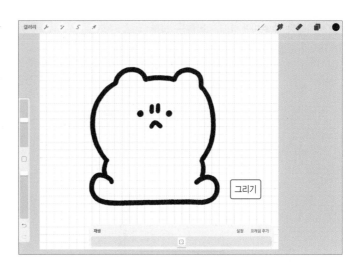

04 팔짱 낀 모습을 그립니다. 이모티콘에서 팔짱 낀 모습을 표현할 때 공식처럼 쓰이는 방식이니 연습해 두면 도움이 됩니다.

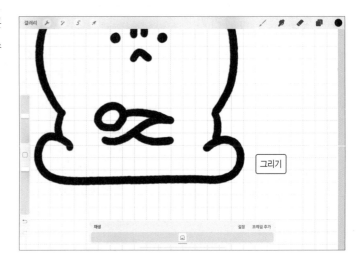

그리기

05 햄스터의 오른쪽 상단에 지그재그로 골이 난 효과를 그립니다.

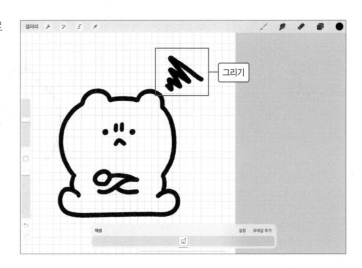

그리기

06 〔레이어( )〕에서 〔+〕 버튼을 탭하여 '레이어 2'를 추가합니다.

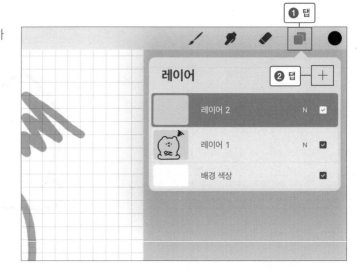

07 '레이어 2'에 햄스터를 그대로 따라 그립니다. 똑같이 따라 그린다고 해도 조금씩 틀어지는 부분이 생기기 때문에 실제로 재생해 보면 움직이는 듯한 느낌을 줄 수 있습니다.

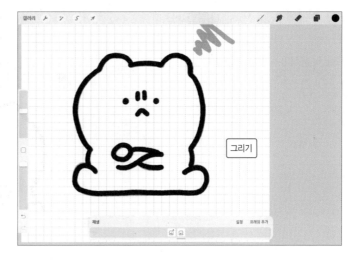

08 골이 난 지그재그 효과는 기존 선과 빗나가게 그립니다. 골이 난 부분을 강조해야 하므로 다른 부분보다 움직임이 많아야 합니다.

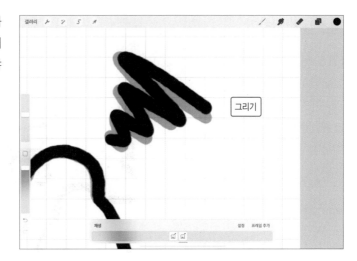

09 '레이어 1'을 선택한 다음 '흥'이라고 글씨를 적습니다.

10 │ '레이어 2'를 선택한 다음 글씨를 따라 적습니다. 재생해 보면 '흥'이라는 글자도 조금씩 움직이는 것을 확인할 수 있습니다.

햄스터 채색하기

01 │ 햄스터를 채색합니다. (레이어(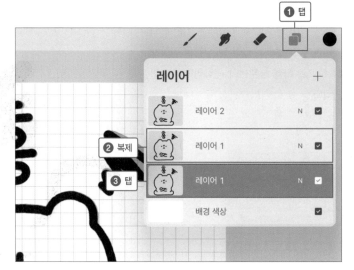))에서 '레이어 1'을 복제한 다음 아래에 있는 '레이어 1'을 선택합니다. 반드시 아래에 있는 레이어에 채색해야 합니다.

02 │ 무늬를 넣습니다. (색상(●))을 '갈색'으로 지정한 다음 무늬를 넣어 줄 부분을 그립니다.

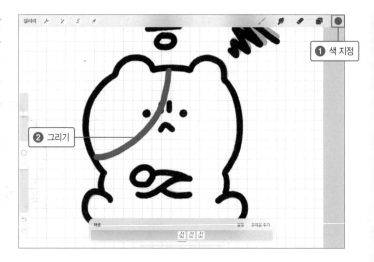

03 | 색상을 드래그하여 채색합니다.

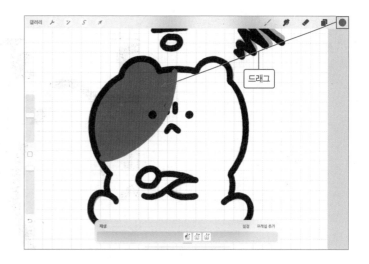

04 | (레이어(▨))에서 두 개의 '레이어 1' 을 두 손가락으로 꼬집어 합칩니다.

05 | 나머지 부분은 '노란색'으로 채색합 니다.

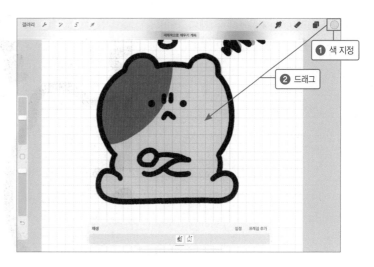

06 두 번째 레이어도 채색합니다. (레이어(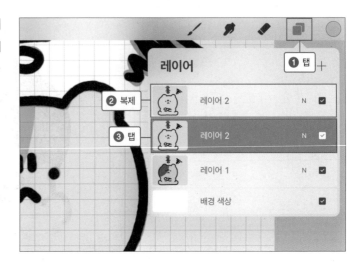))에서 '레이어 2'를 복제한 다음 아래에 있는 '레이어 2'를 선택합니다.

07 '첫 번째' 프레임을 참고하여 같은 부분에 무늬를 칠합니다.

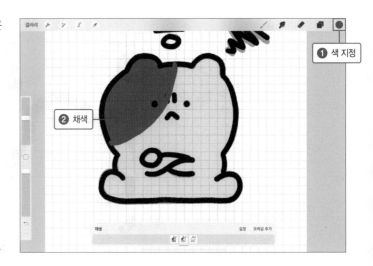

08 (레이어())에서 두 개의 '레이어 2'를 두 손가락으로 꼬집어 합칩니다.

09 나머지 부분은 '노란색'으로 채색합니다.

10 채색까지 완료되면 그림을 적절한 위치로 조절해야 합니다. (레이어(🗔))에서 모든 레이어들을 오른쪽으로 드래그하여 다중 선택합니다.(변형(↗))을 탭하여 캔버스의 가운데로 그림을 배치합니다.

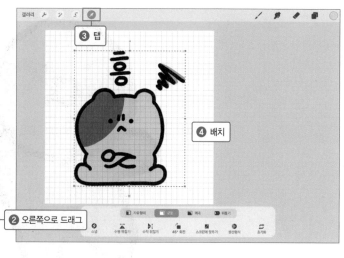

11 완성되었으면 (재생)을 탭하여 움직임이 자연스러운지 확인합니다.

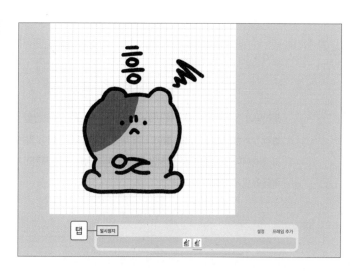

적은 움직임으로
돌이 되어 버리는
캐릭터 만들기

- **난이도** : ★ ★ ★
- **브러시** : 이모티콘브러시 – 댈희브러시
- **예제 파일** : 04\이모티콘브러시.brushset
- **완성 파일** : 04\돌이 된 캐릭터_완성.procreate

움직임이 적으면서도 약간의 변화로만 재미있는 모션을 표현할 수 있습니다. 이번에 함께 실습할 표현은 놀라거나 실망해서 그대로 돌이 되어 버린 표현입니다. 이미 많은 이모티콘 캐릭터들이 이 표현을 사용하고 있습니다. 식상할 수도 있지만 동시에 이미 검증 받은 표현이기 때문에 같이 실습해 본 다음 각자의 캐릭터의 맞게 변형해 봅니다.

돌이 되어 버린 캐릭터 그리기

01 | (새로운 캔버스 → 이모티콘) 캔버스를 불러옵니다. (동작(🔧) → 캔버스)에서 (애니메이션 어시스트)와 (그리기 가이드)를 활성화합니다.

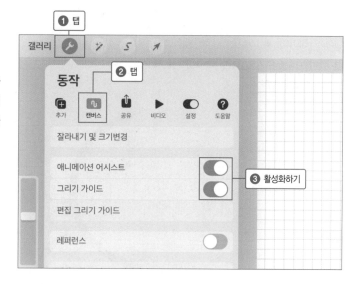

02 | (브러시(✏️))를 탭하여 브러시 라이브러리에서 (이모티콘브러시 → 댈희브러시)를 선택합니다. 간단하게 서 있는 사람 형태를 그립니다. (레이어(◼️))에서 (+) 버튼을 탭하여 '레이어 2'를 추가합니다.

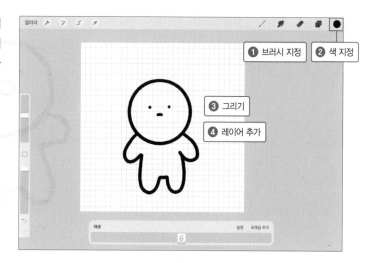

03 | '레이어 2'에 캐릭터 형태 유지를 위해서 얼굴 외곽은 그대로 따라 그립니다. 눈은 좀 더 위에 그리고, 입은 벌려서 그립니다. 팔과 다리도 조금 벌린 상태로 그립니다.

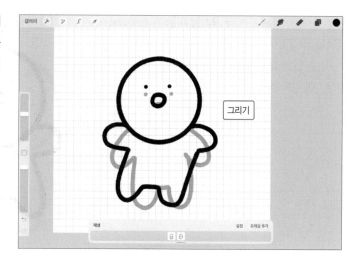

04 | (레이어(■))에서 (+) 버튼을 탭하여 '레이어 3'을 추가한 다음 '레이어 1'을 체크 해제합니다.

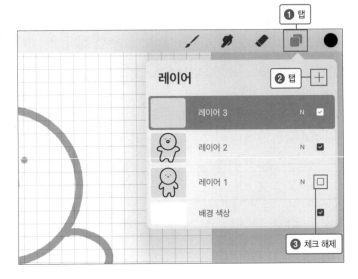

05 | 돌로 굳어진 표현을 위해서 직선으로 '레이어 2'를 따라서 그립니다. 눈을 제외하고 모두 직선 형태로 그립니다.

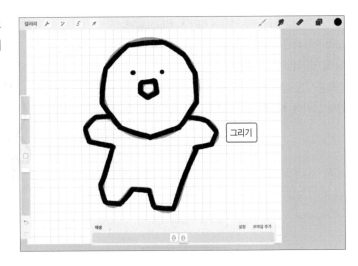

06 | 레이어를 모두 체크 표시한 다음 움직임을 줍니다. '레이어 2'를 선택하고 (변형(↗))을 탭한 다음 오른쪽 상단으로 조금 이동하여 점프하는 느낌을 줍니다.

07 [레이어()]에서 '레이어 3'을 선택하고 [변형()]을 탭한 다음 '레이어 2'보다 조금 더 오른쪽 상단으로 이동합니다.

08 나머지 움직이는 부분은 '레이어 3'을 복제하여 사용합니다. [레이어()]에서 '레이어 3'을 3개 복제한 다음 이름을 각각 '레이어 4'-'레이어 6'으로 변경합니다.

09 '레이어 4'를 선택한 다음 [변형()]을 탭합니다. 땅에 떨어지며 발이 닿는 모습을 표현하기 위해서 '레이어 1'을 기준으로 발 끝을 맞춰 아래로 이동합니다.

10 '레이어 5'를 선택한 다음 (변형()) 을 탭합니다. 땅에 닿고 튕기는 모습을 표현하기 위해서 조금 오른쪽 상단으로 이동합니다.

11 '레이어 6'을 선택한 다음 (변형()) 을 탭합니다. 다시 땅에 착지하는 모습을 표현하기 위해서 발끝을 맞춰 아래로 이동합니다. 오른쪽으로 계속 이동하고 있었으므로 '레이어 4'보다는 약간 오른쪽으로 이동하여 위치합니다.

12 돌이 된 상태를 좀 더 오래 보여 주어야 메시지가 잘 전달됩니다. '여섯 번째' 프레임을 탭한 다음 유지 지속시간을 '4'로 조절합니다. 지속시간을 좀 더 길게 조절하여도 좋습니다.

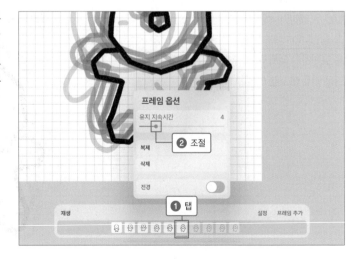

명도를 이용해 채색하기

01 | 캐릭터를 채색합니다. 서서히 돌이 되어 가는 과정을 표현하기 위해서는 색을 조금씩 변경하여 채색해야 합니다. (레이어 (📑))에서 '배경 색상' 레이어를 체크 해제 한 다음 '레이어 1'을 선택합니다.

TIP 채색하는 색이 잘 보이게 '배경 색 상'은 채색하는 색과 다른 색으로 변경 해도 좋습니다.

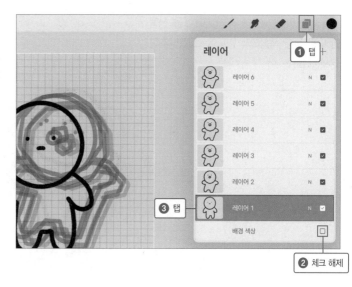

02 | (색상(●))을 '흰색'으로 지정하여 채색합니다.

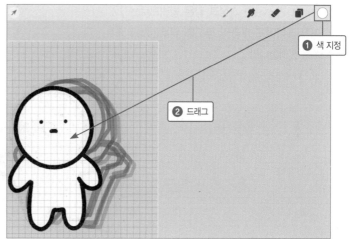

03 | (레이어(📑)) '레이어 2'를 선택한 다음 현재 색상에서 명도를 조금 낮추어 채 색합니다.

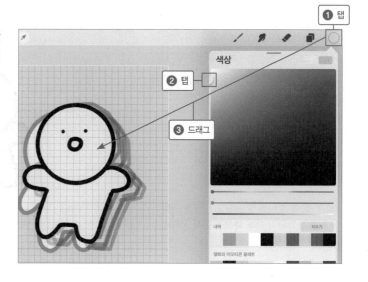

04 (레이어(▣))에서 '레이어 3'을 선택한 다음 현재 색상에서 명도를 조금 낮추어 채색합니다.

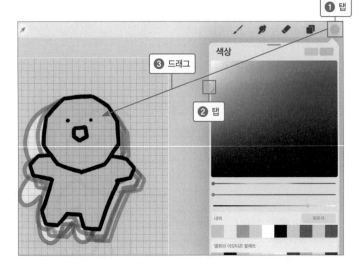

05 03번 – 04번 과정과 같은 방법으로 나머지 레이어도 조금씩 명도를 낮추면서 채색을 진행합니다.

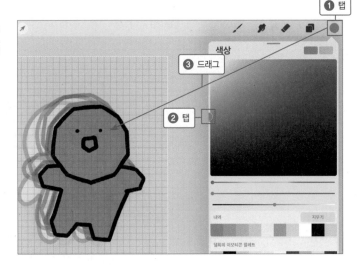

06 (재생)을 탭하면 움직임이 적어도 재미있는 표현이 완성된 것을 확인할 수 있습니다. 여러분의 캐릭터에 맞게 변형해서 작업해 봅니다.

TIP 돌의 무늬를 표현하고 싶다면 캐릭터를 복제하기 전에 채색을 먼저 진행해야 수월합니다.

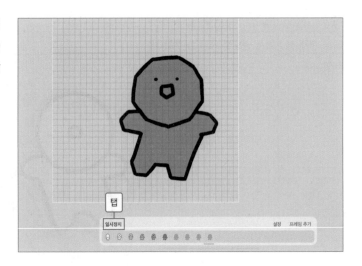

...07 움직이는 글씨로 모션에 재미를 더하기

- 난이도 : ★★
- 브러시 : 이모티콘브러시 – 댈희브러시
- 예제 파일 : 04\이모티콘브러시.brushset
- 완성 파일 : 04\움직이는 글씨_완성.procreate

와 우

Drawing Style

이모티콘에는 대사가 들어가는 경우가 많은 편이며, 대사가 있으면 이모티콘의 표현이 더 잘 와닿습니다. 또 자막에 익숙한 우리나라 사람에게는 대사와 캐릭터를 동시에 보는 것이 능숙한 것도 이유 중 하나일 것입니다. 움직이는 이모티콘에서는 이런 대사도 감정을 갖고 캐릭터와 함께 움직이면 더 매력적으로 대중에게 다가갈 수 있습니다. 함께 움직이는 대사를 만들어 보고 어떻게 활용할지 고민해 보는 시간이 되었으면 합니다.

커졌다가 작아지는
대사 만들기

01 │ 〔새로운 캔버스 → 이모티콘〕 캔버스를 불러옵니다. 〔동작(🔧) → 캔버스〕에서 〔애니메이션 어시스트〕와 〔그리기 가이드〕를 활성화합니다.

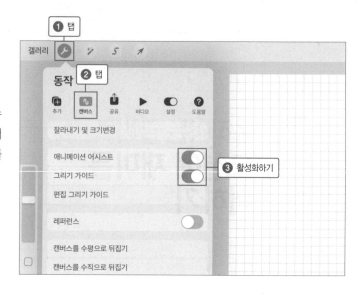

02 │ 〔브러시(✏️))를 탭하여 브러시 라이브러리에서 〔이모티콘브러시 → 댈희브러시〕를 선택합니다. 캔버스 가운데 '와우'라고 글씨를 적습니다.

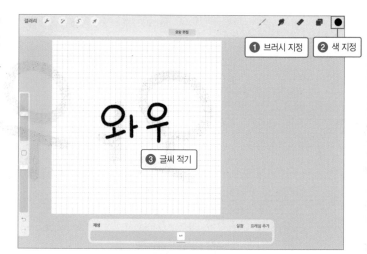

03 │ 〔레이어(🗇))에서 〔+〕 버튼을 탭하여 레이어를 3개 더 추가합니다.

04 '레이어 2'를 선택한 다음 '레이어 1' 에 겹칠 정도로 조금 더 크게 '와우'를 적습니다.

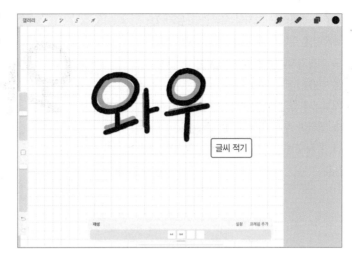

05 (레이어(▣))에서 '레이어 3'을 선택한 다음 크게 '와우'를 적습니다.

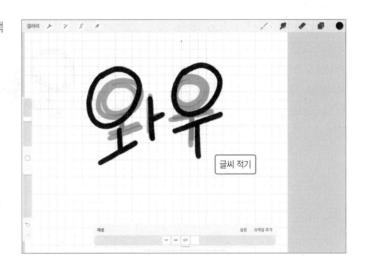

06 (레이어(▣))에서 '레이어 4'를 선택한 다음 다시 원래 크기대로 '레이어 1'을 참고하여 '와우'를 적습니다.

생명을 불어넣자! 움직이는 이모티콘 만들기

07 │ 캐릭터도 마지막 프레임에 유지 지
속시간을 주어서 주제부를 강조하듯이 대사
도 마찬가지입니다. 보통 대사는 캐릭터의
움직임을 따라갑니다.

캐릭터가 있다고 가정하고 '네 번째' 프레임
을 탭하여 유지 지속시간을 '5'로 조절합니
다. 유지 지속시간은 캐릭터에 따라 달라집
니다.

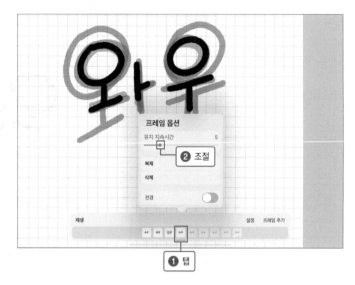

08 │ 〔설정〕을 탭한 다음 초당 프레임 '10'
으로 조절합니다. 캐릭터의 움직임 속도와
동일하게 조절해야 합니다. 저는 보통 초당
프레임을 '10'으로 조절하여 작업하기 때문
에 예제에서 '10'으로 조절했습니다.

09 │ 〔재생〕을 탭하면 커졌다가 작아지는
대사를 확인할 수 있습니다.

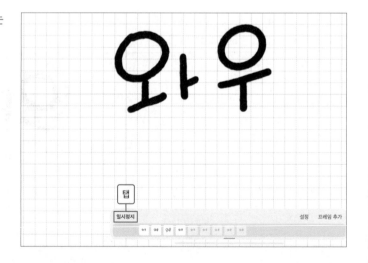

372

밋밋한 대사에 효과 선 추가하기

01 조금 밋밋하게 느껴질 때는 대사 주변에 효과 선을 그릴 수도 있습니다. (레이어(📑))에서 글씨가 커지기 시작하는 '레이어 2'를 선택한 다음 대사 주변에 짧은 선을 그립니다.

02 (레이어(📑))에서 글씨가 제일 커진 '레이어 3'을 선택한 다음 대사 주변에 긴 선을 그립니다.

03 (재생)을 다시 탭하면 효과가 적용된 대사 모션을 확인할 수 있습니다. 캐릭터의 표현과 잘 어울리게 대사에도 효과를 주면 재미도 높이고 상품성도 높일 수 있습니다. 여러분의 캐릭터, 표현과 잘 어울리는 대사 모션을 생각해 보기 바랍니다.

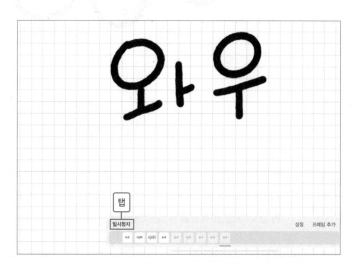

···08 손을 흔들어 인사하는 문어 만들기

- **난이도** : ★★★★
- **브러시** : 이모티콘브러시 – 모노라인 1
- **예제 파일** : 04\이모티콘브러시.brushset
- **완성 파일** : 04\인사하는 문어_완성.procreate

Drawing Style

'안녕'은 보이는 면이 유지되면서 약간의 팔 동작 변형만으로 메시지를 전달할 수 있는 표현입니다. 그래서 움직임의 원리를 설명할 때 가장 많이 사용하는 예시이기도 합니다. 실제로 인사를 할 때는 머리도 같이 움직이지만 먼저 팔을 흔드는 연습을 통해 움직이는 이모티콘을 만들어 보도록 하겠습니다.

손을 흔들어 인사하는 문어 그리기

01 │ (새로운 캔버스 → 이모티콘) 캔버스를 불러옵니다. (동작(🔧) → 캔버스)에서 (애니메이션 어시스트)와 (그리기 가이드)를 활성화합니다. (브러시(✏️))를 탭하여 브러시 라이브러리에서 (이모티콘브러시 → 모노라인 1)을 선택합니다.

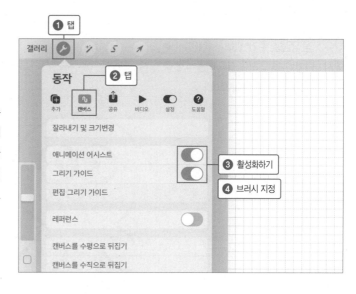

02 │ 인사하는 문어를 그려 봅니다. 문어의 다리는 8개지만 이모티콘을 그리기에는 너무 많기 때문에 다리 4개를 그려서 표현합니다. 한쪽 다리를 들고 있는 문어 형태를 그립니다. 이해의 편의를 위해 올라간 다리를 '팔'이라고 부르겠습니다.

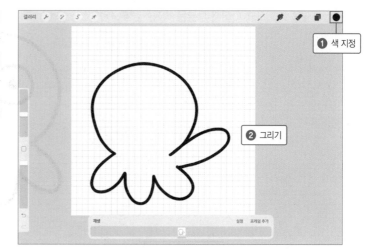

03 │ 문어의 눈과 입을 그립니다. 코는 캐릭터의 콘셉트와 어울리는지 생각하고 생략할지 말지 선택하면 됩니다.

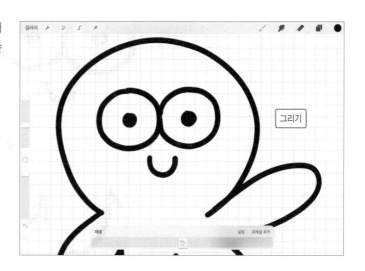

04 │ 움직임을 주기 위해서 (레이어(◩))에서 (+) 버튼을 탭하여 레이어를 4개 추가한 다음 '레이어 2'를 선택합니다.

05 │ 팔을 제외하고 나머지 부분을 따라 그립니다.

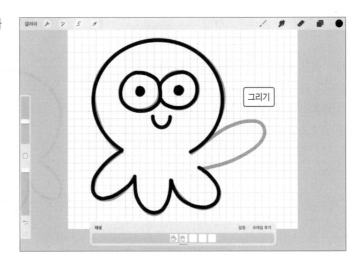

06 │ 팔 부분만 움직일 것이기 때문에 팔에 집중하며 작업합니다. 기존 팔 위치를 참고하여 조금 내린 팔을 그립니다.

TIP 팔의 두께나 길이가 잘 유지되게 그려야 합니다.

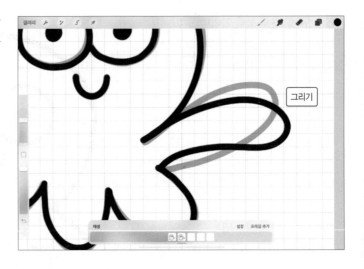

07 | 그림이 많으면 따라 그리기가 불편하므로 [설정]을 탭한 다음 어니언 스킨 프레임을 '1'로 조절합니다. 초당 프레임은 '10'으로 조절해 줍니다.

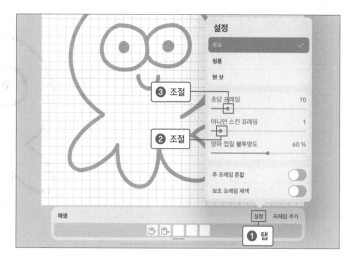

08 | [레이어(⬛)]에서 '레이어 3'을 선택합니다. '두 번째' 프레임을 참고하여 팔을 더 올린 문어를 그립니다. 팔과 얼굴이 겹치므로 얼굴을 그린 선을 지워야 합니다.

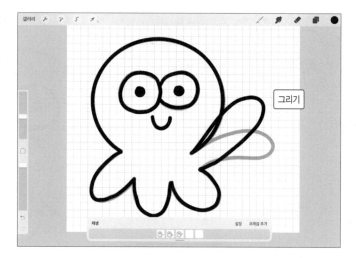

09 | [지우개(✏)]를 탭한 다음 얼굴을 그린 선을 지웁니다. 브러시 크기를 조절하면서 깔끔하게 지울 수 있습니다.

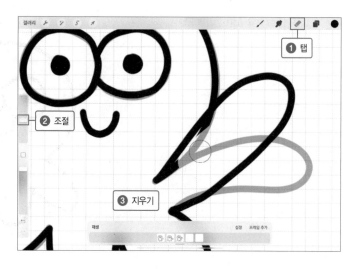

10 지운 다음 형태가 어색하지 않은지
점검합니다.

11 〔레이어(▣)〕에서 '레이어 4'를 선택
합니다. 이번에는 지우개로 지우지 않기 위
해서 팔을 먼저 그리도록 하겠습니다. 조금
더 올라간 팔을 그립니다.

12 나머지 부분은 따라 그려 문어를 완
성합니다.

13 이제 팔을 내리는 동작 하나가 남았습니다. 이 경우 처음 레이어로 돌아가는 상황을 고려하여 처음 프레임과의 연결성을 생각해야 합니다. (레이어(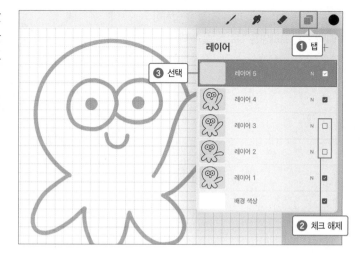))에서 '레이어 2'와 '레이어 3'을 잠시 체크 해제한 다음 '레이어 5'를 선택합니다.

14 두 개의 프레임을 참고해야 하므로 (설정)을 탭한 다음 어니언 스킨 프레임을 '2'로 조절합니다.

15 가장 중요한 팔을 먼저 그립니다. 두 개의 프레임의 팔의 위치를 참고하여 중간에 그립니다. 이렇게 그리면 '루프'로 재생할 때 어색함이 없이 모션이 이어집니다.

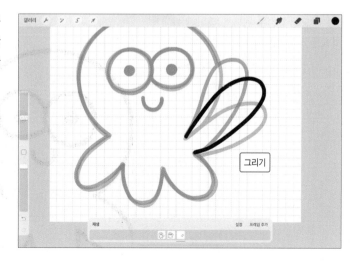

16 | 팔을 그린 다음 다시 (설정)을 탭하여 어니언 스킨 프레임을 '1'로 조절합니다.

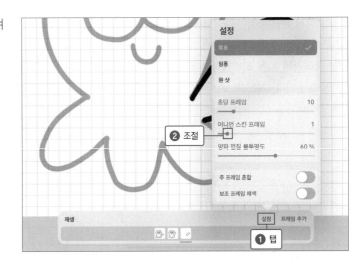

17 | 남은 부분을 따라 그립니다.

18 | 모션 점검을 위해서 (레이어(□))에서 모든 레이어를 체크 표시합니다.

19 〔재생〕을 탭하여 모션을 확인합니다.

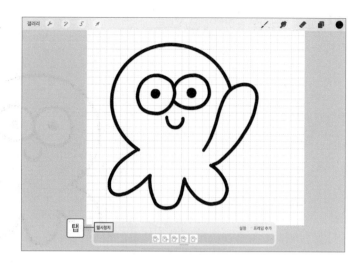

문어 채색하기

01 모션이 완성되었으면 채색합니다. 우선 배경색을 카카오톡 이모티콘 기본 배경색으로 바꾸어서 작업합니다. 〔레이어(■)〕에서 '배경 색상' 레이어를 선택한 다음 하단에서 〔값〕을 선택하여 16진값을 '#97c1d9'로 지정합니다.

02 캐릭터는 분홍색으로 채색해 봅니다. 〔색상(●)〕을 '분홍색', '흰색'으로 지정하여 채색합니다.

03 | 모든 프레임의 문어를 같은 색으로
채색합니다.

04 | 다시 한번 (재생)을 탭하여 모션을
확인합니다. 이렇게 모션과 채색을 완성한
다음 모션을 점검하면 잘못 칠해진 부분이
나 누락된 부분을 확인할 수 있습니다.

09 손과 얼굴을 같이 흔들어 인사하는 캐릭터 만들기

- 난이도 : ★★★★
- 브러시 : 이모티콘브러시 – 댈희브러시
- 예제 파일 : 04\이모티콘브러시.brushset
- 완성 파일 : 04\인사하는 캐릭터
  _완성.procreate

똑같은 표현이라도 좀 더 재미있게 보이고 눈길을 사로잡는 표현이 되려면 움직임이 크고 자연스러운 것이 좋습니다. 안녕 하는 표현의 경우 실제로 우리가 직접 손을 흔들어 보면 얼굴도 조금씩 움직이는 것을 알 수 있습니다. 이러한 작은 부분을 이모티콘에 적용하면 그만큼 재밌으면서도 자연스러운 움직임을 연출할 수 있습니다. 움직이는 이모티콘을 효과적으로 만들 수 있는 기능과 팁을 배워 보면서 조금 더 자연스럽게 안녕하는 표현을 배워 봅니다.

프레임을 배경으로
활성화하기

01 │ 〔새로운 캔버스 → 이모티콘〕 캔버스를 불러옵니다. 〔동작(🔧) → 캔버스〕에서 〔애니메이션 어시스트〕와 〔그리기 가이드〕를 활성화합니다.

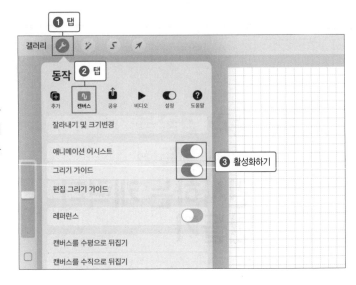

02 │ 〔브러시(✏)〕를 탭하여 브러시 라이브러리에서 〔이모티콘브러시 → 댈희브러시〕를 선택합니다. 안녕 하는 표현에서 기본 몸 형태는 '파란색'으로 그립니다.

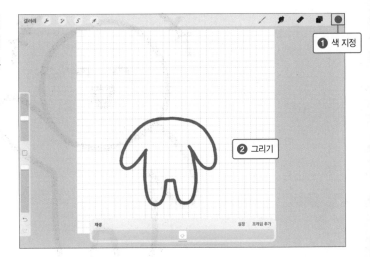

03 │ 첫 번째 프레임은 특별합니다. 첫 번째 프레임에는 '전경', '배경'이라는 옵션을 적용할 수 있습니다. '첫 번째' 프레임을 탭하여 〔배경〕을 활성화합니다.

TIP 배경으로 활성화하면 해당 그림이 모든 레이어의 그림 뒤에 표시됩니다.

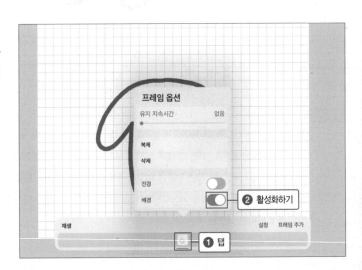

04 다시 한번 프레임을 탭하면 배경이
활성화된 것을 확인할 수 있습니다.

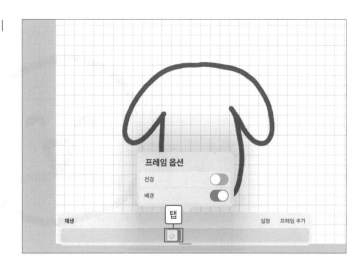

손과 얼굴을 흔들어 인사하는
캐릭터 그리기

01 〔레이어(▣)〕에서 〔+〕 버튼을 탭하
여 '레이어 2'를 추가합니다.

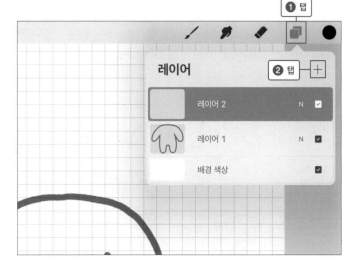

02 웃는 얼굴을 그립니다. 배경의 파란
색 몸은 항상 뒤에 위치하여 참고할 수 있는
상태입니다.

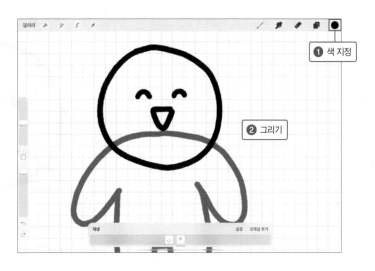

03 │ (레이어(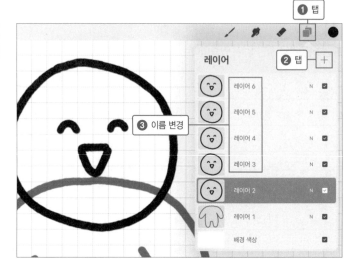))에서 '레이어 2'를 4개 복제하여 이름을 각각 '레이어 3' – '레이어 6'으로 변경합니다.

04 │ '레이어 2'를 선택한 다음 팔을 든 몸을 그립니다.

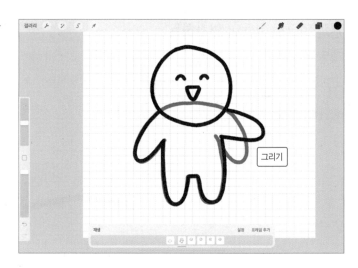

05 │ (레이어())에서 '레이어 3'을 선택한 다음 (변형())을 탭하여 얼굴을 왼쪽으로 '5°' 정도 회전합니다.

06 | 조금 내린 팔을 그립니다. 파란색 선은 배경, 흐릿한 회색 선은 이전 프레임입니다.

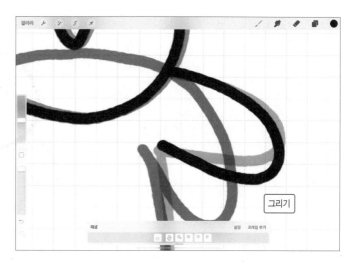

그리기

07 | 나머지 몸을 그려 완성합니다.

그리기

08 | (레이어(■))에서 '레이어 4'를 선택한 다음 (변형(✦))을 탭하여 얼굴을 오른쪽으로 '–5' 정도 회전합니다.

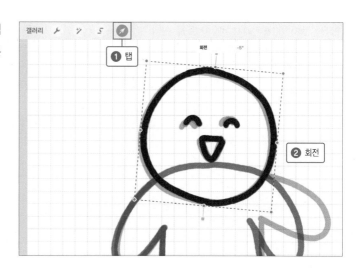

❶ 탭

회전   –5°

❷ 회전

09 | 얼굴을 오른쪽 하단으로 외곽선이
겹치게 조금 이동합니다.

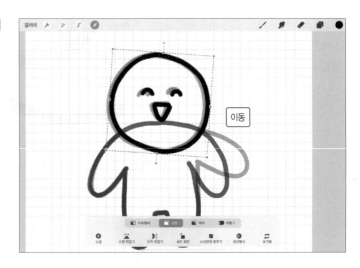

10 | 팔을 든 몸을 마저 그립니다.

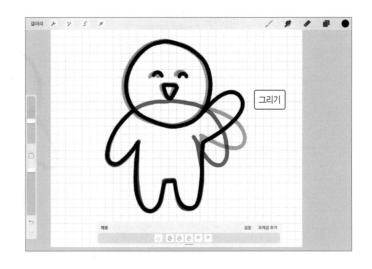

11 | (레이어(▣))에서 '레이어 5'를 선택
한 다음 (변형(↗))을 탭하여 얼굴을 오른
쪽으로 '−10°' 회전합니다.

TIP 녹색 조절점을 탭하면 직접 회전 각
도를 입력할 수 있는 회전 메뉴가 표시
됩니다.

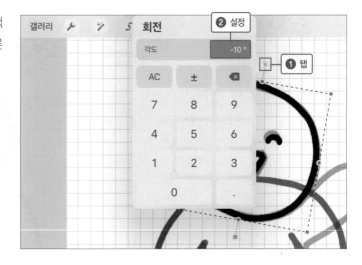

12 이전 프레임보다 오른쪽 하단으로 외곽선이 겹치게 얼굴을 조금 이동합니다.

13 좀 더 올라간 팔과 몸을 그립니다.

14 얼굴을 그린 선과 팔을 그린 선이 겹칩니다. (지우개(✐))를 탭하여 겹친 얼굴선을 깨끗하게 지웁니다.

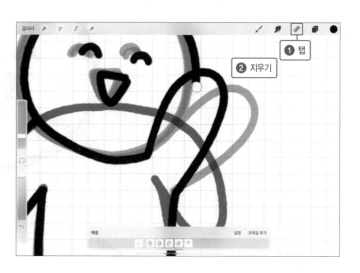

15 | 다 지우고 난 다음 전체적으로 어색한 부분이 없는지 점검합니다.

16 | (레이어(▣))에서 '레이어 3'과 '레이어 4'를 체크 해제한 다음 '레이어 6'을 선택합니다.

TIP '레이어 6'은 처음 프레임과 연결된다는 것을 생각해야 합니다.

17 | 두 개의 프레임을 참고하기 위해서 (설정)을 탭한 다음 어니언 스킨 프레임을 '2'로 조절합니다.

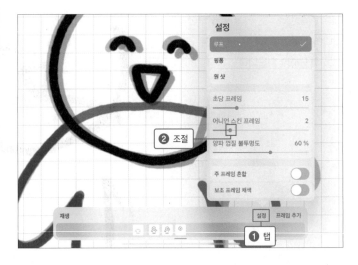

18 │ (변형(↗))을 탭하여 얼굴을 '레이어 5'와 '레이어 2'의 가운데로 이동합니다.

19 │ 몸 역시 두 프레임의 가운데에 맞춰서 그립니다.

20 │ 모션 점검을 위해서 (레이어(▣))에서 '레이어 1'을 제외하고 모두 체크 표시합니다.

21 │ (재생)을 탭하여 움직임이 자연스러운지 확인하고 어색한 부분이 있다면 해당 프레임을 찾아서 수정합니다. 움직임이 자연스러울 때까지 수정을 반복합니다.

캐릭터 채색하고 효과 선 추가하기

01 │ 모션이 완성되면 채색합니다. 채색을 위해서 (레이어(◼))를 탭한 다음 '배경색상' 레이어를 선택하고 '노란색'을 선택합니다. 색은 채색에 방해되지 않는 색으로 선택해야 합니다.

02 │ (색상(◉))을 '흰색', '빨간색'으로 지정하여 채색합니다.

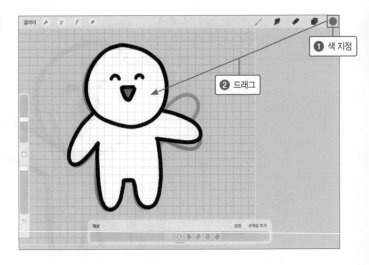

03 | 모든 프레임의 캐릭터를 같은 색으로 채색합니다.

04 | 채색이 완료되면 다시 한번 (재생)을 탭하여 모션을 점검합니다.

05 | 효과 선을 추가해 봅니다. '첫 번째' 프레임을 선택한 다음 얼굴 양쪽에 웃음을 표현하는 효과 선을 추가합니다.

06 '두 번째' 프레임을 선택한 다음 이전 프레임을 참고하여 긴 선은 그대로 그리고, 짧은 선은 중간에 한 개만 그립니다.

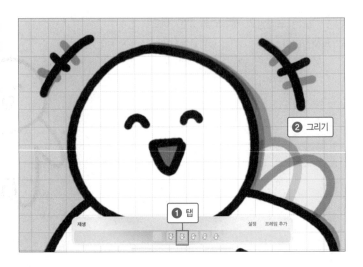

07 나머지 프레임에도 모두 웃는 효과를 그립니다.

08 (재생)을 탭하여 최종 확인합니다. 웃으면서 안녕 하는 표현이 완성되었습니다. 잘가, 빠이, 굿모닝, 반가워 등 대사를 추가하면 다양하게 활용할 수 있습니다.

···10 세 컷으로 달려가는 캐릭터 만들기

● **난이도** : ★ ★ ★ ★
● **브러시** : 스케치 – 6B 연필
　　　　　이모티콘브러시 – 댈희브러시
● **예제 파일** : 04\이모티콘브러시.brushset
● **완성 파일** : 04\달려가는 캐릭터_완성.procreate

emoticon Drawing

움직이는 동작 중에서 가장 많이 사용하는 동작은 바로 달리는 동작입니다. 급하게 뛰어간다거나 행복한 마음을 전달할 때 혹은 도망갈 때 등 달리는 동작은 우리 인간에게 있어 가장 기본이 되는 동작입니다. 따라서 내 이모티콘을 의인화하거나 살아 움직이게 하는 손쉬운 방법은 이런 기본적인 달리는 동작을 표현하는 것입니다.

여러 프레임을 사용할수록 더 자연스러운 동작이 표현되지만 3프레임~4프레임으로도 충분히 달리는 동작을 표현할 수 있습니다. 러프 스케치를 먼저 그려서 움직임을 만들고, 움직임이 완성되면 살을 붙여 캐릭터를 완성하는 형식으로 쉽게 시안을 완성할 수 있습니다.

캐릭터 러프 스케치하기

01 (새로운 캔버스 → 이모티콘) 캔버스를 불러옵니다. (동작(🔧) → 캔버스)에서 (애니메이션 어시스트)와 (그리기 가이드)를 활성화한 다음 (편집 그리기 가이드)를 선택합니다.

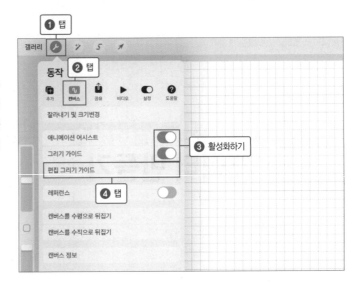

02 그리기 가이드 하단 메뉴에서 (2D 격자)를 선택합니다. 불투명도를 '50%', 두께를 '50%', 격자 크기를 '100px'로 조절한 다음 (완료) 버튼을 탭합니다.

TIP 격자 크기는 캐릭터 위치를 잡을 때 참고하기 편한 크기로 설정합니다. (완료) 버튼을 탭한 다음 갑자기 격자가 사라졌다면 가이드 선의 색을 흰색으로 선택하지 않았는지 확인하도록 합니다.

03 러프하게 스케치를 하기 위해서 (브러시(✏️))를 탭하여 브러시 라이브러리에서 (스케치 → 6B 연필)을 선택합니다.

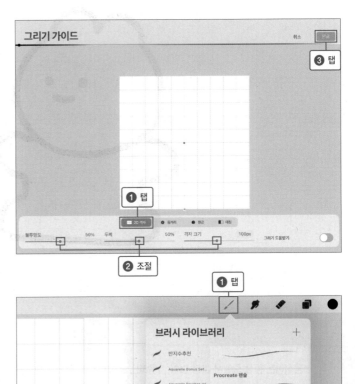

04 [색상(●)]에서 '검은색'을 선택합니다.

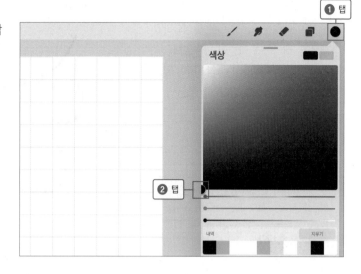

05 완벽한 캐릭터를 그리기 전에 러프하게 스케치를 하면서 형태를 다듬습니다. 첫 번째 그릴 동작은 달리는 중 공중에 뛰어오른 장면입니다. 팔다리가 좌우로 쭉 펴진 형태로 그립니다.

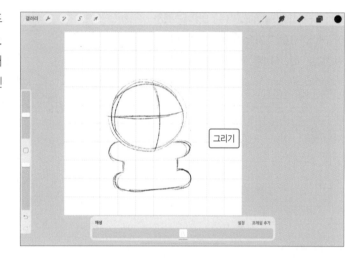

TIP 땅의 위치를 미리 정해 두면 좋습니다.

06 [레이어(▣)]에서 [+] 버튼을 탭하여 '레이어 2'를 추가합니다.

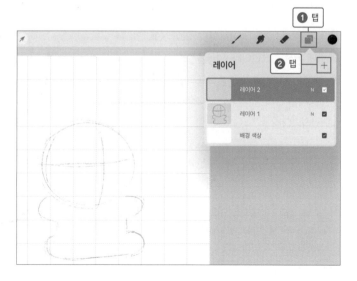

07 애니메이션 어시스트를 활성화하였기 때문에 '레이어 1' 그림이 반투명해집니다. '레이어 2'에 '레이어 1'을 참고하여 얼굴은 그대로 따라 그리고, 팔다리를 조금씩 오므려 준다는 느낌으로 그립니다.

TIP 정확하게 그리지 않고 즉흥으로 원하는 동작을 그려도 매번 새로운 느낌을 줄 수 있으므로 부담 없이 동작을 변형해 보도록 합니다.

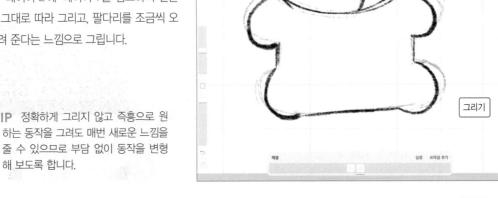

08 [레이어(◨)]에서 [+] 버튼을 탭하여 '레이어 3'을 추가합니다. 이때 헷갈릴 수 있으므로 '레이어 1'은 체크 해제합니다.

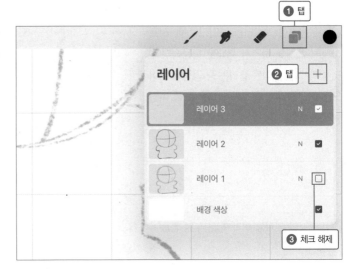

09 '레이어 2'를 참고하여 '레이어 3'에 세 번째 동작을 그립니다. 얼굴을 그대로 따라 그리고, 팔다리를 완전히 오므려 땅에 선 듯한 동작을 그려 줍니다. 러프 스케치가 완성되었습니다.

TIP 얼굴에 '십자선'을 미리 그려 두면 나중에 눈, 코, 입을 그릴 때 위치를 확실하게 잡을 수 있습니다.

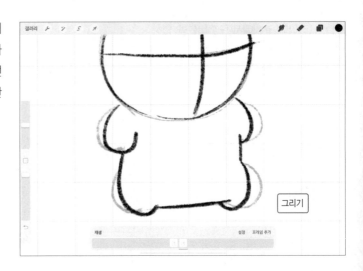

캐릭터에 움직임 적용하기

01 | 애니메이션 어시스트 메뉴에서 (설정)을 탭합니다. (루프)를 선택하고, 초당 프레임을 '10', 어니언 스킨 프레임을 '최대', 양파 껍질 불투명도를 '60%'로 조절한 다음 (보조 프레임 채색)을 활성화합니다.

> **TIP** ① 다리가 땅을 지지하는 순간에는 캐릭터가 내려옵니다.
> ② 다리를 벌린 공중 동작에서는 캐릭터가 올라갑니다.
> ③ 땅을 지지한 다음에는 속도가 빨라집니다. 즉 캐릭터가 앞으로 갑니다.
> ④ 공중 동작 다음에는 속도가 느려집니다. 즉 캐릭터가 뒤로 갑니다.

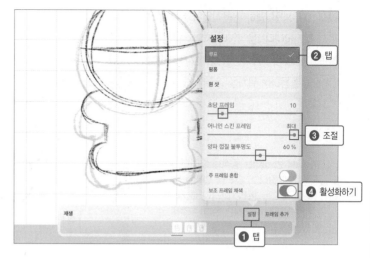

02 | 이제 레이어들의 위치를 조절하여 뛰는 듯한 느낌을 주도록 합니다. (레이어(🖿))에서 '레이어 1'을 체크 표시한 다음 선택합니다.

(변형(↗))을 탭하여 캐릭터를 오른쪽 상단으로 조금 이동한 다음 초록색 조절점을 드래그하여 조금 왼쪽으로 회전합니다. 많이 회전할수록 격렬한 느낌이 듭니다.

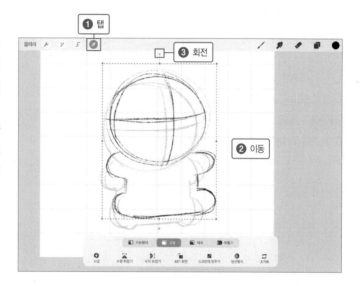

03 | (레이어(🖿))에서 '레이어 2'를 선택한 다음 (변형(↗))을 탭합니다. 캐릭터를 '레이어 1'과 '레이어 3' 사이에 위치시킵니다. 초록색 조절점을 드래그하여 오른쪽으로 살짝 기울여 주면 더 자연스러운 움직임을 줄 수 있습니다.

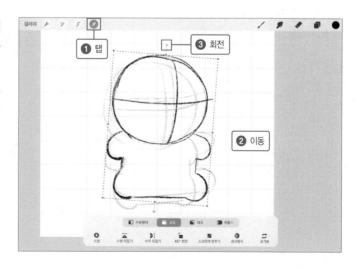

04 (재생)을 탭하여 움직임이 자연스러운지 확인합니다. 움직임이 자연스럽지 못하면 자연스러운 움직임이 될 때까지 (변형 (↗))을 활용하여 위치를 조절해 줍니다.

TIP 두세 번 달리는 동작을 그리면 동작을 외우게 됩니다. 다리를 벌리는 동작, 다리를 모으는 동작, 다리가 교차되는 동작만 섞어서 표현하면 된다는 것을 알 수 있습니다.

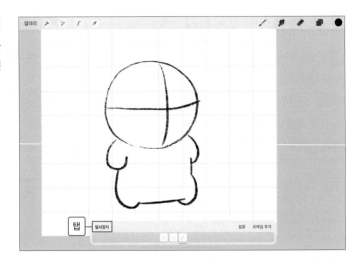

러프 스케치에 살을 붙여 캐릭터 그리기

01 러프한 스케치에 살을 붙일 차례입니다. (레이어(▣))에서 (+) 버튼을 탭하여 '레이어 1' 위에 '레이어 4'를 추가합니다. '레이어 2'와 '레이어 3'은 체크 해제합니다.

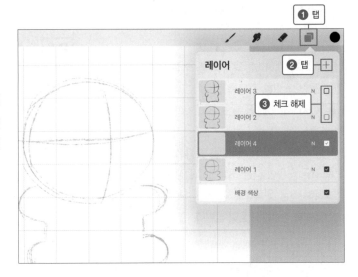

02 (브러시(✐))를 탭하여 브러시 라이브러리에서 (이모티콘브러시 → 댈희브러시)를 선택합니다.

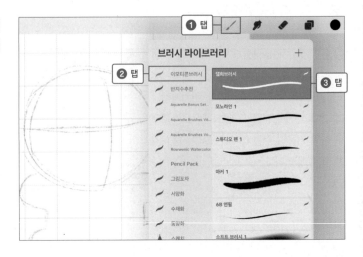

03 | '레이어 4'에 '레이어 1'의 러프 스케치를 따라 캐릭터를 그려 줍니다.

TIP 눈, 코, 입의 위치가 변경되면 굉장히 어색해지므로 얼굴에 그린 '십자선'을 기준으로 눈, 코, 입의 위치를 확실하게 그립니다.

04 | (레이어(□))에서 (+) 버튼을 탭하여 '레이어 2' 위에 '레이어 5'를 추가합니다. '레이어 2'는 체크 표시하고, '레이어 1'과 '레이어 4'는 체크 해제합니다.

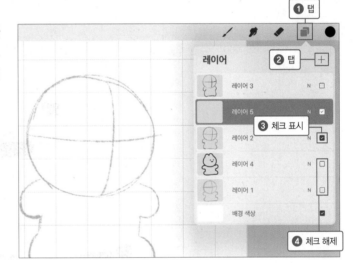

05 | 잠시 '레이어 4'를 체크 표시하고 (N)을 탭하여 불투명도를 '50%'로 조절합니다.

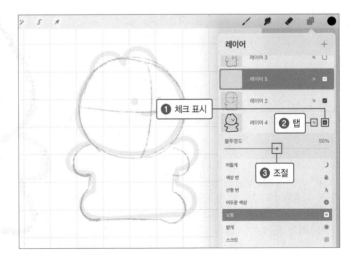

06 '레이어 4'를 참고하여 '레이어 5'에 캐릭터의 얼굴만 똑같이 따라 그립니다.

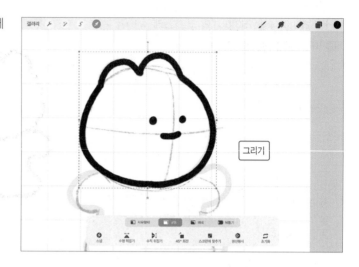

07 (변형(↗))을 탭한 다음 '레이어 2'의 러프 스케치를 참고하여 눈, 코, 입이 맞도록 이동합니다.

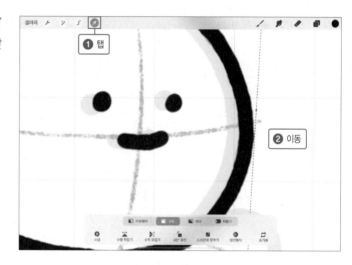

08 나머지 몸은 '레이어 2'를 참고하여 따라 그립니다.

TIP 이전 동작의 얼굴을 참고하여 캐릭터 얼굴을 따라 그리지 않고 임의로 그리면, 눈, 코, 입 등의 위치가 바뀌어서 캐릭터가 중구난방이 될 수 있습니다.

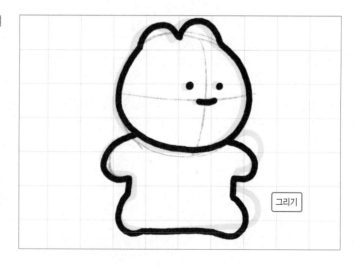

09 〔레이어(🖼)〕에서 〔+〕 버튼을 탭하여 '레이어 3' 위에 '레이어 6'을 추가합니다. 미리 불투명도를 조절한 '레이어 4'와 '레이어 3', '레이어 6'이 체크 표시되어 있는지 확인합니다.

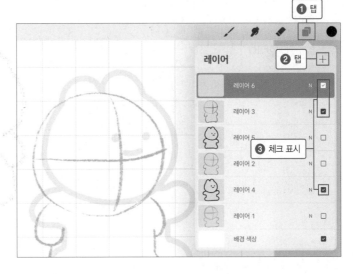

10 '레이어 6'에 '레이어 4'를 참고하여 얼굴만 똑같이 따라 그립니다.

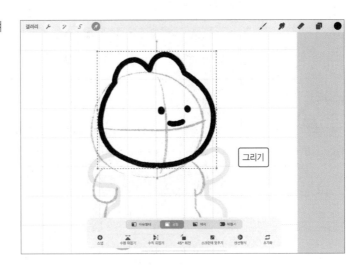

11 〔변형(➜)〕을 탭한 다음 '레이어 3'을 참고하여 눈, 코, 입의 위치를 맞춰 이동합니다.

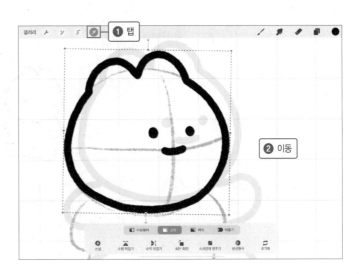

12 │ '레이어 3'을 참고하여 '레이어 6'에 몸을 그려 완성합니다.

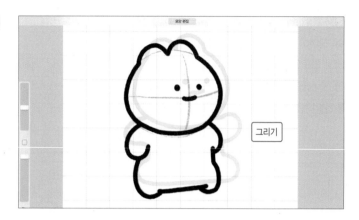

13 │ (레이어(▣))에서 모든 레이어를 체크 표시합니다. '레이어 1'과 '레이어 4'를 다중 선택한 다음 (그룹)을 탭하여 그 룹으로 지정합니다. 그룹 레이어의 이름을 '모션1'로 변경합니다.

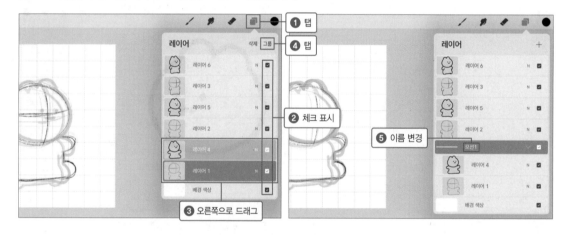

14 │ 13번 과정과 같은 방법으로 그림과 같이 '모션2', '모션3' 그룹 레이어를 만듭 니다.
애니메이션 어시스트 메뉴에 3개의 프레임 이 표시되는 것을 확인할 수 있습니다.

TIP 그룹 안에 있는 레이어들은 하나의 프레임으로 인식됩니다. 즉 1개의 그룹 레이어는 1개의 프레임입니다.

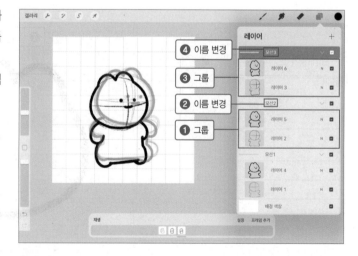

15 | '레이어 4'의 (N)을 탭하여 불투명도를 다시 '최대'로 조절합니다.

TIP 러프 스케치한 3개의 레이어는 체크 해제하여 보이지 않게 합니다.

캐릭터를 채색하여 완성하기

01 | 캐릭터를 흰색으로 채색하기 위해서 배경색을 흰색과 잘 식별되는 색으로 바꿔줘야 합니다. '배경 색상' 레이어를 선택하여 '초록색'을 선택합니다.

02 | 캐릭터를 채색하기 위해 (색상(●)) 에서 '흰색'을 선택합니다.

03 색상을 드래그하여 캐릭터를 채색합니다.

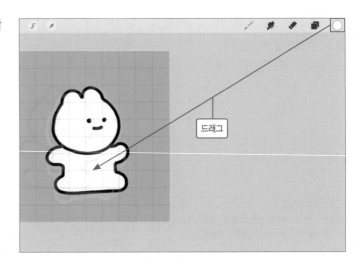

04 03번 과정과 같은 방법으로 '레이어 5', '레이어 6'을 선택한 다음 색상을 드래그하여 채색을 완료합니다. 다시 하단의 (재생)을 탭하여 움직임을 최종 확인합니다.

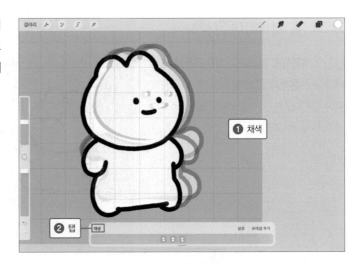

TIP 캐릭터에 따라서 더 자세하고 부드러운 움직임이 필요할 수 있습니다. 이 기본 3컷을 기억하고 더 필요한 동작을 추가하며 자연스러운 움직임을 만들어 본다면 어떠한 달리기 동작도 모두 표현할 수 있을 것입니다.

고개 숙여 인사하는
병아리 만들기

● **난이도** : ★★★★
● **브러시** : 이모티콘브러시 – 댈희브러시
● **예제 파일** : 04\이모티콘브러시.brushset
● **완성 파일** : 04\고개 숙여 인사하는 병아리
_완성.procreate

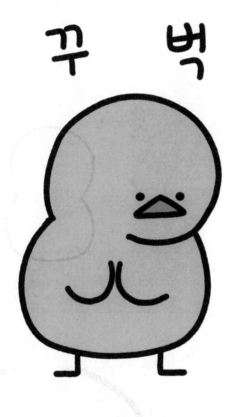

Drawing
Style

움직이는 이모티콘에서 얼굴이나 몸의 각도가 한 번도 변하지 않는다면 그것 또한 밋밋한 이모티콘이 될 확률이 높습니다. 가벼운 얼굴 각도 변화를 통해서 보이는 면이 조금 달라지는 표현법을 배워 봅니다. 고개를 숙여 인사하는 표현을 연습합니다.

고개 숙여 인사하는
병아리 그리기

01 │ (새로운 캔버스 → 이모티콘) 캔버스를 불러옵니다. (동작(🔧) → 캔버스)에서 (애니메이션 어시스트)와 (그리기 가이드)를 활성화합니다.

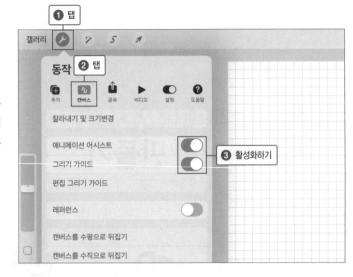

02 │ (브러시(✏))를 탭하여 브러시 라이브러리에서 (이모티콘브러시 → 댈희브러시)를 선택합니다. 실습하기 편한 캐릭터를 그려 봅니다. 눈사람 모양으로 외형을 그립니다.

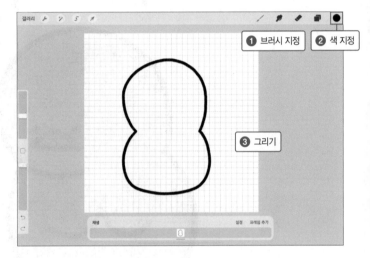

03 │ 얼굴 부분에 눈과 부리를 그립니다.

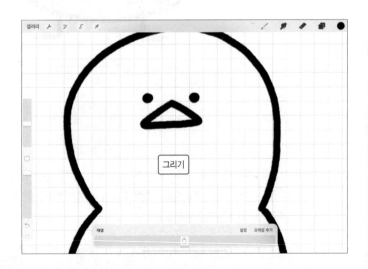

04 | 두 손 모아 인사하는 모션을 표현할 예정이기 때문에 두 손을 약간 모은 상태로 그립니다.

TIP 원하는 모션에 가까운 상태에서 시작하면 작업도 간단하고, 주제부를 좀 더 오래 노출시킬 수 있어 효과적입니다.

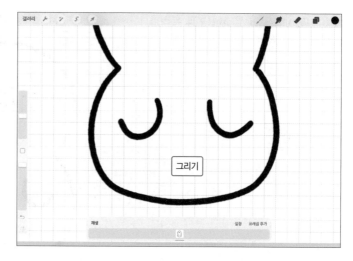

05 | 직선으로 다리를 그립니다.

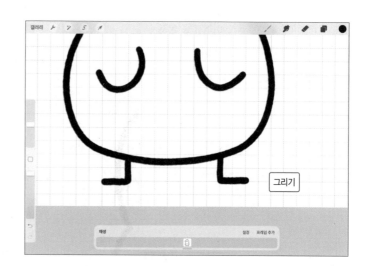

06 | 고개를 숙일 때 앞으로 숙이는 것보다 약간 사선으로 움직이는 편이 표현하기가 수월합니다. 눈과 부리를 이동시키기 위해서 [선택(s)]을 탭하고 하단 메뉴에서 [올가미]를 선택한 다음 드래그하여 선택 영역으로 지정합니다.

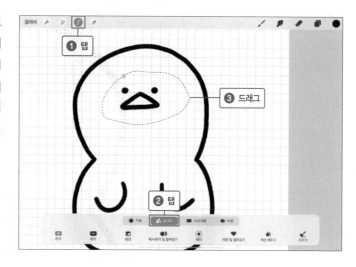

07 | (변형(↗))을 탭하여 눈과 부리를
오른쪽으로 이동합니다.

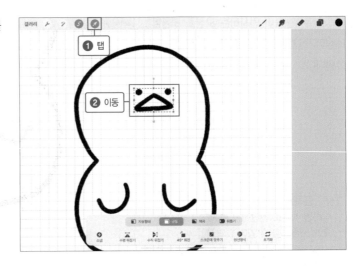

08 | (레이어(▣))에서 '레이어 1'을 복제
한 다음 이름을 '레이어 2'로 변경합니다.

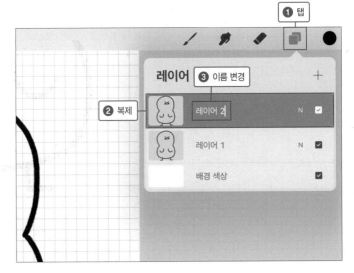

09 | 06번 – 07번 과정과 같은 방법으로
'레이어 2'의 눈과 부리를 오른쪽 하단으로
이동합니다.

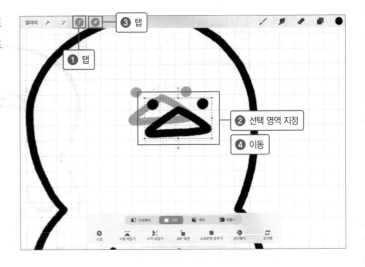

10 얼굴 외곽과 손도 움직여야 하므로 [지우개(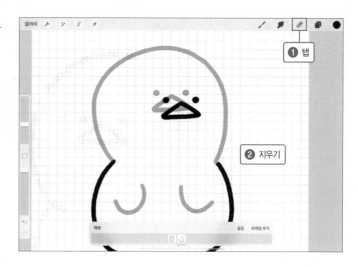)]로 지웁니다.

11 눈과 부리의 이동 정도를 참고하여 살짝 오른쪽에 얼굴 외곽을 그립니다.

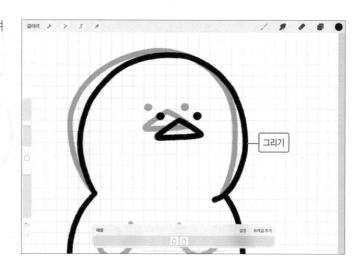

12 손은 조금 더 안쪽으로 아래에 모아서 그립니다.

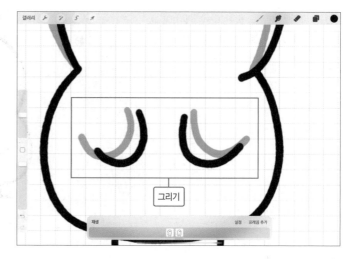

13 [레이어(□)]에서 '레이어 2'를 복제한 다음 이름을 '레이어 3'으로 변경합니다.

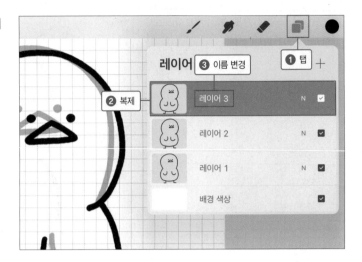

14 움직임이 어느 정도 있는 모션의 경우 2-3개의 모션을 봐야 이동 경로를 확인할 수 있습니다. [설정]을 탭한 다음 어니언 스킨 프레임을 '2'로 조절합니다.

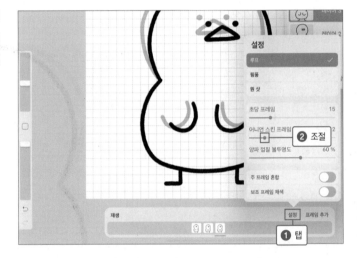

15 [선택(🔄)]을 탭한 다음 '레이어 3'의 눈과 부리를 드래그하여 선택 영역으로 지정합니다.

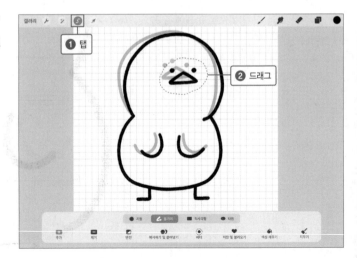

16 (변형(↗))을 탭한 다음 이동 경로를 참고하여 오른쪽 하단으로 눈과 부리를 이동합니다.

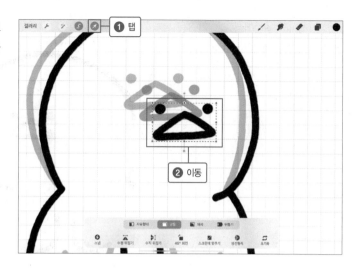

17 마찬가지로 얼굴 외곽과 손을 (지우개(✐))로 지웁니다.

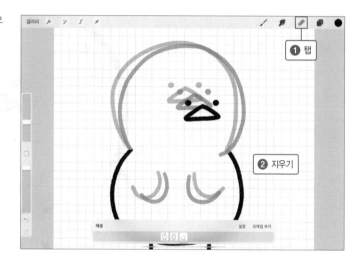

18 얼굴 외곽과 손을 이동 경로에 맞게 그립니다. 목이 접히므로 얼굴과 몸을 구분 짓는 선을 조금 더 길게 그립니다.

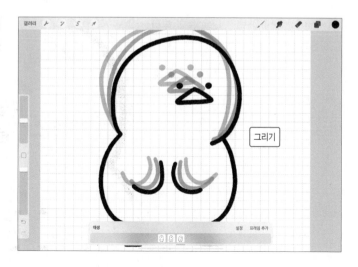

19 [레이어(⬛)]에서 '레이어 3'을 복제한 다음 이름을 '레이어 4'로 변경합니다.

20 [선택(⑤)]을 탭한 다음 눈과 부리를 선택 영역으로 지정합니다.

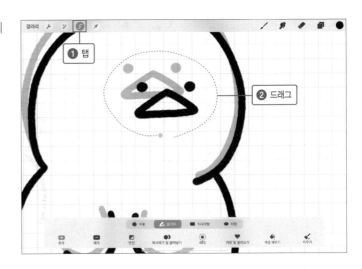

21 [변형(↗)]을 탭한 다음 눈과 부리를 오른쪽 하단으로 이동합니다.

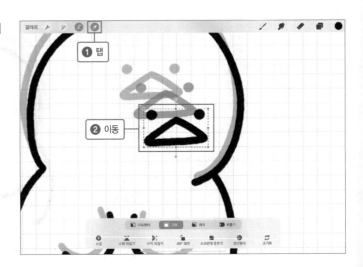

22 얼굴 외곽과 손을 (지우개(✐))로 지웁니다.

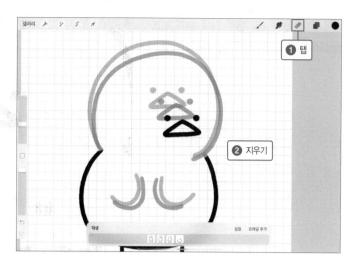

23 얼굴 외곽과 손의 이동 경로를 참고 하여 그립니다. 고개를 더 숙이고 있으므로 목이 접히는 부분의 경계선을 전보다 좀 더 길게 그립니다.

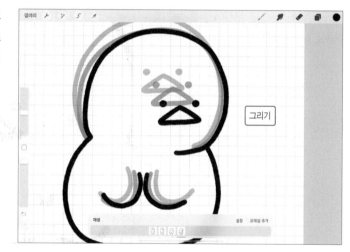

24 (레이어(▣))에서 '레이어 4'를 복제 한 다음 이름을 '레이어 5'로 변경합니다.

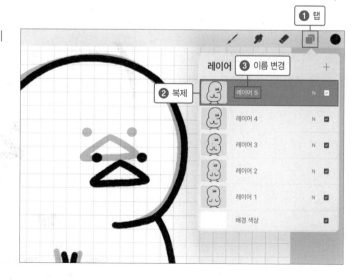

25 (선택(s))을 탭한 다음 눈과 부리를 드래그하여 선택 영역으로 지정합니다.

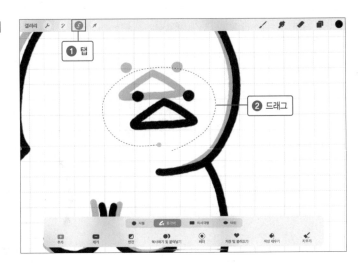

26 (변형(↗))을 탭하여 눈과 부리를 아래로 이동합니다.

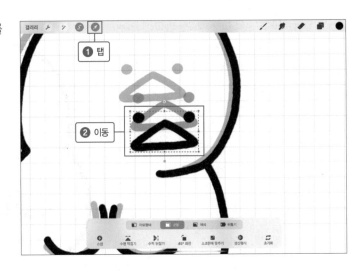

27 얼굴이 아래를 바라볼수록 눈, 코, 입의 수직 거리가 가까워집니다. 다시 (선택 (s))을 탭한 다음 눈을 드래그하여 선택 영역으로 지정합니다.

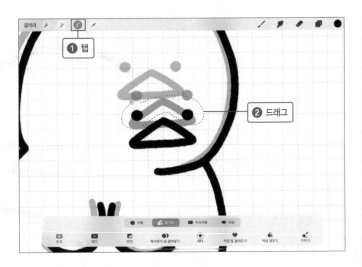

28 (변형(↗))을 탭한 다음 눈을 부리 쪽으로 이동합니다.

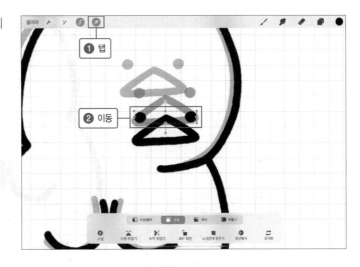

29 손은 이미 모였으므로 얼굴 외곽 부분만 지우고 눈과 부리 위치에 맞게 고개를 더 숙인 상태로 그립니다.

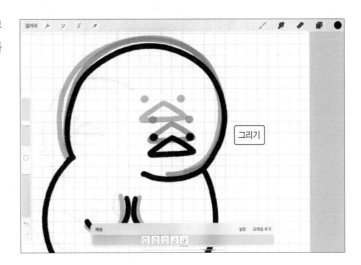

자연스럽게 움직임 조절하기

01 고개를 숙인 동작이 핵심이므로 고개 숙인 상태를 좀 더 지속해야 합니다. '다섯 번째' 프레임을 탭한 다음 유지 지속시간을 '4'로 조절합니다.

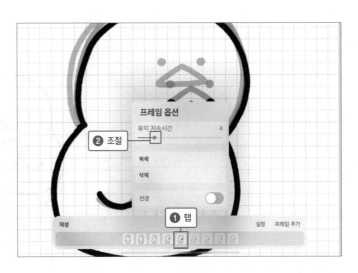

02 │ 프레임의 수가 적은 편이기 때문에 〔설정〕을 탭한 다음 초당 프레임을 '10'으로 조절합니다.

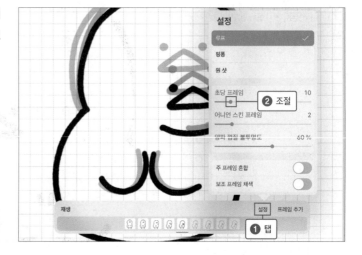

TIP 같은 모션이여도 더 많은 프레임을 그렸다면 '초당 프레임'을 높게 조절해야 합니다.

03 │ 현재 상태는 인사를 하고 바로 서 있는 동작으로 모션이 적용됩니다. 자연스럽게 이어지는 모션을 표현하려면 이전에 그린 프레임을 활용합니다. '레이어 4'-'레이어 2'를 복제한 다음 순서대로 '레이어 5' 위로 이동합니다.

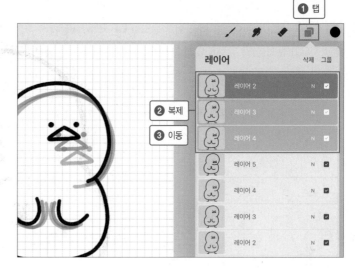

04 │ 〔재생〕을 탭하여 모션을 점검합니다.

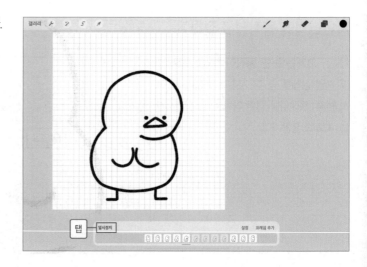

05 │ 인사한 후 약간의 지속시간을 주기 위해서 '첫 번째' 프레임을 탭한 다음 유지 지속시간을 '4'로 조절합니다.

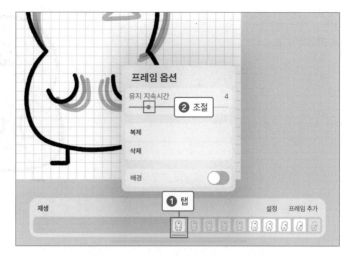

06 │ 다시 (재생)을 탭하여 모션을 점검합니다. 모션이 보다 자연스러워졌습니다.

병아리 채색하고 대사 추가하기

01 │ 모션이 완료되면 채색합니다. (색상 (●))을 '노란색', '주황색'으로 지정하여 채색합니다.

02 모든 프레임의 병아리를 같은 색으로 채색합니다.

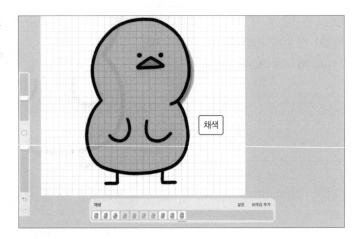

03 대사도 넣어서 좀 더 명확히 표현해 봅니다. (레이어(▣))에서 핵심 동작인 '레이어 5'를 선택합니다. '꾸벅'이라는 글자를 적습니다. 손글씨도 괜찮고, 상업적 이용이 가능한 폰트를 이용해 글자를 입력해도 좋습니다.

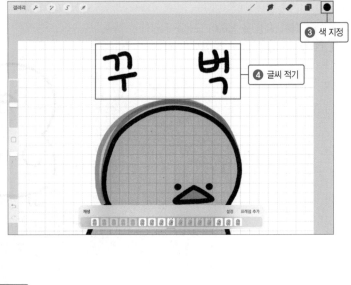

04 (재생)을 탭하여 모션을 확인합니다. 전달하고자 하는 것이 명확해질 때까지 확인과 수정 작업을 반복합니다.

…12 하나의 동작을 이용해 회전하는 캐릭터 만들기

● **난이도** : ★ ★ ★
● **브러시** : 이모티콘브러시 – 댈희브러시
● **예제 파일** : 04\이모티콘브러시.brushset
● **완성 파일** : 04\회전하는 캐릭터
　　　　　　 _완성.procreate

Drawing
Style

이번에는 회전하는 움직임을 표현해 봅니다. 하나의 동작만으로 쉽게 회전 동작을 만들 수 있습니다. 선택, 변형, 복제 기능을 활용하여 손쉽게 표현할 수 있으면서도 재미를 줄 수 있는 표현이기 때문에 가끔씩 활용할 수 있는 표현입니다.

emoticon Drawing

회전하는 캐릭터 그리기

01 │ (새로운 캔버스 → 이모티콘) 캔버스를 불러옵니다. (동작(🔧) → 캔버스)에서 (애니메이션 어시스트)와 (그리기 가이드)를 활성화합니다.

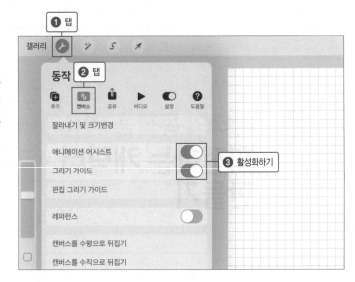

02 │ (브러시(✏️))를 탭하여 브러시 라이브러리에서 (이모티콘브러시 → 댈희브러시)를 선택합니다. 회전하는 캐릭터를 그리기 위해서 한쪽으로 팔다리가 휘어진 형태를 그립니다.

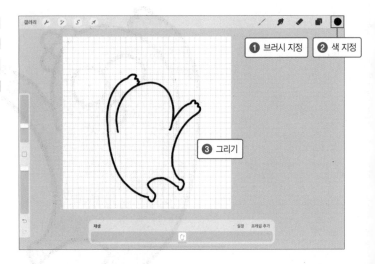

03 │ 동그랗게 놀란 표정의 눈과 입을 그립니다.

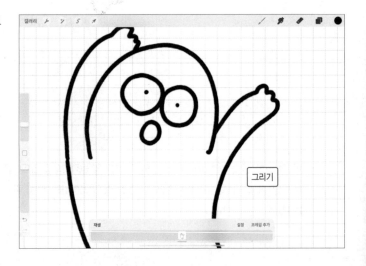

04 머리 오른쪽 부분에는 꽃을 그립니다.

05 하나의 그림으로 복제하여 계속 사용할 것이기 때문에 바로 채색합니다. (색상(●))에서 '탁한 파란색'을 선택하여 몸통을 채색합니다.

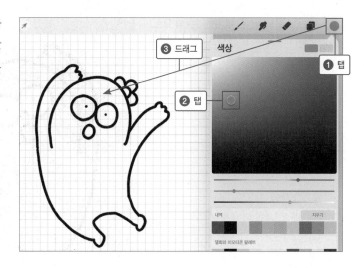

06 (색상(●))을 '분홍색'으로 지정하여 입과 꽃잎을 채색합니다.

07 | 눈과 꽃의 일부는 흰색이기 때문에 배경 색상을 흰색이 아닌 카카오톡 기본 배경색으로 변경합니다. (레이어(⬛))에서 '배경 색상' 레이어를 선택한 다음 하단에서 (값)을 선택하여 16진값을 '#97c1d9'로 지정합니다.

08 | 눈과 꽃의 남은 부분을 '흰색'으로 채색합니다.

빨려 들어가며 회전하는 모션 적용하기

01 | (변형(↗))을 탭한 다음 캐릭터를 왼쪽으로 이동합니다. 이 지점을 시작으로 시계 방향으로 캐릭터의 크기를 조금씩 줄이며 회전해 봅니다.

TIP 하단 메뉴에서 (균등)으로 선택되어 있는지 확인합니다.

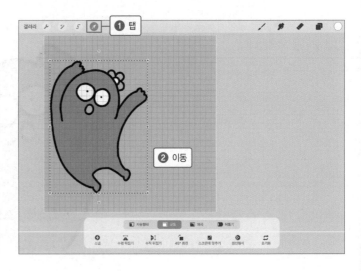

02 '레이어 1'을 7개 복제한 다음 이름을 '레이어 2'-'레이어 8'로 변경합니다.

03 '레이어 2'를 선택하고 (변형( ))을 탭한 다음 크기를 조금 줄입니다.

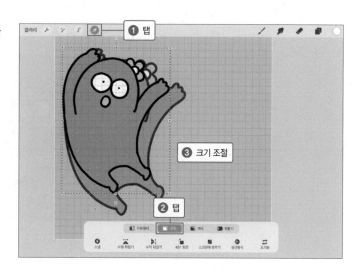

04 그림과 같이 오른쪽으로 회전한 다음 12시 방향으로 이동합니다.

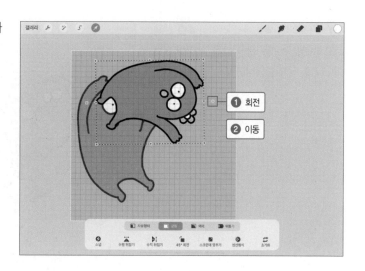

05 〔레이어(▣)〕에서 '레이어 3'을 선택
하고 〔변형(↗)〕을 탭한 다음 크기를 조금
더 줄입니다.

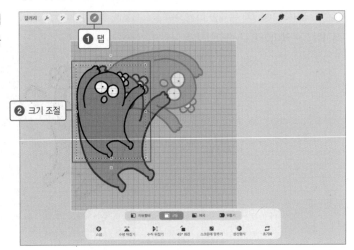

06 오른쪽으로 회전한 다음 3시 방향으
로 이동합니다.

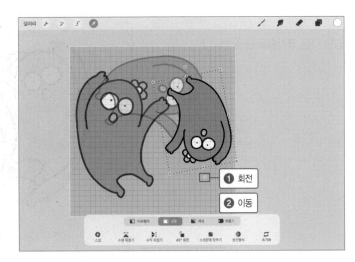

07 〔레이어(▣)〕에서 '레이어 4'를 선택
하고 〔변형(↗)〕을 탭한 다음 '레이어 3'보
다 크기를 작게 줄입니다.

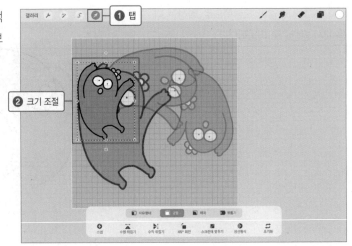

08 | 그림과 같이 회전한 다음 6시 방향으로 이동합니다.

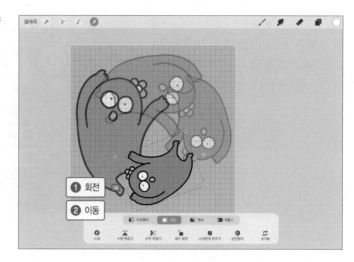

09 | (레이어( ))에서 '레이어 5'를 선택하고 (변형( ))을 탭한 다음 '레이어 4'보다 크기를 작게 줄여 그림과 같이 이동합니다.

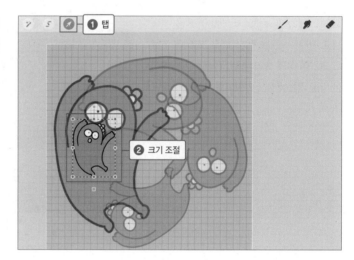

10 | (레이어( ))에서 '레이어 6'을 선택하고 (변형( ))을 탭한 다음 '레이어 5'보다 크기를 작게 줄입니다. 오른쪽으로 회전한 다음 12시 방향으로 이동합니다.

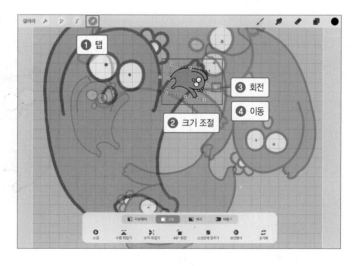

11 | [레이어(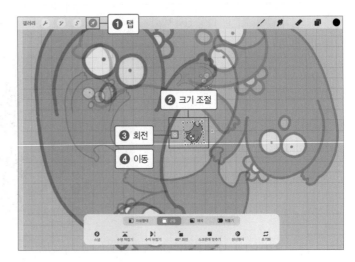))에서 '레이어 7'을 선택
하고 [변형(↗))을 탭한 다음 '레이어 6'보
다 크기를 작게 줄입니다. 오른쪽으로 회전
한 다음 가운데 6시 방향으로 이동합니다.

12 | [레이어(■))에서 '레이어 8'을 선택
하고 [변형(↗))을 탭한 다음 '레이어 7'보
다 크기를 작게 줄입니다. 그림과 같이 회전
한 다음 가운데 11시 방향으로 이동합니다.

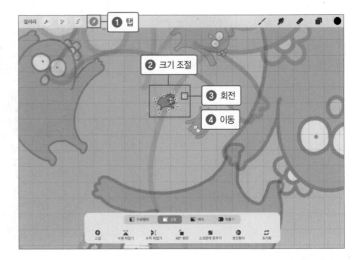

13 | 처음과 끝을 자연스럽게 연결하기
위해서 [레이어(■))에서 '레이어 1'을 복제
합니다.

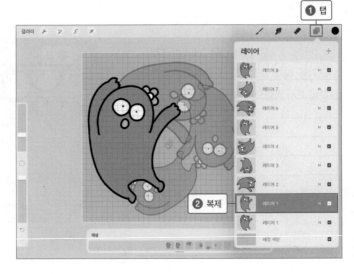

14 복제한 '레이어 1'을 맨 위로 이동합
니다.

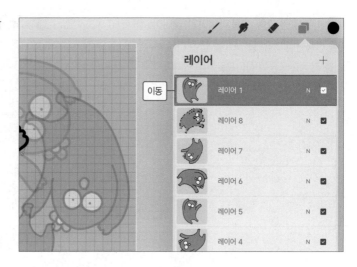

15 '레이어 1'과 '레이어 8'을 오른쪽으
로 드래그하여 다중 선택한 다음 [그룹]을
탭합니다.

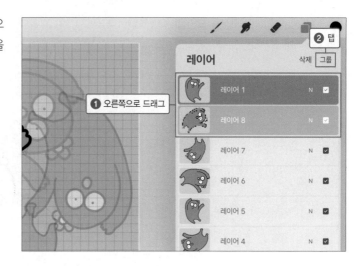

16 '레이어 1'과 '레이어 8'이 '새로운
그룹' 그룹 레이어로 지정되었습니다.

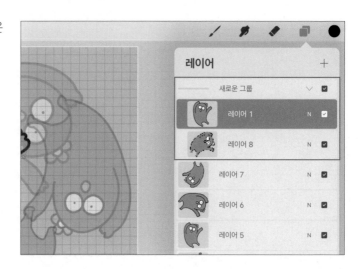

TIP 하나의 그룹 레이어는 하나의 프레
임으로 인식합니다.

17 | '새로운 그룹' 그룹 레이어의 '레이어 1'을 선택합니다. (변형(↗))을 탭한 다음 크기를 키우고 오른쪽 하단으로 이동합니다.

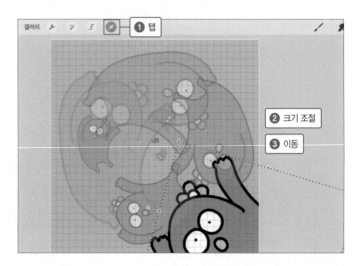

18 | (재생)을 탭하여 모션을 확인합니다. 빨려 들어가며 회전하는 모션이 완성되었습니다.

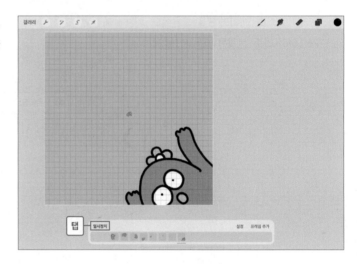

13 발레리나처럼 뱅글뱅글 도는 개미 만들기

- **난이도** : ★★★★
- **브러시** : 이모티콘브러시 – 댈희브러시
- **예제 파일** : 04\이모티콘브러시.brushset
- **완성 파일** : 04\뱅글뱅글 도는 개미
  _완성.procreate

Drawing
Style

기분이 좋아서 뱅글뱅글 돌거나 뒤로 돌 때처럼 옆으로 회전하는 표현은 유용하게 쓰이는 표현입니다. 캐릭터의 앞, 옆, 뒤를 미리 생각했다면 더 정교하고 멋지게 모션을 완성할 수 있습니다. 내 캐릭터의 형태가 단순하다면 쉽게 옆으로 회전하는 모션을 만들 수 있습니다.

뱅글뱅글 도는 개미 그리기

01 | (새로운 캔버스 → 이모티콘) 캔버스를 불러옵니다. (동작(🔧) → 캔버스)에서 (애니메이션 어시스트)와 (그리기 가이드)를 활성화합니다.

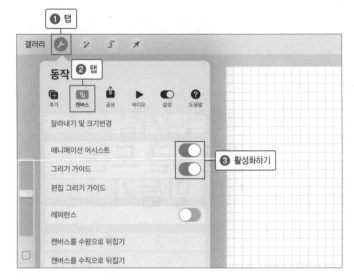

02 | (브러시(✏️))를 탭하여 브러시 라이브러리에서 (이모티콘브러시 → 댈희브러시)를 선택합니다. 동그란 얼굴 형태에 더듬이 두 개가 달린 개미 캐릭터를 그려 봅니다.

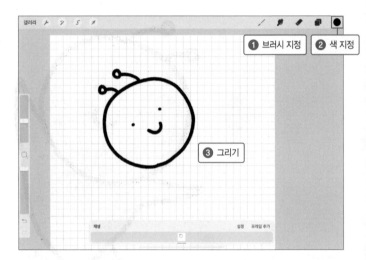

03 | 팔을 옆으로 벌리고, 돌고 있는 다리를 그립니다. 움직이는 모션은 가장 모션을 잘 나타낼 수 있는 장면에 살을 붙이는 작업입니다.

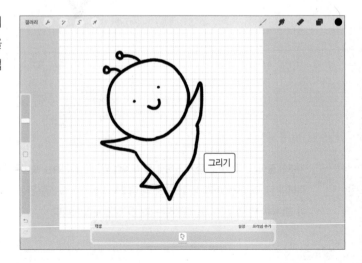

04 │ [레이어(⬛)]에서 [+] 버튼을 탭하여 '레이어 2'를 추가합니다.

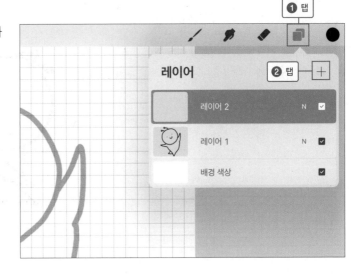

05 │ 옆을 보는 얼굴을 그립니다. 오른쪽으로 회전하기 때문에 더듬이는 왼쪽으로 기울어 있습니다.

06 │ 오른쪽으로 돌아가는 것을 감안하여 가장 앞에 보이는 팔을 그립니다. 처음에는 익숙하지 않더라도 움직임을 생각하며 다음 동작을 그리는 연습을 하다 보면 실력이 향상됩니다.

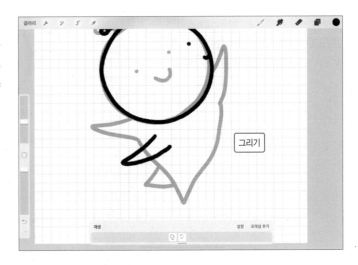

07 나머지 몸 부분도 다음 동작을 생각하여 그립니다. 이때 회전의 기준이 되는 발은 계속 같은 위치에 그려야 합니다.

08 (레이어(⬜))에서 (+) 버튼을 탭하여 '레이어 3'을 추가합니다.

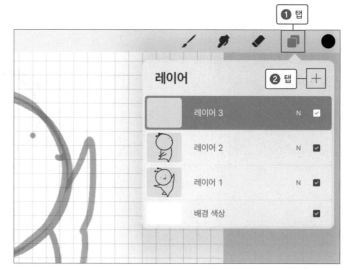

09 이전 프레임을 하나만 확인하며 다음 모션 작업을 하기 위해 (설정)을 탭한 다음 어니언 스킨 프레임을 '1'로 조절합니다.

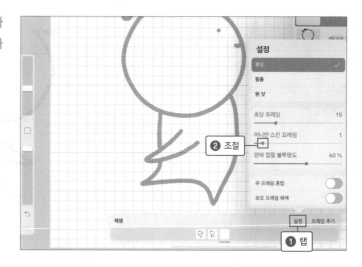

434

10 눈과 입이 이제 뒤로 돌아가서 보이
지 않습니다. 팔과 다리는 이전 동작을 참고
하여 그립니다.

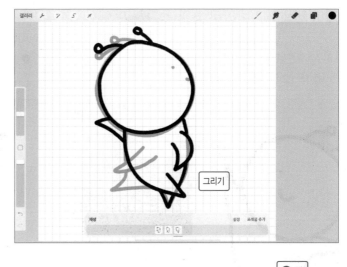

TIP 뒷모습이나 옆모습은 많이 어색하
게 그려질 수 있지만 움직이는 이모티
콘을 그릴 때는 정면에 보이는 주제부가
자연스러우면 재생했을 때 문제없는 경
우가 많습니다.

11 〔레이어(■)〕에서 〔+〕 버튼을 탭하
여 '레이어 4'를 추가합니다.

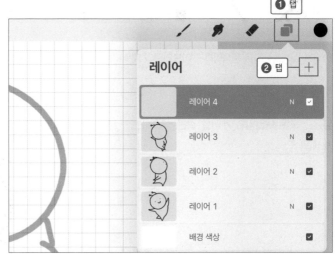

12 왼쪽에 눈과 입이 보이기 시작하는 얼굴을 그린 다음 팔과 다리를 그립니다.

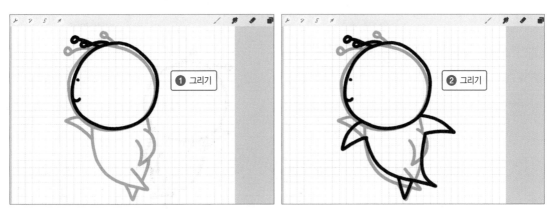

TIP 필요하다면 '레이어 1'을 참고하며 그려도 좋습니다.

개미 채색하고 반짝이 효과 추가하기

01 | 모션을 확인해 보고 자연스러우면 채색을 진행합니다. [색상(●)]에서 '탁한 하늘색'을 선택하여 채색합니다. 더듬이를 포함하여 빈 곳 없이 채색합니다.

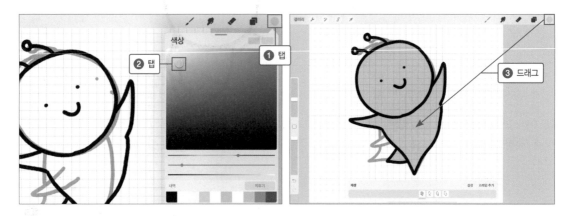

TIP 실제로는 어두운색이라도 이모티콘의 캐릭터는 잘 보여야 하므로 좀 더 밝은색을 선택하는 것이 좋습니다.

02 | 모든 프레임의 개미를 같은 색으로 채색합니다.

03 | 채색을 완료하고 [재생]을 탭하여 모션이 자연스러운지 확인합니다.

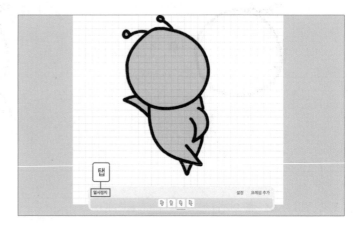

04 | 모션과 어울리는 효과를 줍니다. (색
상())에서 '노란색'을 선택합니다.

① 탭
② 탭

05 | '첫 번째' 프레임을 선택하여 빈 곳
에 반짝이 효과를 그립니다. 모션 프레임이
4개이므로 반짝이 효과도 4단계를 거쳐 움
직이도록 계획하는 것이 좋습니다.

TIP 작은 별, 큰 별, 직선, 점 순으로 반
짝이를 그리면 좋습니다.

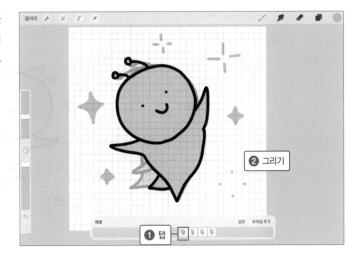

② 그리기
① 탭

06 | '두 번째' 프레임을 선택하여 순서에
맞게 각 반짝이를 그립니다.

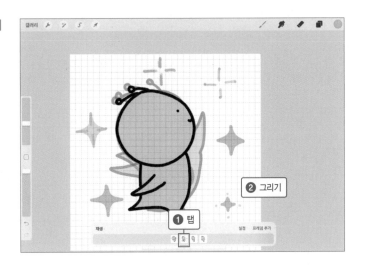

② 그리기
① 탭

07 | '세 번째' 프레임을 선택하여 이전 프레임을 확인하며 반짝이를 그립니다.

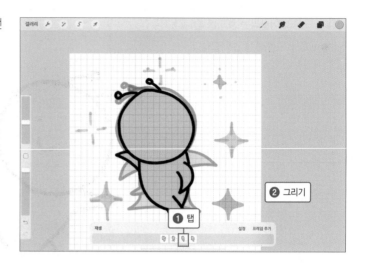

08 | '네 번째' 프레임까지 반짝이가 완성되었으면 (재생)을 탭하여 완성된 모션을 확인합니다.

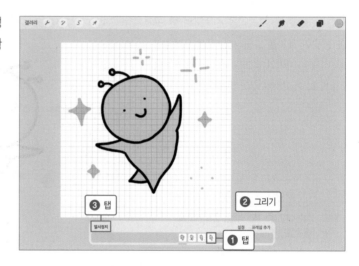

- **난이도** : ★ ★ ★ ★ ★
- **브러시** : 이모티콘브러시 – 댈희브러시
- **예제 파일** : 04\이모티콘브러시.brushset
- **완성 파일** : 04\앞구르기 하는 곰
  _완성.procreate

Drawing
Style

앞으로 회전하는 표현을 배워 봅니다. 앞구르기를 해 보았다면 더 쉽게 이해할 수 있으며 지면에 닿는 부분을 생각하면서 그려야 합니다. 앞구르기 표현을 할 수 있다면 역순으로 배치하여 뒤구르기 표현도 할 수 있습니다. 또한 뒹굴며 애교를 피우는 표현도 할 수 있습니다. 이처럼 다양하게 응용하며 매력을 뽐낼 수 있는 동작입니다.

앞구르기 하는 곰 그리기

01 [새로운 캔버스 → 이모티콘] 캔버스를 불러옵니다. [동작(🔧) → 캔버스]에서 [애니메이션 어시스트]와 [그리기 가이드]를 활성화합니다.

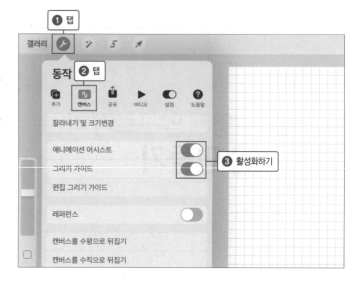

02 [브러시(✏️)]를 탭하여 브러시 라이브러리에서 [이모티콘브러시 → 댈희브러시]를 선택합니다. 웃고 있는 곰 얼굴을 그립니다.

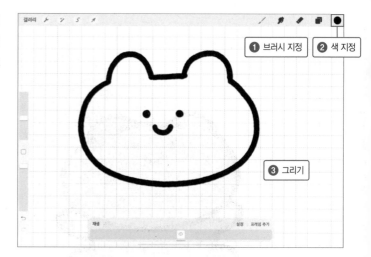

03 엎드려 있는 동작을 그립니다. 주제부에 가까운 자세로 시작하는 것이 좋습니다.

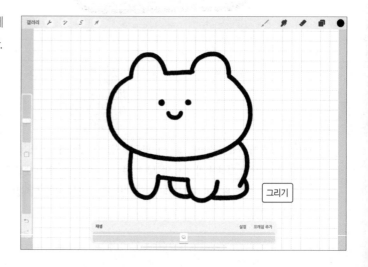

04 〔레이어(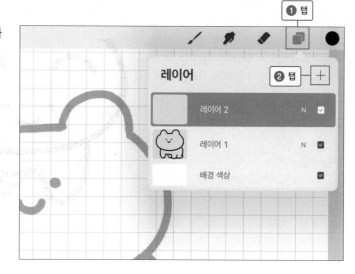)〕에서 〔+〕 버튼을 탭하여 '레이어 2'를 추가합니다.

05 아래를 보는 얼굴을 그립니다. 귀와 눈, 입이 얼굴 안쪽으로 이동합니다.

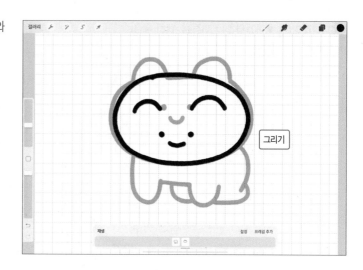

06 고개를 숙이는 것을 고려하여 〔변형(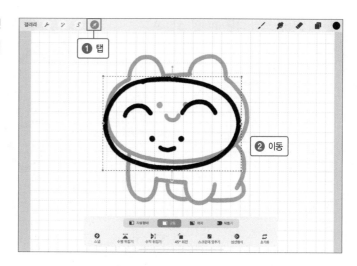)〕을 탭한 다음 얼굴 전체를 아래로 이동합니다.

07 손은 그대로 따라 그립니다. 고개를 숙이면 엉덩이가 올라오므로 조금 더 등과 엉덩이가 올라오게 그립니다. 다리는 조금 펴진 상태로 그립니다.

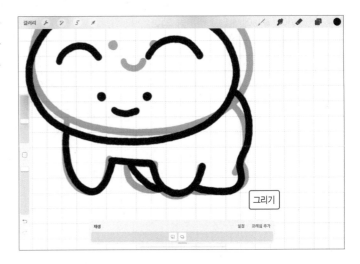

08 (레이어(▣))에서 (+) 버튼을 탭하여 '레이어 3'을 추가합니다.

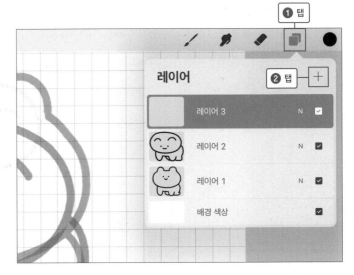

09 (설정)을 탭한 다음 어니언 스킨 프레임을 '1'로 조절합니다.

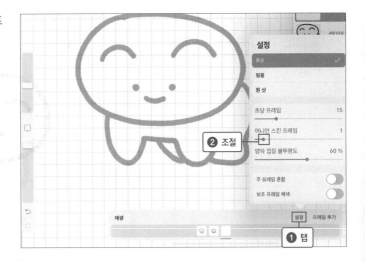

10 얼굴에 귀와 눈을 더 아래로 그립니다. 입은 이제 보이지 않습니다.

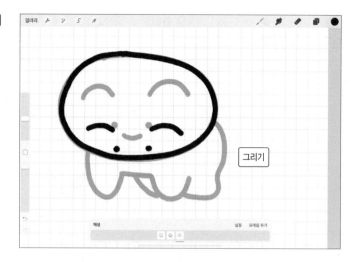

11 (변형(✦))을 탭하여 얼굴 전체를 아래로 이동합니다.

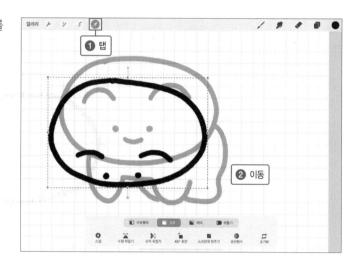

12 손은 그대로 땅을 짚은 상태에서 엉덩이는 완전히 들고, 다리는 쭉 펴지게 그립니다.

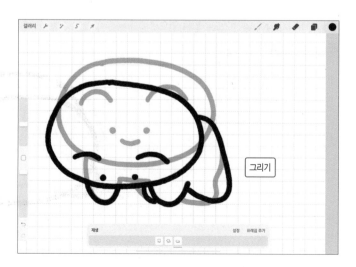

13 〔레이어(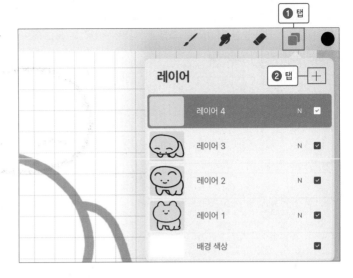)〕에서 〔+〕 버튼을 탭하
여 '레이어 4'를 추가합니다.

14 귀와 눈은 이제 보이지 않습니다. 뒤
통수만 보이기 때문에 원을 그립니다.

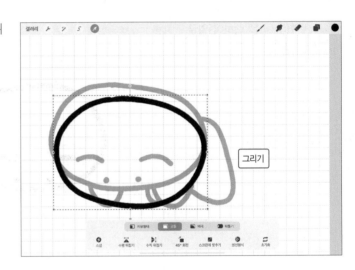

15 머리가 땅에 닿았으므로 팔을 옆으로
빼고, 들린 엉덩이와 펴진 다리를 그립니다.

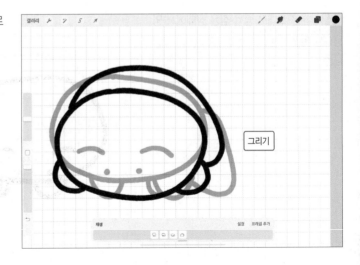

16 [레이어(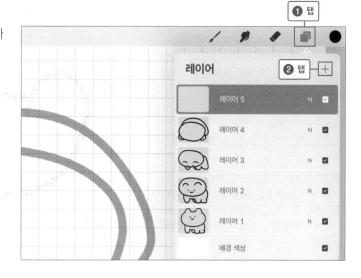)]에서 [+] 버튼을 탭하여 '레이어 5'를 추가합니다.

17 얼굴을 중심으로 몸이 붕 뜬 상태입니다. 모인 팔과 공중에 떠 있는 다리를 그립니다. 표현이 쉽지 않더라도 예상한 대로 그려 보고 나중에 어색하면 수정하는 방식으로 작업합니다.

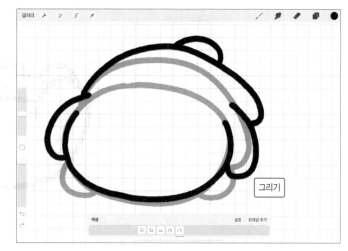

18 [레이어()]에서 [+] 버튼을 탭하여 '레이어 6'을 추가합니다. 이제 목 부분이 땅에 닿습니다. 목으로 지탱한 상태로 등이 보이며, 어깨 부분도 닿았으므로 팔 뒤쪽이 보이는 상태입니다. 얼굴은 몸에 가려 조금만 보입니다.

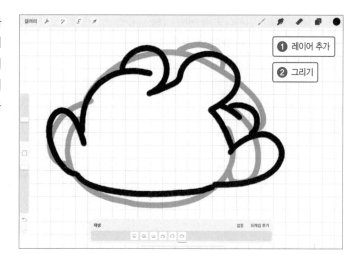

19 이번에는 애니메이션 어시스트 메뉴에서 (프레임 추가)를 탭하여 '프레임 7'을 추가해 봅니다. 등이 완전히 땅에 닿은 상태로, 다리를 먼저 그리고 배를 그립니다. 꼬리가 있는 경우 꼬리를 그리기도 하며, 동물의 귀여운 항문을 ×로 표현하기도 합니다.

TIP '레이어 7'과 '프레임 7'은 이름만 다를 뿐 동일합니다. 레이어에서 새로운 레이어를 추가하는 방법과 애니메이션 어시스트 메뉴에서 새로운 프레임을 추가하는 방법 중 편한 방법을 사용합니다.

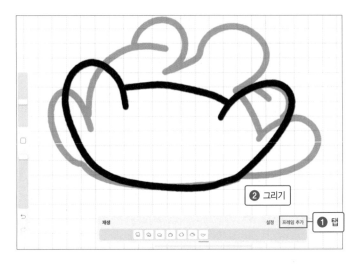

20 약간 들어 올린 얼굴과 벌린 팔을 마저 그립니다.

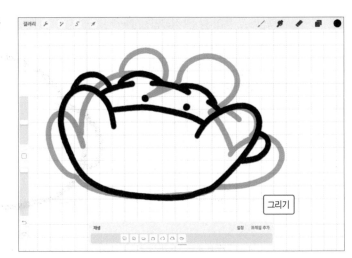

21 애니메이션 어시스트 메뉴에서 (프레임 추가)를 탭하여 '프레임 8'을 추가합니다. 처음 동작과 연결하기 위해서 '레이어 2'-'레이어 6'은 체크 해제합니다. (설정)을 탭한 다음 어니언 스킨 프레임을 '2'로 조절합니다.

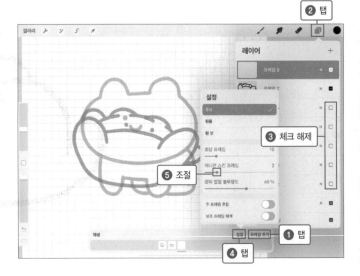

22 | '레이어 1'과 '프레임 7'을 참고하기 위해서 '프레임 8'을 '레이어 1' 위로 이동합니다.

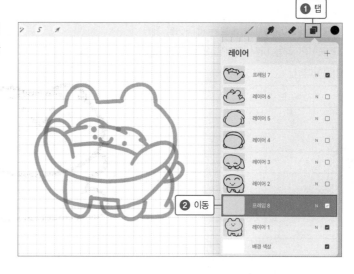

23 | (설정)을 탭한 다음 (보조 프레임 채색)을 활성화합니다. 이전 프레임은 빨간색, 다음 프레임은 초록색으로 표시됩니다.

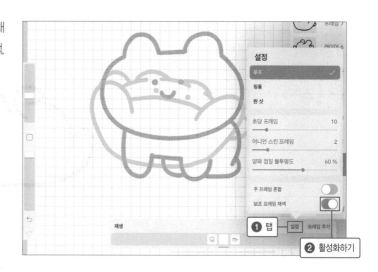

24 | 앞과 뒤 프레임을 참고하여 앉아서 손을 벌린 동작을 그립니다.

25 [레이어(▣)]에서 모든 레이어를 체크 표시한 다음 다시 '프레임 8'을 맨 위로 이동합니다.

26 [재생]을 탭하여 모션을 확인합니다. 한 자리에서 구르고 있어서 조금 어색한 느낌이 들어 자연스럽도록 캐릭터를 조금씩 이동해 봅니다.

모션이 더 자연스럽게 캐릭터 위치 조절하기

01 이동하는 기준선을 잡기 위해서 [동작(🔧) → 캔버스]에서 [편집 그리기 가이드] 선택합니다.

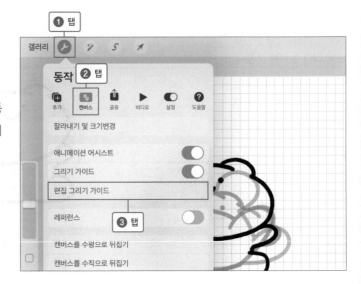

02 │ 그리기 가이드 하단 메뉴에서 〔대칭〕을 선택한 다음 초록색 조절점을 회전하여 사선을 만듭니다. 그림과 같이 위치를 잡은 다음 〔완료〕 버튼을 탭합니다.

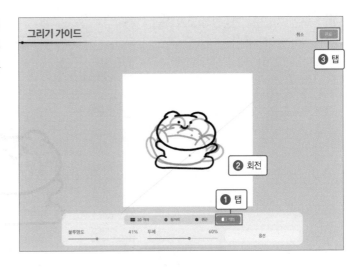

03 │ 〔레이어(▣)〕에서 '레이어 1'을 선택한 다음 〔변형(↗)〕을 탭하여 오른쪽 상단으로 이동합니다.

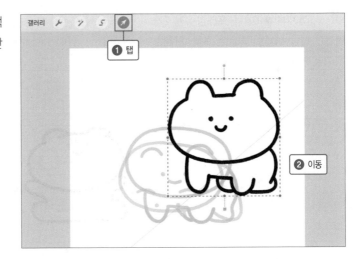

TIP 레이어를 하나씩 선택하여 기준선에 맞게 캐릭터를 배치합니다.

04 │ 〔레이어(▣)〕에서 '레이어 2'를 선택한 다음 이전 프레임과 기준선을 참고하여 조금씩 이동합니다.

05 모든 프레임을 기준선에 맞게 조금씩 이동하여 배치합니다.

06 (레이어(■))에서 '프레임 8'을 2개 복제한 다음 이름을 '프레임 9'와 '프레임 10'으로 변경합니다.

07 '프레임 9'를 선택한 다음 (변형(↗)) 을 탭하여 외곽선이 겹치게 조금만 이동합니다.

08 〔레이어(■)〕에서 '프레임 10'을 선택한 다음 〔변형(↗)〕을 탭하여 외곽선이 겹치게 조금만 이동합니다.

09 〔재생〕을 탭하여 모션을 확인합니다. 마지막 동작이 조금 짧은 느낌이 있습니다.

10 '마지막' 프레임을 탭하여 유지 지속시간을 '4'로 조절합니다.

11 〔재생〕을 탭하여 모션을 확인합니다.

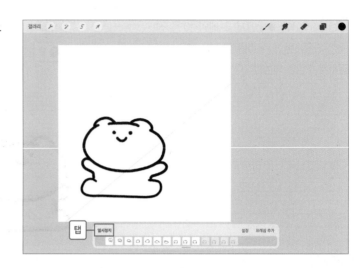

곰 채색하기

01 모션이 자연스럽다면 채색합니다. 〔색상(●)〕을 '갈색'으로 지정하여 채색합니다.

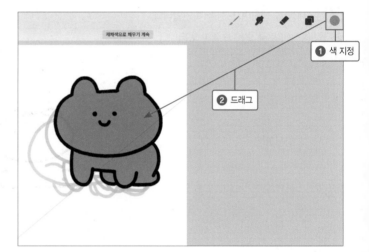

02 모든 프레임의 곰을 같은 색으로 채색합니다.
〔재생〕을 탭하여 최종 확인합니다. 상황과 감정에 맞춰 대사나 표정을 바꿔 활용할 수 있습니다.

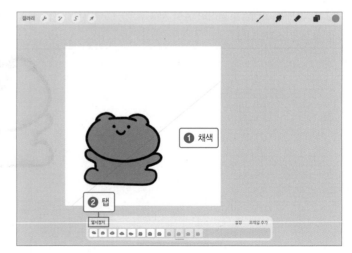

···15 말랑말랑한 느낌으로 점프하는 캐릭터 만들기

- **난이도** : ★★★★
- **브러시** : 이모티콘브러시 – 댈희브러시
- **예제 파일** : 04\이모티콘브러시.brushset
- **완성 파일** : 04\점프하는 캐릭터_완성.procreate

Drawing
Style

움직이는 이모티콘에서 탱글탱글 혹은 말랑말랑한 느낌의 모션을 주면 캐릭터가 더욱 생동감 있게 느껴집니다. 사용자는 더욱 더 자연스럽게 살아 있는 듯한 느낌을 주는 캐릭터를 일반적으로 더 선호합니다. 이모티콘 작가라면 내 캐릭터의 이런 부분을 표현할 수 있는 순간을 찾아내고 그 순간을 놓치지 않고 표현해 주는 것이 중요합니다. 보통 캐릭터가 지면에 닿거나 갑자기 움직임의 방향이 바뀔 때 지금 배우는 표현을 적용하면 좋습니다. 정말 쓰임새가 많고 중요한 모션 원리를 함께 배워 봅니다.

말랑말랑한 느낌으로
점프하는 캐릭터 그리기

01 │ (새로운 캔버스 → 이모티콘) 캔버스를 불러옵니다. (동작(🔧) → 캔버스)에서 (애니메이션 어시스트)와 (그리기 가이드)를 활성화합니다.

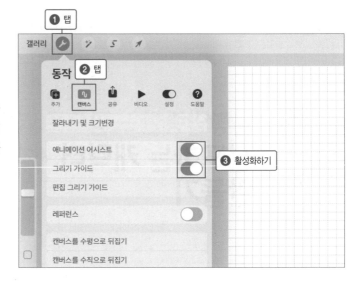

02 │ (브러시(✏️))를 탭하여 브러시 라이브러리에서 (이모티콘브러시 → 댈희브러시)를 선택합니다. 비교적 쉬운 캐릭터로 실습해 봅니다. 하트 모양의 머리에, 항아리 형태의 몸을 그립니다.

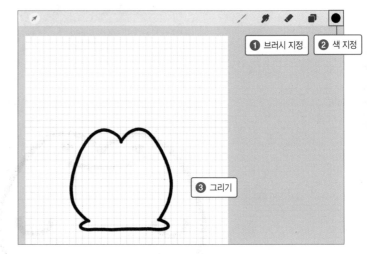

03 │ 눈과 입, 팔을 그립니다.

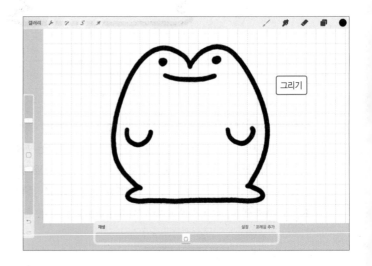

04 [레이어(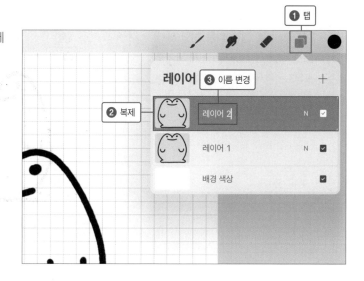)]에서 '레이어 1'을 복제한 다음 이름을 '레이어 2'로 변경합니다.

05 점프하는 동작을 통해서 탱글탱글 말랑한 느낌을 주겠습니다. [변형(↗)]을 탭한 다음 하단 메뉴에서 [자유형태]를 선택하여 세로는 줄이고 가로로 늘립니다. 전체적으로 캐릭터의 크기는 비슷하게 유지합니다.

TIP 이 동작은 땅에 닿아서 눌리는 동작입니다.

06 [레이어(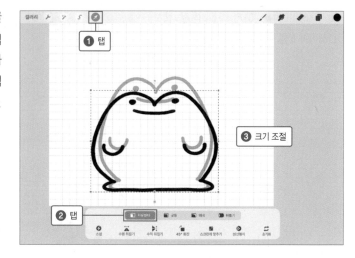)]에서 '레이어 1'을 복제한 다음 이름을 '레이어 3'으로 변경하여 맨위로 이동합니다.

07 (변형(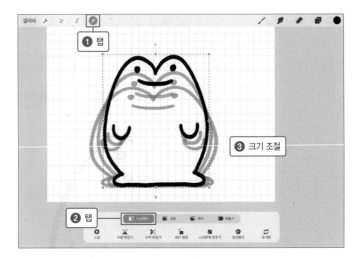))을 탭한 다음 하단 메뉴에서 (자유형태)를 선택합니다. 전체 크기를 비슷하게 유지하면서 세로는 늘리고 가로는 줄입니다.

08 (레이어(▦))에서 (+) 버튼을 탭하여 '레이어 4'를 추가합니다.

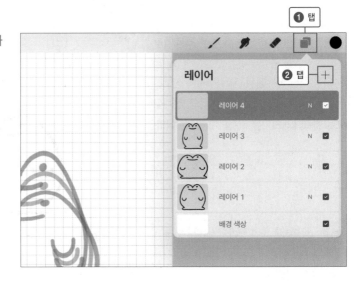

09 (설정)을 탭한 다음 어니언 스킨 프레임을 '1'로 조절합니다. 이제부터는 다음 동작을 하나씩 예상하며 그려 봅니다.

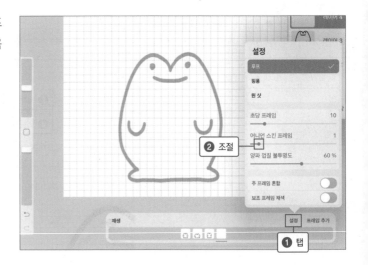

10 이제 막 점프를 시작한 동작을 그립니다. 팔과 다리가 모두 아래를 향하고 입을 벌리기 시작합니다.

11 〔레이어(▣)〕에서 〔+〕 버튼을 탭하여 '레이어 5'를 추가합니다.

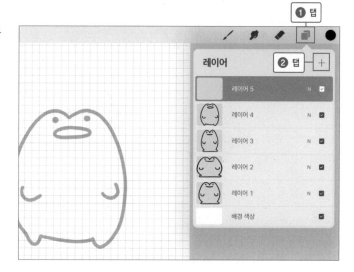

12 점프를 하고 시간이 지날수록 팔과 다리가 큰 덩어리인 몸을 따라서 올라가게 되어 있습니다. 이를 생각하며 조금 올라가기 시작한 팔과 다리를 그리고, 입을 좀 더 벌려서 그립니다.

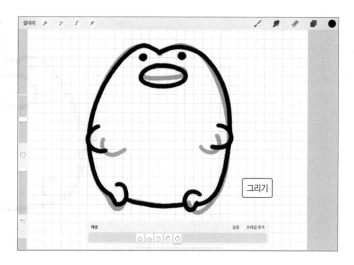

13 ｜〔변형(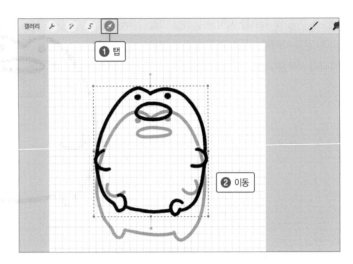)〕을 탭하여 점프한 만큼 캐릭터를 위로 이동합니다.

14 ｜〔레이어(▣)〕에서 〔+〕 버튼을 탭하여 '레이어 6'을 추가합니다.

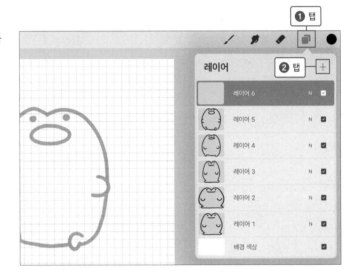

15 ｜점프가 정점에 다다라 팔과 다리가 위로 올라간 모습을 그립니다.

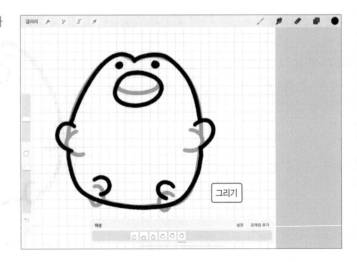

16 (변형( ))을 탭하여 캐릭터를 더 위로 이동합니다.

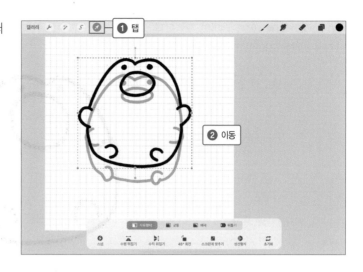

땅에 착지하는 모션 그리기

01 (레이어( ))에서 (+) 버튼을 탭하여 '레이어 7'을 추가합니다. 이제 내려가기 시작하는 캐릭터를 그립니다. 팔과 다리가 위로 올라갑니다.

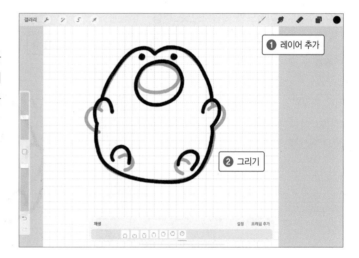

02 (변형( ))을 탭하여 조금 아래로 이동합니다. 가속도가 붙기 전이므로 조금 만 이동합니다.

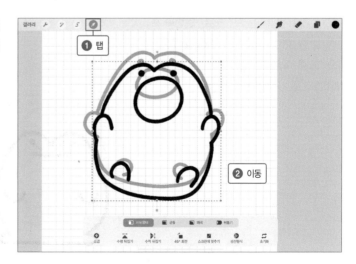

03 │ (레이어(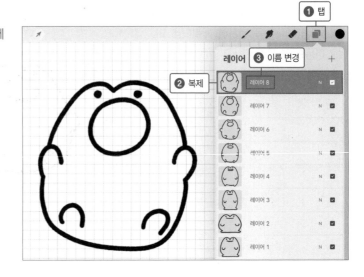))에서 '레이어 7'을 복제
한 다음 이름을 '레이어 8'로 변경합니다.

04 │ 이제는 가속도가 붙었으므로 (변형
(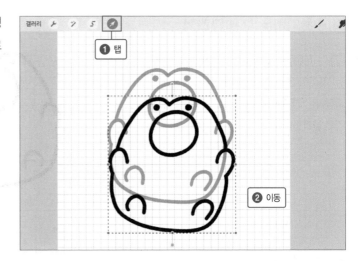))을 탭하여 이전보다 더 많이 아래로
이동합니다.

05 │ 계속 반복되는 모션으로, 첫 번째 프
레임과 연결하기 위해서 (레이어())에서
'레이어 2'-'레이어 7'은 체크 해제한 다음
'레이어 7'을 선택합니다.

06 〔+〕 버튼을 탭하면 '레이어 7' 위에 '레이어 9'가 추가됩니다.

07 프레임별 구분을 용이하게 하기 위해 〔설정〕을 탭한 다음 〔보조 프레임 채색〕을 활성화합니다.

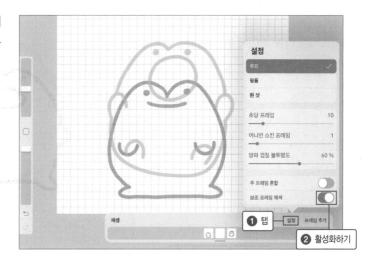

08 이전 프레임은 '빨간색', 다음 프레임은 '초록색'으로 표시됩니다. 먼저 팔을 중간에 그립니다.

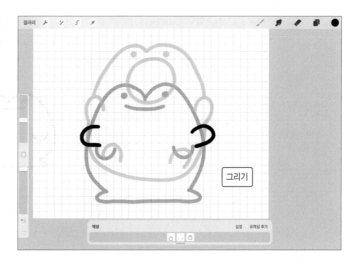

09 눈과 입, 다리도 앞뒤 프레임을 참고
하여 중간에 그립니다.

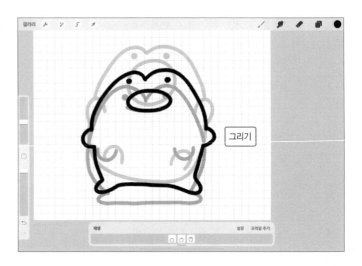

10 (레이어(🖼))에서 모든 레이어를 체
크 표시한 다음 '레이어 9'를 맨 위로 이동
합니다.

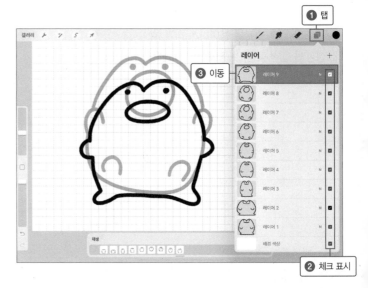

11 (재생)을 탭하여 모션을 확인합니다.

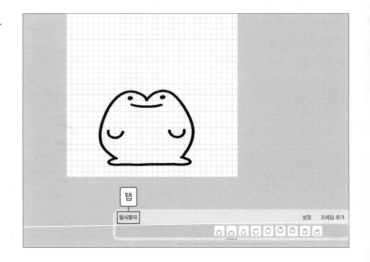

캐릭터 채색하기

01 [색상(●)]을 '노란색'으로 지정하여
채색합니다.

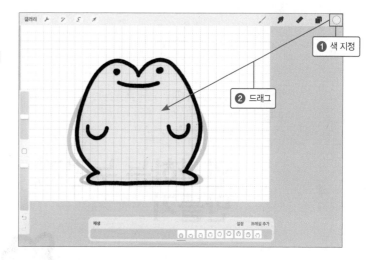

02 '네 번째' 프레임부터는 입 벌린 동
작이 등장합니다. 입은 '빨간색'으로 채색합
니다.

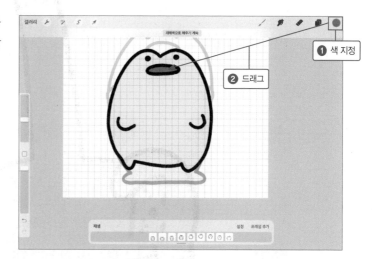

03 모든 프레임의 캐릭터를 같은 색으
로 채색하여 완성합니다.

···16 관성의 법칙을 이용하여 인사하는 누렁개 만들기

● **난이도** : ★★★★
● **브러시** : 이모티콘브러시 – 댈희브러시
● **예제 파일** : 04\이모티콘브러시.brushset
● **완성 파일** : 04\인사하는 누렁개
　　　_완성.procreate

Drawing Style

관성이란 어떤 힘이 작용하는 방향이 유지되는 것을 말합니다. 버스에서 갑자기 정차하면 몸이 버스의 이동 방향으로 쏠리는 경험을 해 보았을 것입니다. 이런 일상의 경험을 잘 생각해 보면 관성이라는 것이 대단한 것이 아님을 알 수 있습니다. 캐릭터가 얼굴을 갸웃! 하고 움직이면 귀가 조금 더 나중에 따라옵니다. 얼굴과 귀의 관계는 버스와 안에 타고 있는 사람들과 아주 다르지 않습니다. 고개를 갸웃하는 강아지를 함께 그려 보면서 관성의 법칙이 적용된 모션을 배워 봅니다.

관성의 법칙을 적용해 인사하는 누렁개 그리기

01 │ (새로운 캔버스 → 이모티콘) 캔버스를 불러옵니다. (동작(🔧) → 캔버스)에서 (애니메이션 어시스트)와 (그리기 가이드)를 활성화합니다.

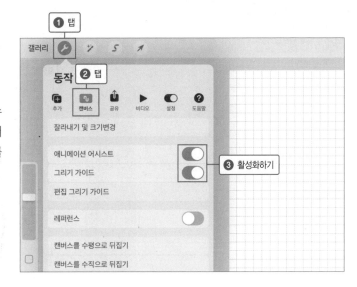

02 │ (브러시(✏️))를 탭하여 브러시 라이브러리에서 (이모티콘브러시 → 댈희브러시)를 선택합니다. 오른쪽에 조금 웃기게 생긴 개를 그립니다. 귀는 움직임이 필요하니 귀가 편하게 움직일 수 있게 그립니다.

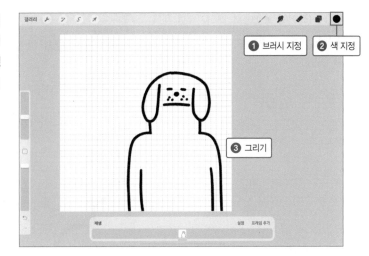

03 │ (레이어(🗂️))에서 '레이어 1'을 복제한 다음 이름을 '레이어 2'로 변경합니다. '레이어 2'는 다음 동작을 참고할 때 사용할 레이어입니다.

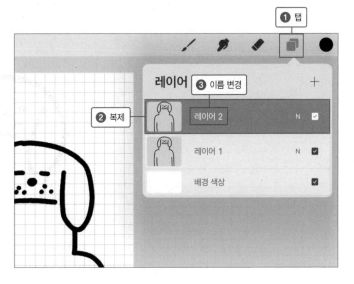

04 | [변형(✦)]을 탭하여 왼쪽으로 조금
회전합니다.

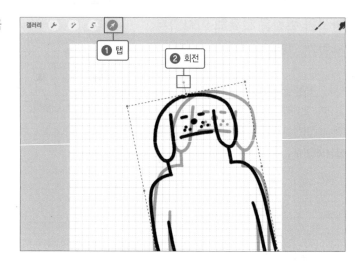

05 | [레이어(❐)]에서 '레이어 1'을 체크
해제한 다음 [+] 버튼을 탭하여 '레이어 3'
을 추가합니다.

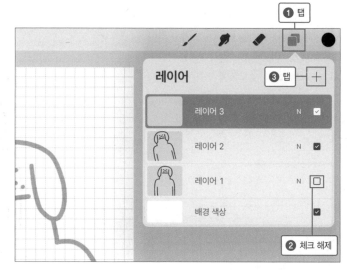

06 | '레이어 2'의 얼굴을 따라 그립니다.
귀는 조금 늦게 따라오므로 살짝 뜬 형태로
그립니다.

07 [레이어(■)]에서 '레이어 2'를 체크
해제하고, '레이어 1'은 체크 표시합니다.

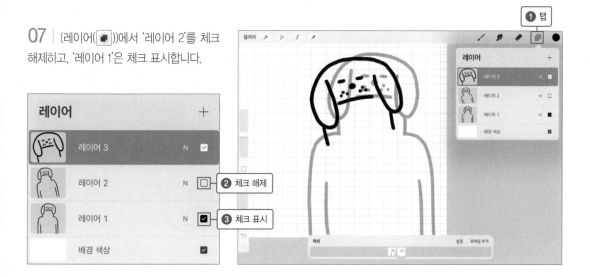

08 '레이어 1'의 몸을 참고하여 '레이어
3'의 몸을 완성합니다.

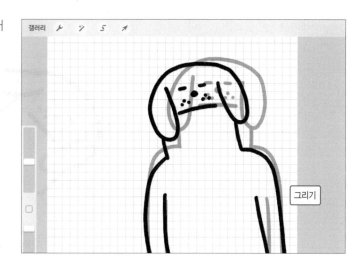

09 다음 동작을 그리기 위해서 [레이어
(■)]에서 '레이어 2'를 체크 표시한 다음 [변
형(↗)]을 탭하여 왼쪽으로 더 회전합니다.

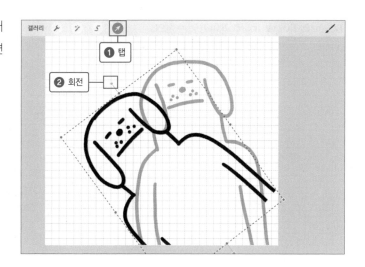

10 │ [레이어(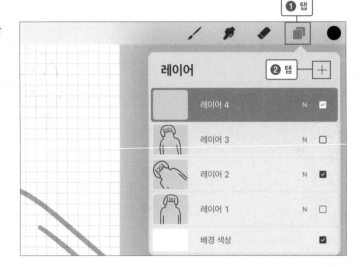)]에서 [+] 버튼을 탭하여 '레이어 4'를 추가합니다.

TIP 그림이 헷갈리지 않도록 '레이어 1'과 '레이어 3'은 잠시 체크 해제합니다.

11 │ '레이어 2'를 참고하여 '레이어 4'에 얼굴만 그립니다. 움직임이 급격하게 커졌으므로 귀가 많이 뜬 모습으로 그립니다.

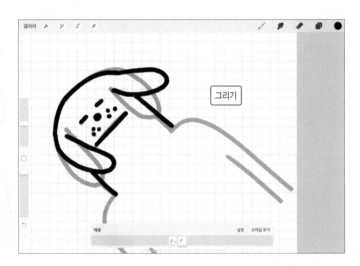

12 │ [레이어(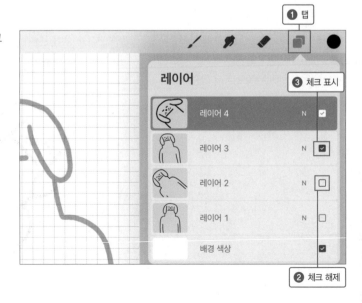)]에서 '레이어 2'는 체크 해제하고, '레이어 3'은 체크 표시합니다.

13 | '레이어 3'의 몸을 참고하여 '레이어 4'에 몸을 이어 그립니다. 최종적으로 팔을 든 모습을 그리기 위해서 팔을 들기 시작하는 모습을 그립니다.

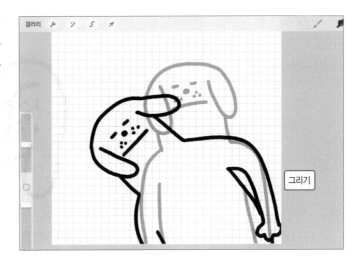

14 | (레이어(▣))에서 '레이어 2'를 체크 표시한 다음 (변형(↗))을 탭하여 왼쪽으로 90°가 되게 회전합니다.

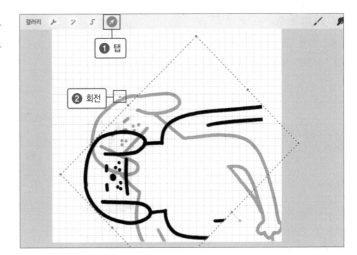

15 | (레이어(▣))에서 (+) 버튼을 탭하여 '레이어 5'를 추가합니다.

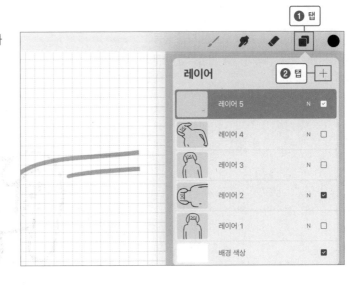

TIP 그림이 헷갈리지 않도록 '레이어 1', '레이어 3', '레이어 4'는 잠시 체크 해제합니다.

16 | '레이어 2'를 참고하여 '레이어 5'에 얼굴을 그립니다. 중력에 따라 귀가 아래로 처지게 그립니다.

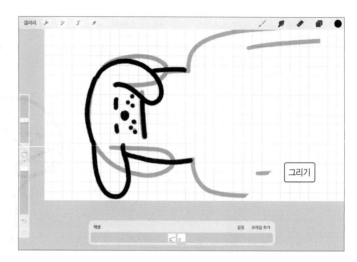

17 | 이제 참고는 끝났으므로 〔레이어 (▣)〕에서 '레이어 2'를 왼쪽으로 드래그한 다음 〔삭제〕 버튼을 탭하여 삭제합니다.

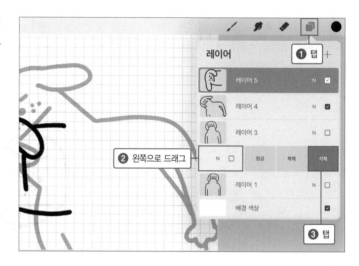

18 | '레이어 4'를 체크 표시한 다음 몸동작을 참고하여 '레이어 5'에 몸동작을 마저 그립니다.

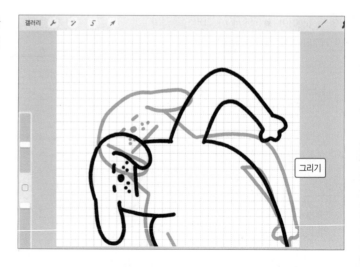

19 (레이어(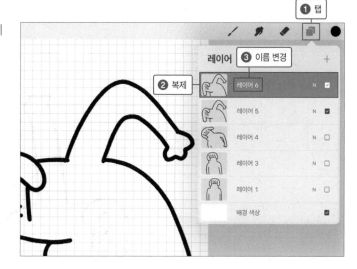))에서 '레이어 5'를 복제한 다음 이름을 '레이어 6'으로 변경합니다.

TIP 그림이 헷갈리지 않도록 '레이어 1', '레이어 3', '레이어 4'는 잠시 체크 해제합니다.

20 아직 더 움직여야 하는 팔과 관성의 법칙에 따라서 흔들릴 한쪽 귀를 (지우개(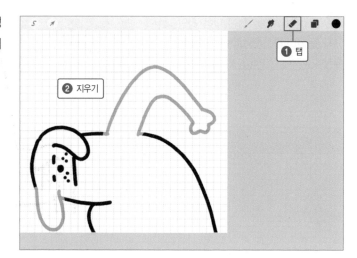))로 지웁니다.

21 올린 팔을 그리고, 귀도 살짝 왼쪽으로 가도록 그립니다.

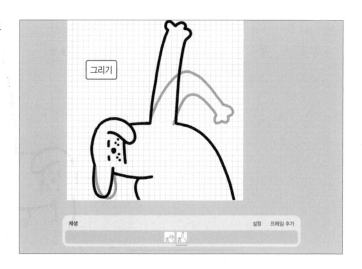

22 〔레이어()〕에서 '레이어 6'을 복제한 다음 이름을 '레이어 7'로 변경합니다.

TIP 그림이 헷갈리지 않도록 '레이어 1', '레이어 3'-'레이어 5'는 잠시 체크 해제합니다.

23 〔선택(5)〕을 탭한 다음 하단 메뉴에서 〔올가미〕를 선택합니다. 팔 부분을 드래그하여 선택 영역으로 지정합니다.

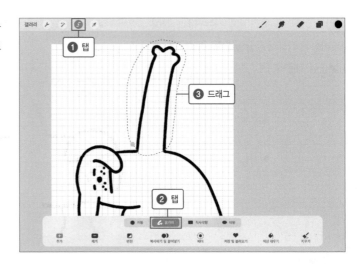

24 〔변형(↗)〕을 탭한 다음 왼쪽으로 조금 회전하고 이동합니다.

25 │ 어색하게 이어지는 겨드랑이 부분을 확대하여 (지우개(✏️))로 지운 다음 다시 깔끔하게 이어 그립니다.

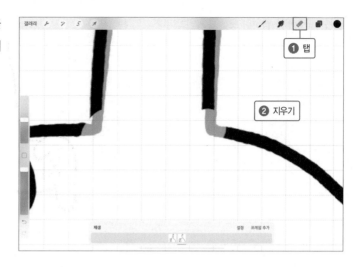

26 │ 팔과 귀에 잔떨림이 남는 효과를 주기 위해서 (레이어(▤))에서 '레이어 6'과 '레이어 7'을 번갈아 가면서 3개 복제하여 가장 상단으로 이동합니다.

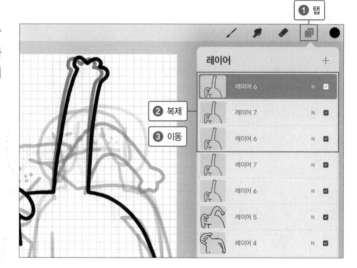

27 │ '마지막' 프레임을 선택한 다음 유지 지속시간을 '4'로 조절합니다.

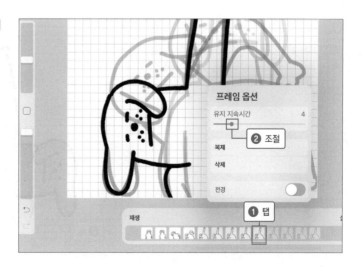

28 ｜〔재생〕을 탭하여 모션을 확인합니다.

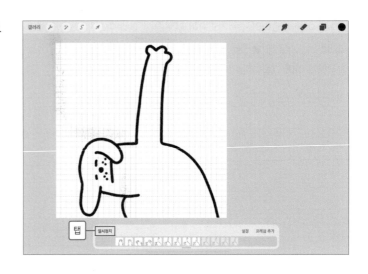

누렁개 채색하기

01 ｜〔색상(●)〕에서 '누런색'을 선택합니
다. 누렁이 느낌으로 하되 약간은 밝은 느낌
으로 채색합니다.

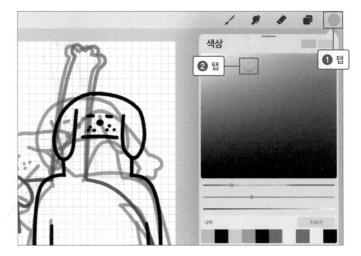

02 ｜모든 프레임의 개를 같은 색으로 채
색합니다. 〔재생〕을 탭하여 모션을 최종 점
검합니다. 병맛으로 인사하는 누렁개를 완
성했습니다.

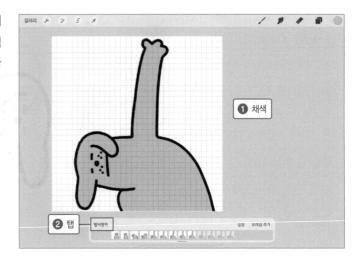

17 프레임 수를 조절하며 **박수하는 완두콩 캐릭터 만들기**

- 난이도 : ★★★★
- 브러시 : 이모티콘브러시 - 댈희브러시
- 예제 파일 : 04\이모티콘브러시.brushset
- 완성 파일 : 04\박수하는 완두콩 _완성.procreate

emoticon Drawing

이전에 프레임 수가 많으면 일반적으로 더 자연스러운 움직임이 가능하다고 했습니다. 그렇다고 무조건 프레임 수가 많을수록 자연스러운 것은 아닙니다. 정해진 '초당 프레임'에서는 내 캐릭터에 어울리는 움직임 속도가 있습니다. 이번에는 박수하는 완두콩 캐릭터로 손의 움직임을 순서대로 표현해 보고, 조금씩 생략해 나가면서 캐릭터에 어울리는 움직임 속도를 배우는 시간을 갖도록 하겠습니다.

박수하는 완두콩 캐릭터 그리기

01 | [새로운 캔버스 → 이모티콘] 캔버스를 불러옵니다. [동작(🔧) → 캔버스]에서 [애니메이션 어시스트]와 [그리기 가이드]를 활성화합니다.

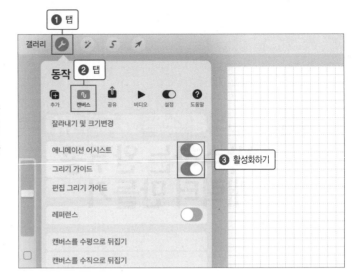

02 | [브러시(✏️)]를 탭하여 브러시 라이브러리에서 [이모티콘브러시 → 댈희브러시]를 선택합니다. 완두콩 캐릭터를 그리기 위해서 눈사람 모양에 작은 발이 달린 형태를 그립니다.

TIP 표현하고자 하는 대상에 팔과 다리나 눈, 코, 입을 그리는 것은 캐릭터를 의인화하여 감정 이입을 편하게 하기 위함입니다.

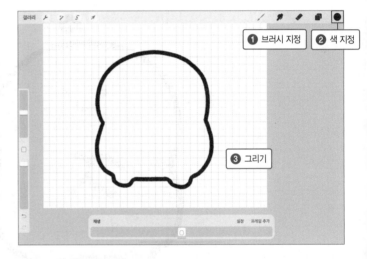

03 | 콩의 꼭지와 눈, 입, 팔을 그립니다.

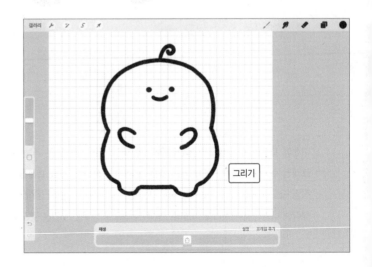

04 박수하는 모션을 표현하기 위해서
(레이어(▣))에서 '레이어 1'을 5개 복제한
다음 이름을 각각 '레이어 2'-'레이어 6'으
로 변경합니다.

05 '레이어 2'를 선택한 다음 (지우개
(▣))로 팔을 지웁니다.

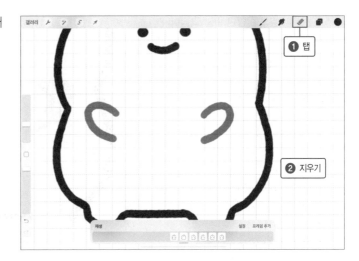

06 '레이어 1'보다 안쪽으로 모이기 시
작하는 팔을 그립니다. 움직이는 기준점이
어디인지 확인하며 그립니다.

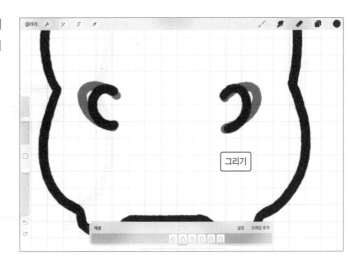

생명을 불어넣자! 움직이는 이모티콘 만들기

07 | [레이어(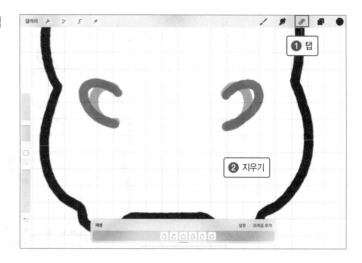)]에서 '레이어 3'을 선택
한 다음 [지우개(■)]로 팔을 지웁니다.

08 | 손끝이 앞으로 향한 팔을 그립니다.

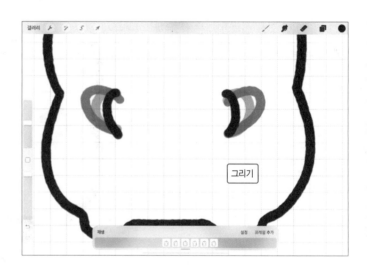

09 | [레이어(■)]에서 '레이어 4'를 선택
한 다음 [지우개(■)]로 팔을 지웁니다. 손끝
이 안쪽을 바라보기 시작한 팔을 그립니다.

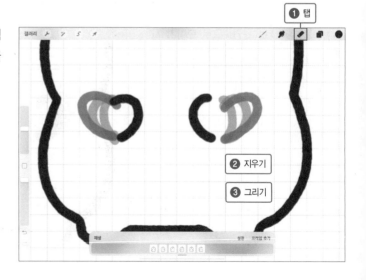

10 │ (레이어(▣))에서 '레이어 5'와 '레이어 6'을 각각 선택한 다음 (지우개(✎))로 팔을 지웁니다. '레이어 5'에는 손을 좀 더 모아 그리고, '레이어 6'에는 손이 서로 만나게 그립니다.

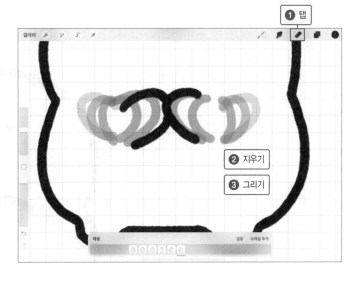

11 │ 이제 다시 팔을 벌리는 모션이 필요합니다. 팔을 벌리는 과정은 팔을 모으는 과정의 역순이므로 이미 그린 레이어를 활용합니다. (레이어(▣))에서 '레이어 5'–'레이어 2'를 역순으로 복제하여 위로 차례대로 쌓습니다.

박수하는 동작에 맞춰 몸동작도 움직임 주기

01 │ (재생)을 탭하여 모션이 자연스러운지 확인합니다. 팔만 움직이고 있으므로 완전히 자연스럽지는 못합니다. 박수할 때 몸이 조금씩 떨리는 표현을 추가합니다.

02 [레이어(🖼)]에서 두 손이 만나는 '레이어 6'을 선택합니다. [변형(↗)]을 탭한 다음 하단 메뉴에서 [자유형태]를 선택하여 세로를 조금 늘리고 가로를 조금 줄입니다. 외곽선이 반 정도 겹치게 조절하면 좋습니다.

03 [레이어(🖼)]에서 위에 있는 '레이어 5'를 선택합니다. [변형(↗)]을 탭한 다음 하단 메뉴에서 [자유형태]를 선택하여 가로는 조금 늘리고 세로는 조금 줄입니다. 발은 위치가 변경되지 않게 조절해야 합니다.

캐릭터에 맞게 프레임 수 조절하기

01 프레임 수를 줄여가면서 모션을 확인합니다. 그림과 같이 중간중간 레이어를 체크 해제하여 프레임 수를 줄입니다. 여러 경우의 수를 확인하여 자연스러운 움직임을 찾아보면 캐릭터의 모션을 표현할 때 필요한 그림이 무엇인지 알 수 있습니다.

02 | (재생)을 탭하여 모션의 자연스러움
정도를 비교합니다.

03 | 01번~02번 과정을 반복하여 적합
한 모션을 찾습니다.
그림과 같이 (레이어(▣))에서 '레이어 1',
'레이어 6', '레이어2'만 체크 표시한 다음
(재생)을 탭하여 모션을 확인합니다.

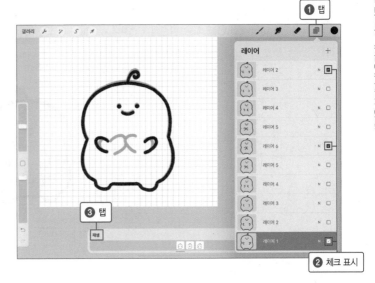

04 | 그림과 같이 (레이어(▣))에서 '레
이어 1', '레이어 6'만 체크 표시한 다음 (재
생)을 탭하여 모션의 느낌을 확인합니다. 프
레임 수에 따라서 모션의 느낌이 정말 많이
달라지는 것을 확인할 수 있습니다.
캐릭터마다 어울리는 움직임의 속도가 있기
때문에 처음 캐릭터를 만들고 적절한 움직
임 속도를 프레임 수로 조절하는 것이 좋습
니다.

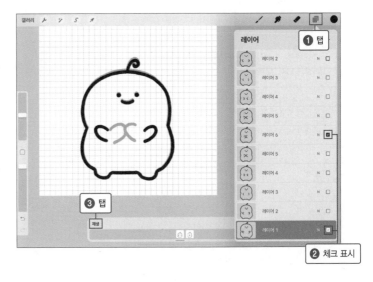

05 〔색상(⬤)〕을 '연두색'으로 지정하여 모든 프레임의 완두콩을 채색합니다.

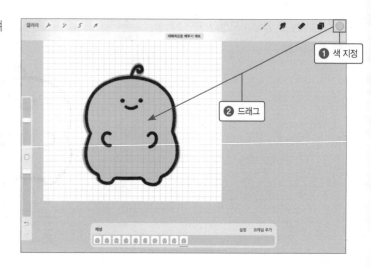

06 〔재생〕을 탭하여 모션을 최종 점검합니다.

...18 여러 캐릭터가 등장하여 춤추는 모션 만들기

- 난이도 : ★★★★★
- 브러시 : 이모티콘브러시 – 댈희브러시
  소프트 브러시 1
- 예제 파일 : 04\이모티콘브러시.brushset
- 완성 파일 : 04\여러 캐릭터가 춤추는 모션
  _완성.procreate

보통은 하나의 캐릭터가 나와서 감정과 상황을 전달하는 것이 효과적입니다. 하지만 때때로 여러 캐릭터가 함께 상황을 표현하면 더 효과적인 경우도 있습니다. 우울할 때 옆에서 토닥인다거나 쓰다듬어 준다거나, 포옹을 하는 등 혼자보다 여럿이 좋은 경우가 있습니다. 세 캐릭터가 나와서 조명에 맞춰 춤을 추는 모션은 만들어 봅니다.

세 명의 캐릭터가 춤추는 모션 만들기

01 | (새로운 캔버스 → 이모티콘) 캔버스를 불러옵니다. (동작(🔧) → 캔버스)에서 (애니메이션 어시스트)와 (그리기 가이드)를 활성화합니다.

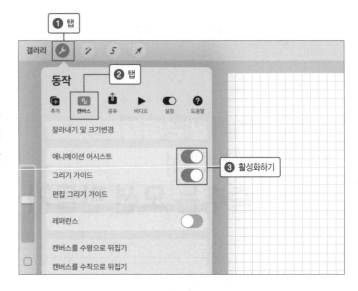

02 | (브러시(✏️))를 탭하여 브러시 라이브러리에서 (이모티콘브러시 → 댈희브러시)를 선택합니다. 캔버스 가운데에 웃는 얼굴을 그립니다.

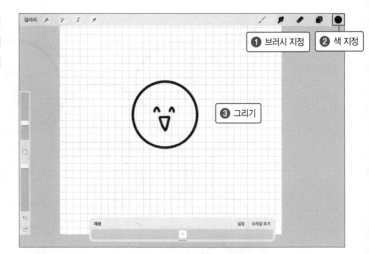

03 | (레이어(🗐))에서 (+) 버튼을 탭하여 '레이어 2'를 추가한 다음 맨 아래로 이동합니다.

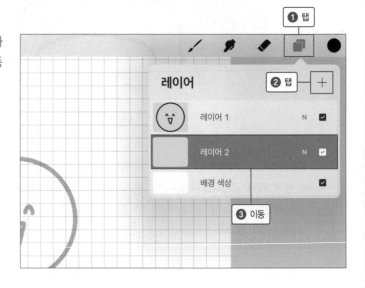

04 | '레이어 1'과 '레이어 2'를 다중 선택한 다음 (그룹)을 탭하여 그룹으로 지정합니다. 그룹 레이어의 이름을 '1'로 변경합니다.

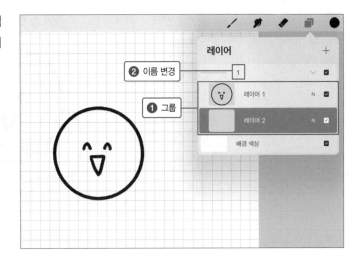

TIP 선택하려는 레이어를 오른쪽으로 드래그하면 다중 선택할 수 있습니다.

05 | '레이어 2'에 기마 자세를 그립니다. 이번 모션에서 몸은 움직이지 않고 얼굴만 움직일 예정입니다.

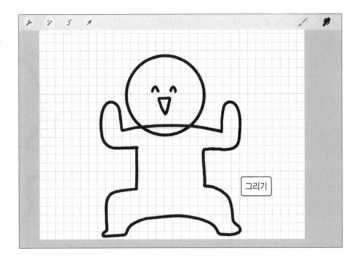

06 | (레이어(■))에서 '1' 그룹 레이어를 3개 복제하여 이름을 '2'-'4'로 변경합니다.

07 '2' 그룹 레이어의 '레이어 1'을 선택한 다음 (변형(✐))을 탭하여 왼쪽으로 이동합니다.

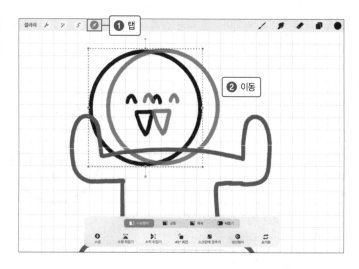

08 (레이어(▤))에서 '3' 그룹 레이어의 '레이어 1'을 선택한 다음 (변형(✐))을 탭하여 조금 오른쪽으로 이동합니다.

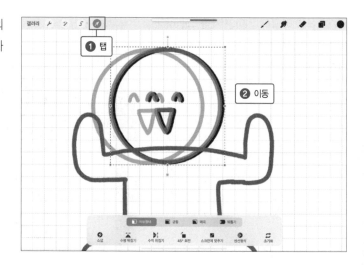

09 (레이어(▤))에서 '4' 그룹 레이어의 '레이어 1'을 선택한 다음 (변형(✐))을 탭하여 오른쪽으로 이동합니다.

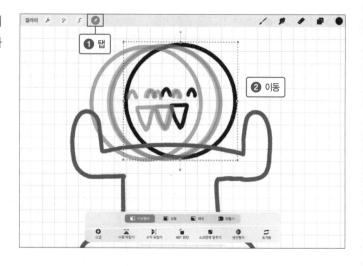

10 〔재생〕을 탭하여 모션을 확인합니다. 이상 없다면 채색을 위해서 〔레이어(🖿)〕에서 '배경 색상' 레이어를 선택한 다음 하단에서 〔값〕을 선택하여 16진값을 '#97c1d9'로 지정합니다. 카카오톡 기본 배경색으로 변경되었습니다.

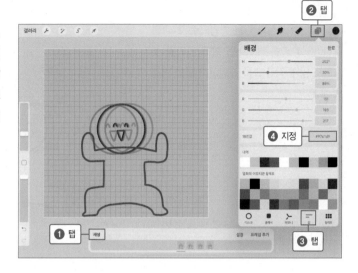

11 〔색상(⬤)〕을 '흰색', '빨간색'으로 지정하여 모든 프레임의 캐릭터를 채색합니다.

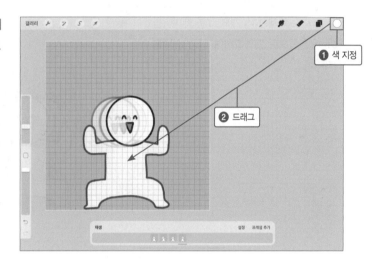

12 〔레이어(🖿)〕에서 '1' 그룹 레이어를 복제한 다음 아래에 있는 '1' 그룹 레이어의 이름을 '1-1'로 변경합니다.

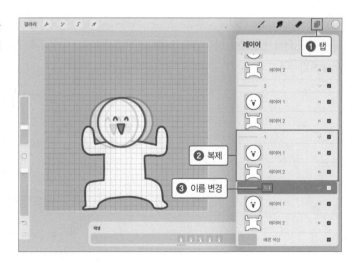

13 | 12번 과정과 같은 방법으로 '2' 그룹 레이어–'4' 그룹 레이어를 복제한 다음 헷갈리지 않게 각각 그룹 레이어 이름을 변경합니다.

TIP 예제에서는 '2-2', '3-2', '4-2'로 변경하였습니다.

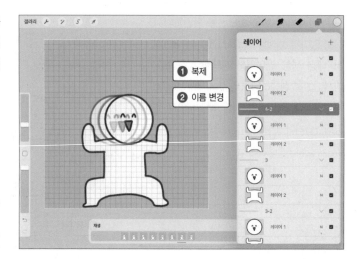

14 | 새로 복제한 네 개의 그룹 레이어를 모두 오른쪽으로 드래그하여 다중 선택합니다.

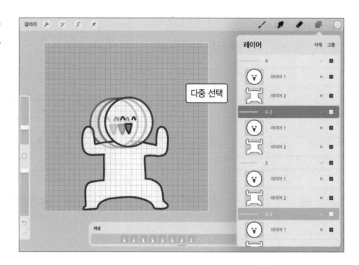

15 | (변형( ))을 탭하여 오른쪽 상단으로 이동한 다음 원근법을 생각하여 크기를 조금 줄입니다.

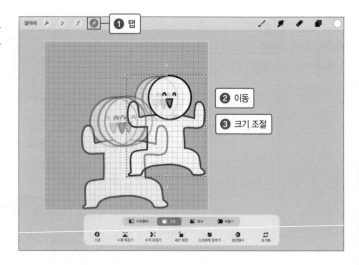

16 〔레이어(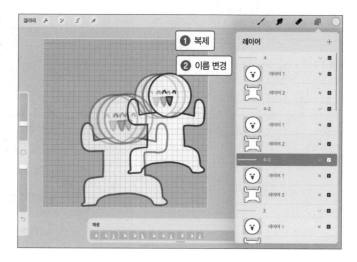)〕에서 '1' 그룹 레이어-'4' 그룹 레이어를 복제한 다음 각각 그룹 레이어 이름을 변경합니다.

TIP 예제에서는 '1-3', '2-3', '3-3', '4-3'으로 변경하였습니다.

17 새로 복제한 네 개의 그룹 레이어를 모두 오른쪽으로 드래그하여 다중 선택합니다.

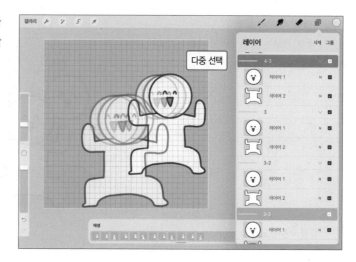

18 〔변형(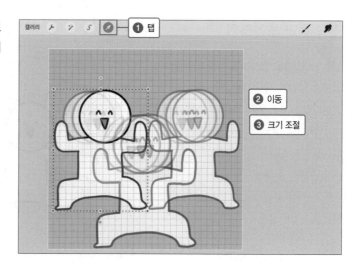)〕을 탭하여 왼쪽 상단으로 이동한 다음 마찬가지로 원근법을 생각하여 크기를 조금 줄입니다.

19 [레이어(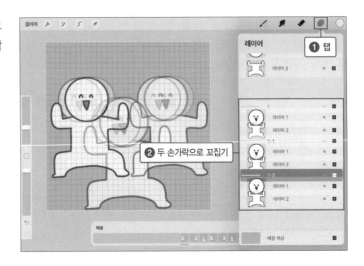)]에서 '1'로 시작하는 그
룹 레이어를 모두 두 손가락으로 꼬집어 합
칩니다.

20 19번 과정과 같은 방법으로 각각 '2',
'3', '4'로 시작하는 그룹 레이어끼리 합칩니
다. 총 4개의 레이어가 생깁니다.

TIP 레이어 병합 시 맨 아래 레이어의
이름을 기준으로 병합됩니다.

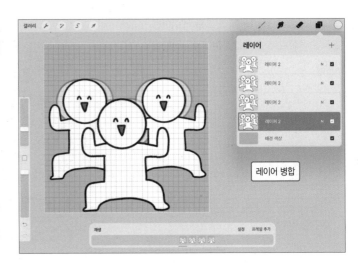

조명 효과 추가하기

01 [재생]을 탭하여 모션을 확인합니다.
얼굴만 알맞게 움직이며 춤을 추는 모션이
완성되었습니다. 이제 조명 효과를 추가하
여 표현을 더 재밌게 바꿔 봅니다.

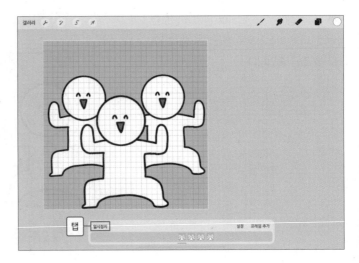

02 │ [레이어(■)]에서 맨 아래에 있는
'레이어 2'를 선택합니다. [+] 버튼을 탭하
면 선택한 '레이어 2' 위에 '레이어 5'가 추가
됩니다.

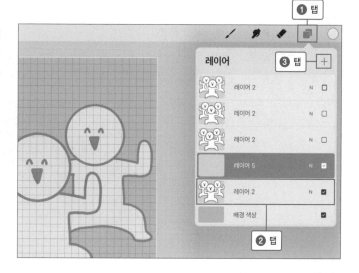

03 │ [브러시(✏)]를 탭하여 브러시 라이
브러리에서 [이모티콘브러시 → 소프트 브
러시 1]을 선택합니다. [색상(●)]을 '빨간
색'으로 지정합니다.

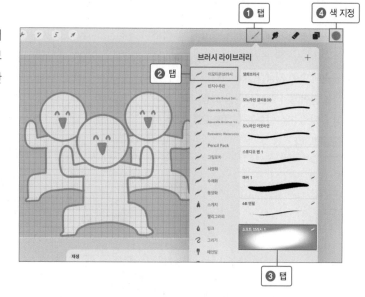

04 │ 그림과 같이 사선으로 채색합니다.

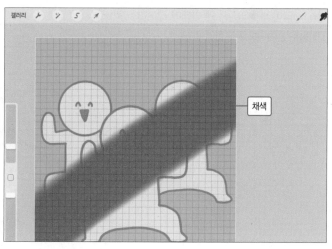

05 (레이어( ))에서 '레이어 5'의 (N)
을 탭하여 불투명도를 '50%'로 조절합니다.

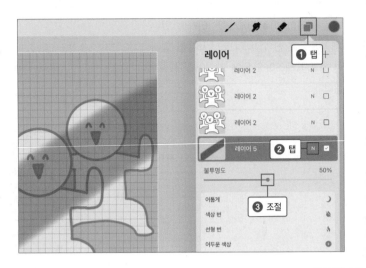

06 (레이어( ))에서 (+) 버튼을 탭하
여 '레이어 6'을 추가한 다음 (색상( ))을
'노란색'으로 지정합니다. 그림과 같이 반대
사선 방향에서 오는 조명을 그립니다. '레이
어 6'의 (N)을 탭하여 불투명도를 '50%'로
조절합니다.

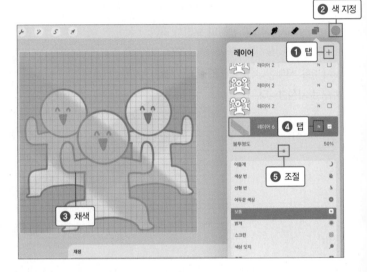

07 (레이어( ))에서 맨 아래에 레이어
3개를 두 손가락으로 꼬집어 합칩니다.

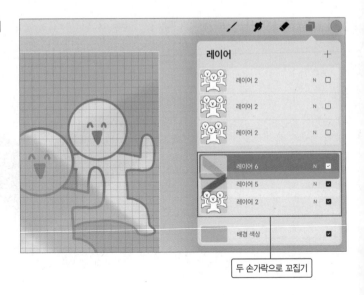

08 │ 04번 – 07번 과정과 같은 방법으로
원하는 색과 방향으로 조명을 그려 나머지
3개의 레이어에 각각 합칩니다.

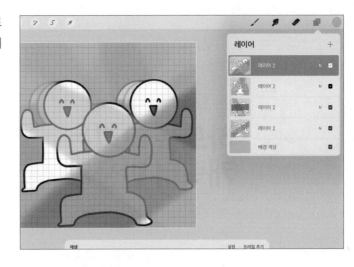

09 │ [재생]을 탭하여 모션을 확인합니다.

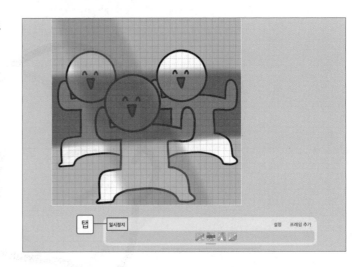

···19 불투명도를 이용해 하트를 그리는 캐릭터 만들기

- 난이도 : ★ ★ ★ ★ ★
- 브러시 : 이모티콘브러시 – 댈희브러시
- 예제 파일 : 04\이모티콘브러시.brushset
- 완성 파일 : 04\하트를 그리는 캐릭터 _완성.procreate

Drawing
Style

종종 캐릭터가 동그라미나 엑스, 하트 표시 등 낙서를 하는 듯한 표현을 본 적이 있을 겁니다. 지금까지 배운 기능들을 잘 응용하면 충분히 여러분도 표현할 수 있습니다. 캐릭터가 하트를 그리고, 그 하트가 조금씩 사라지는 반복적인 표현을 만들어 봅니다.

하트를 그려 배경으로
활성화하기

01 | (새로운 캔버스 → 이모티콘) 캔버스를 불러옵니다. (동작(🔧) → 캔버스)에서 (애니메이션 어시스트)와 (그리기 가이드)를 활성화합니다.

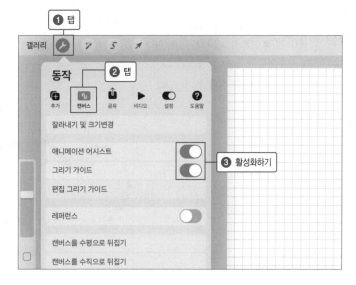

02 | (브러시(✏️))를 탭하여 브러시 라이브러리에서 (이모티콘브러시 → 댈희브러시)를 선택합니다. 가운데에 하트를 하나 그립니다.

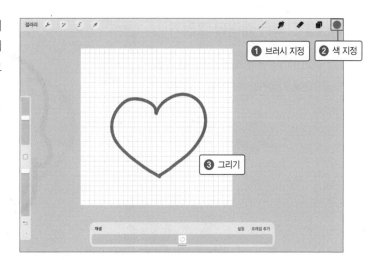

03 | 프레임을 탭한 다음 (배경)을 활성화합니다.

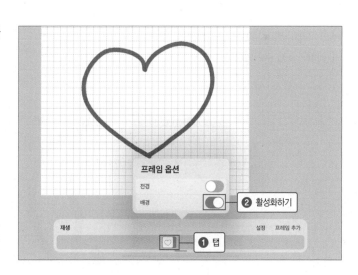

TIP 배경으로 활성화하면 해당 그림이 모든 레이어의 그림 뒤에 표시됩니다.

04 〔레이어(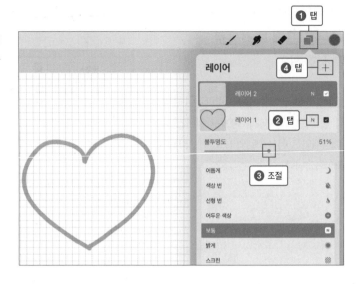)〕에서 '레이어 1'의 〔N〕을 탭하여 불투명도를 '50%'로 조절한 다음 〔+〕 버튼을 탭하여 '레이어 2'를 추가합니다.

하트를 그리는 캐릭터 그리기

01 '레이어 2'에 하트 마술봉으로 하트의 끝부분을 가리키는 캐릭터를 그립니다.

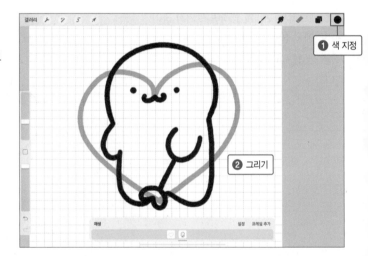

02 〔레이어(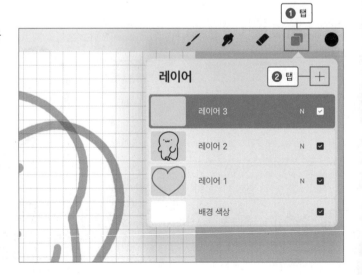)〕에서 〔+〕 버튼을 탭하여 '레이어 3'을 추가합니다.

03 | 하트를 따라서 마술봉이 이동해야
합니다. 마술봉과 손을 먼저 그립니다.

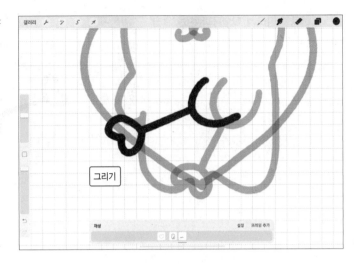

04 | 손의 위치와 이전 프레임을 참고하
여 캐릭터를 마저 그립니다. 시선은 마술봉
을 보는 것이 자연스럽습니다.

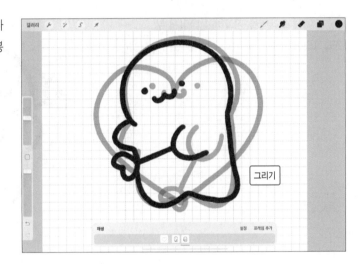

05 | (레이어(▣))에서 (+) 버튼을 탭하
여 '레이어 4'를 추가합니다.

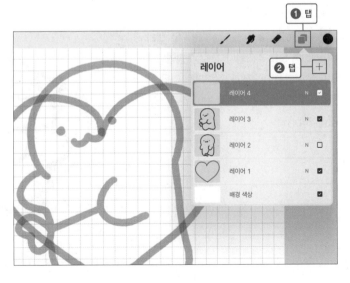

06 하트를 따라서 마술봉과 손을 그립니다.

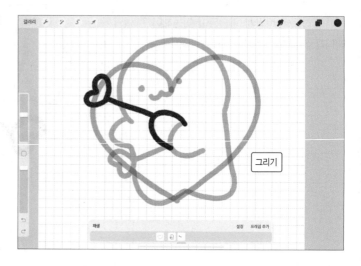

그리기

07 이전 프레임을 참고하여 나머지 부분도 그립니다.

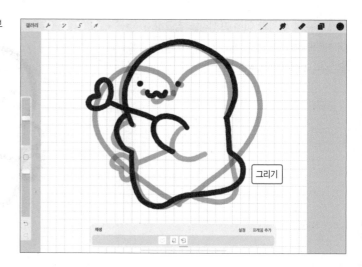

그리기

08 (레이어(■))에서 (+) 버튼을 탭하여 '레이어 5'를 추가합니다. 같은 방법으로 하트를 따라서 마술봉과 손을 그린 다음 몸을 그립니다. 마술봉에 한쪽 눈이 조금 가려졌습니다.

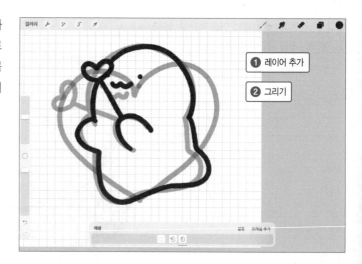

❶ 레이어 추가

❷ 그리기

09 [레이어(■)]에서 [+] 버튼을 탭하여 '레이어 6'을 추가합니다. 계속해서 하트를 따라서 캐릭터를 그립니다. 조금 어색한 부분이 생기더라도 신경 쓰지 말고 계속해서 그립니다.

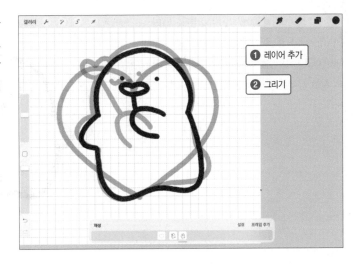

10 [레이어(■)]에서 [+] 버튼을 탭하여 '레이어 7'을 추가합니다. 마술봉의 움직임을 따라 어느 부분이 따라 올라가고 내려가는지, 팔과 다리의 움직임도 잘 생각해서 그립니다.

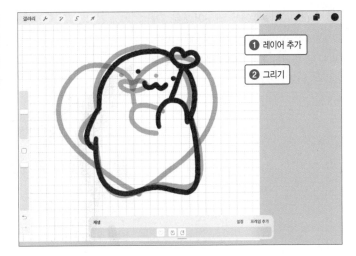

11 [레이어(■)]에서 [+] 버튼을 탭하여 '레이어 8'을 추가합니다. 살짝 팔을 내려 동작을 그립니다.

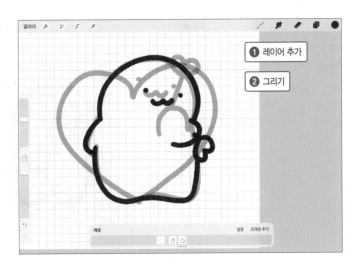

12 〔레이어()〕에서 〔+〕 버튼을 탭하여 '레이어 9'를 추가합니다. 처음 프레임과 이어지도록 동작을 그립니다. 마술봉이 거의 하트 끝부분에 닿게 동작을 그립니다.

1 레이어 추가

2 그리기

13 〔레이어(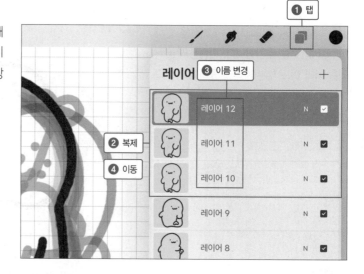)〕에서 '레이어 2'를 3개 복제한 다음 이름을 각각 '레이어 10'–'레이어 12'로 변경합니다. 3개의 레이어를 가장 상단으로 이동합니다.

1 탭

3 이름 변경

레이어

레이어 12   N

2 복제

레이어 11   N

4 이동

레이어 10   N

레이어 9   N

레이어 8   N

14 채색하기 위해서 〔레이어(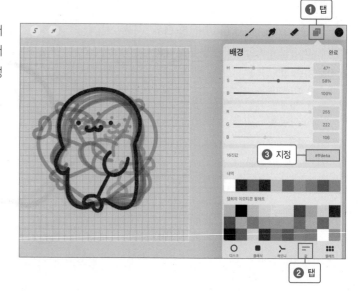)〕에서 '배경 색상' 레이어를 선택한 다음 하단에서 〔값〕을 선택하고 16진값을 '#ffde6a'로 지정하여 노란색으로 변경합니다.

1 탭

배경   완료

H   47°
S   58%
B   100%

R   255
G   222
B   106

16진값   **3** 지정   #ffde6a

내역

댈희의 이모티콘 팔레트

2 탭

15 | (색상(●))을 '흰색', '빨간색'으로 지정하여 모든 프레임의 캐릭터를 채색합니다.

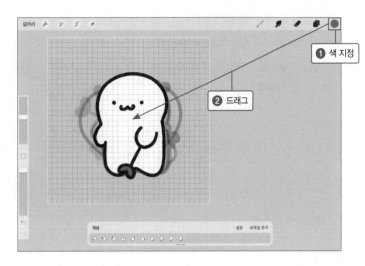

16 | 하트를 그린 프레임을 선택한 다음 활성화된 (배경)을 선택해 비활성화합니다.

17 | (레이어(▣))에서 '레이어 1'을 11개 복제한 다음 모든 캐릭터를 그린 레이어 위로 하나씩 이동합니다.

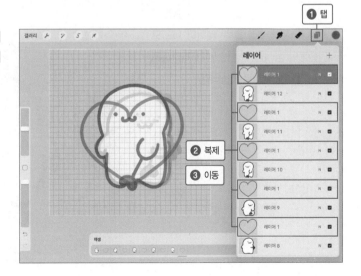

18 | 하트를 그린 레이어 하나, 캐릭터를 그린 레이어 하나씩 짝을 지어서 작업합니다. (레이어(⊡))에서 '레이어 2' 아래에 '레이어 1'을 선택합니다.

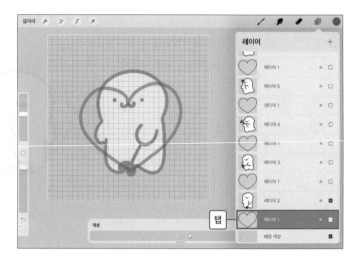

19 | 마술봉이 움직인 만큼만 남기고 나머지 하트 부분은 (지우개(✎))로 지웁니다.

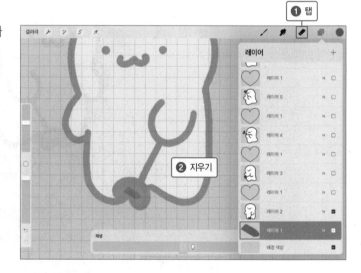

20 | 나머지 하트를 그린 '레이어 1'도 모두 마술봉이 움직인 만큼만 남기고 나머지 부분은 (지우개(✎))로 지웁니다.

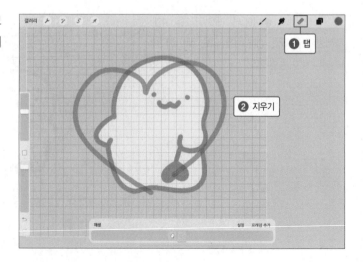

완성된 하트가 점점 사라지게 불투명도 조절하기

01 | 완성된 하트가 점점 사라지게 불투명도를 조절합니다. 이미 불투명도가 50%인 상태로 하트를 복제했으므로 현재 하트는 불투명합니다.

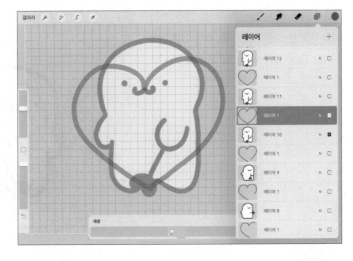

02 | '레이어 11' 위에 있는 '레이어 1'의 [N]을 탭하여 불투명도를 '30%'로 조절합니다.

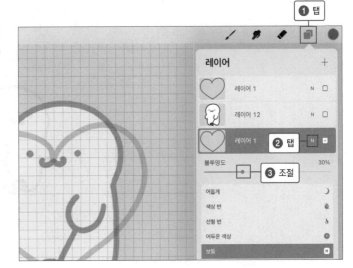

03 | '레이어 12' 위에 있는 '레이어 1'의 [N]을 탭하여 불투명도를 '10%'로 조절합니다.

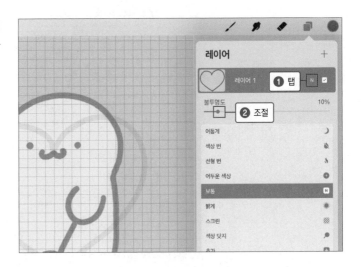

04 서로 짝이 되는 캐릭터를 그린 레이어와 하트를 그린 레이어를 각각 그룹으로 지정한 다음 그룹 레이어의 이름을 '1'–'11'로 변경합니다.

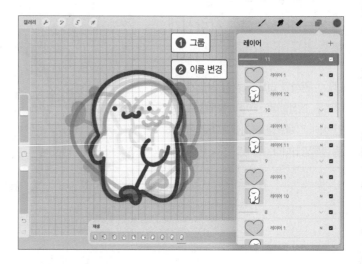

05 (재생)을 탭하여 모션을 확인합니다.

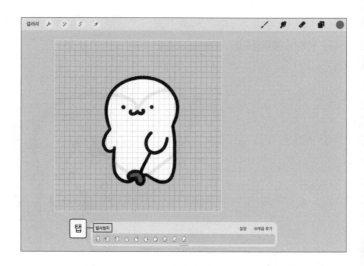

소품을 이용하여
노트북으로 일하는 고양이 만들기

- **난이도** : ★★★★
- **브러시** : 이모티콘브러시 – 댈희브러시
- **예제 파일** : 04\이모티콘브러시.brushset
- **완성 파일** : 04\노트북으로 일하는 고양이
  _완성.procreate

Drawing
Style

소품을 이용하면 더 사람 같은 표현이 가능합니다. 더 사람 같은 표현은 사용자가 감정 이입을 하기 쉽다는 의미이기도 합니다. 소품을 잘 활용하면 사용자의 호감을 살 수 있고, 이것은 상품성을 높일 수도 있습니다. 여러 가지 소품을 활용할 수 있도록 꾸준하게 소품 사용법을 알아 두어야 합니다. 소품과 소품, 캐릭터와 소품 간의 앞뒤 관계를 잘 생각하면서 그리면 쉽게 완성할 수 있습니다. 먼저 가장 기본이 되면서도 손쉬운 노트북으로 일하는 모션을 표현해 봅니다.

책상을 그려 배경으로
활성화하기

01 〔새로운 캔버스 → 이모티콘〕 캔버스
를 불러옵니다. 〔동작(🔧) → 캔버스〕에서
〔애니메이션 어시스트〕와 〔그리기 가이드〕를
활성화합니다.

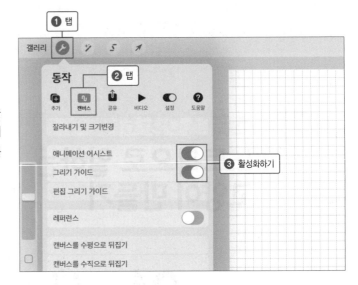

02 〔브러시(✏)〕를 탭하여 브러시 라이
브러리에서 〔이모티콘브러시 → 댈희브러
시〕를 선택합니다. 책상을 표현하기 위해 선
을 그은 다음 화면에서 펜을 떼지 않고 기다
리면 선이 깔끔하게 보정됩니다.

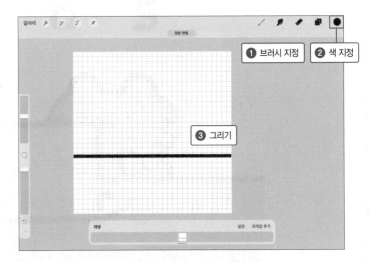

03 〔색상(●)〕을 '고동색'으로 지정하여
채색합니다.

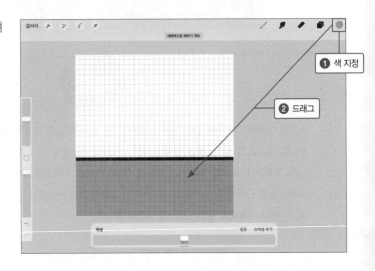

04 | 애니메이션 어시스트 메뉴에서 프레임을 선택하여 (배경)을 활성화합니다.

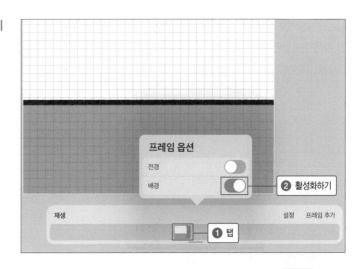

노트북으로 일하는 고양이 그리기

01 | (레이어(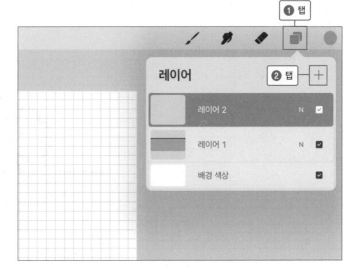))에서 (+) 버튼을 탭하여 '레이어 2'를 추가합니다.

02 | 책상 위쪽에 노트북을 그립니다.

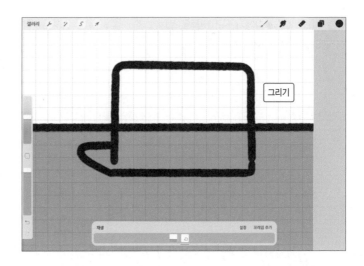

03 〔레이어(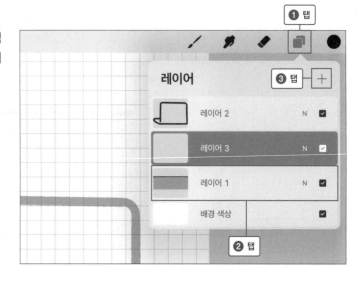)〕에서 '레이어 1'을 선택
한 다음 〔+〕 버튼을 탭하면 '레이어 1' 위에
'레이어 3'이 추가됩니다.

04 노트북을 하는 고양이를 그립니다.
먼저 두 손을 모두 위로 올린 상태로 그립니
다. 책상 뒤에 숨겨져 몸은 보이지 않으므로
채색만 가능하도록 간단히 그립니다.

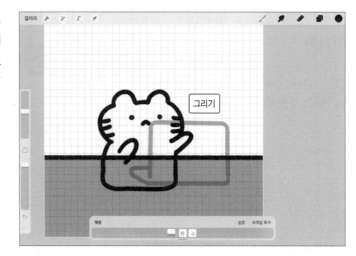

05 〔레이어()〕에서 〔+〕 버튼을 탭하
여 '레이어 4'를 추가합니다.

06 이전 프레임을 참고하여 왼쪽 손은 올리고, 오른쪽 손은 내려서 그립니다. 얼굴은 살짝 올라간 상태입니다.

07 (레이어(▣))에서 (+) 버튼을 탭하여 '레이어 5'를 추가합니다. 이전 프레임을 참고하여 왼쪽 손은 내리고 오른쪽 손은 올린 캐릭터를 그립니다.

08 (설정)을 탭한 다음 초당 프레임을 '10'으로 조절합니다. (재생)을 탭하여 모션을 확인합니다.

09 │ (레이어(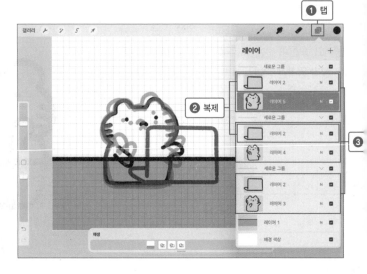))에서 노트북을 그린 '레이어 2'를 2개 복제한 다음 그림과 같이 각각 캐릭터를 그린 레이어와 그룹으로 지정합니다.

10 │ '레이어 4' 위에 '레이어 2'를 선택한 다음 (변형(⬈))을 탭합니다. 손이 내려와서 노트북을 치면 반대편이 들리도록 오른쪽으로 살짝 회전합니다.

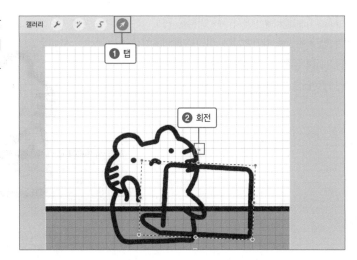

11 │ '레이어 5' 위에 '레이어 2'를 선택한 다음 (변형(⬈))을 탭합니다. 왼쪽의 손이 내려오면 노트북은 반대편이 올라오도록 왼쪽으로 살짝 회전합니다.

12 가장 앞에 있는 것부터 채색합니다. (색상(●))을 '회색'으로 지정하여 모든 프레임의 노트북을 채색합니다.

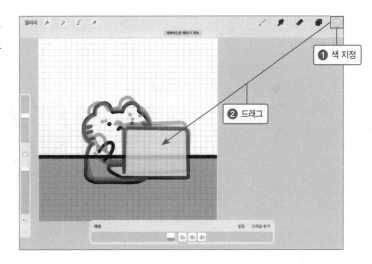

13 책상을 그린 프레임을 탭하여 (배경)을 비활성화합니다.

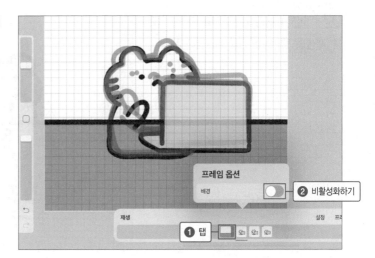

14 (레이어(■))에서 '레이어 1'을 2개 복제한 다음 각 그룹 레이어의 '레이어 2' 아래로 이동합니다. 그룹 레이어의 이름을 아래에서부터 순서대로 '1'–'3'으로 변경합니다.

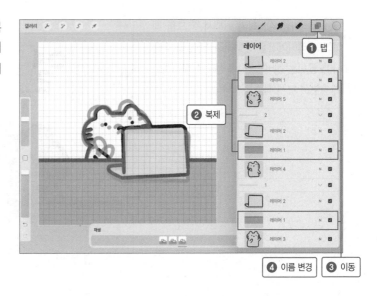

고양이 채색하고 대사 추가하기

01 [색상(●)]을 '노란색'으로 지정해 고양이를 채색합니다.

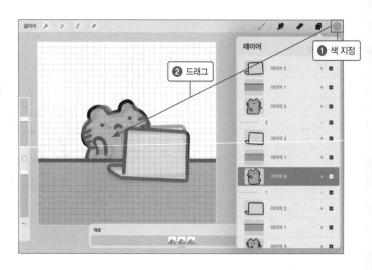

02 모든 프레임의 고양이를 채색한 다음 [재생]을 탭하여 모션을 점검합니다.

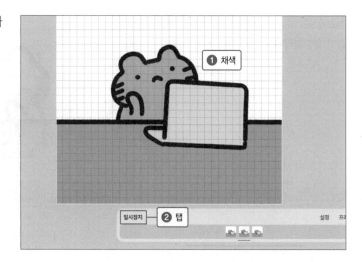

03 의미를 강조하기 위해서 '1' 그룹 레이어의 '레이어 2'를 선택하여 '열심'을 적습니다. 글씨는 캔버스의 1/4 정도를 차지하도록 충분히 크게 적는 것이 좋습니다.

04 나머지 그룹 레이어의 '레이어 2'도 선택하여 이전 프레임의 '열심'을 따라서 적습니다. 손으로 직접 따라 적어 위치가 완전히 똑같을 수는 없으므로 글씨가 조금씩 움직이는 듯한 효과를 볼 수 있습니다.

05 [재생]을 탭하여 모션을 확인합니다.

5

이모티콘 제안부터
승인, 굿즈 제작하기

열 심

이모티콘을 완성했다면 세상에 선보일 준비를 해야 합니다. 원하는 플랫폼에 제안하고, 승인 여부에 따라 수정하거나 다른 플랫폼에 제안하는 등의 절차를 생각해 보아야 합니다. 내 캐릭터를 굿즈로 만들어서 기념하거나 판매를 생각해 볼 수도 있습니다. 이모티콘 완성 그 이후의 이야기를 해 보겠습니다.

완성된 이모티콘 **제안하기**

내 캐릭터와 이모티콘 제작이 완성되었다면 여러 플랫폼에서 가장 가성비가 좋은 플랫폼에 제안해 봅니다.

제안 규격 확인하기

이모티콘 플랫폼은 카카오 이모티콘 스튜디오, OGQ 크리에이터 스튜디오, 모히톡 스티커팜, 이모틱박스, 라인 크리에이터스, 밴드 스티커샵 등 여러 가지가 있습니다. 이 중에서 제가 승인률 및 수익성에서 효율이 높다고 생각하는 세 개의 플랫폼의 제안 규격을 확인해 보도록 하겠습니다.

카카오 이모티콘 스튜디오

카카오 이모티콘 스튜디오에서 제안할 수 있는 이모티콘은 멈춰있는 이모티콘, 움직이는 이모티콘, 큰 이모티콘입니다. 큰 이모티콘의 경우 꼭 커야만 하는 이유가 있어야 승인이 되기 때문에 보통은 멈춰있는 이모티콘과 움직이는 이모티콘 두 가지가 있다고 생각하면 됩니다.

멈춰있는 이모티콘은 '360px × 360px' 크기로, 배경이 투명한 png 파일 32개가 필요합니다. 움직이는 이모티콘은 '360px × 360px' 크기로, 흰색 배경의 GIF 파일 3개 이상, 나머지는 멈춰있는 이모티콘과 같은 포맷으로 제출해야 합니다.

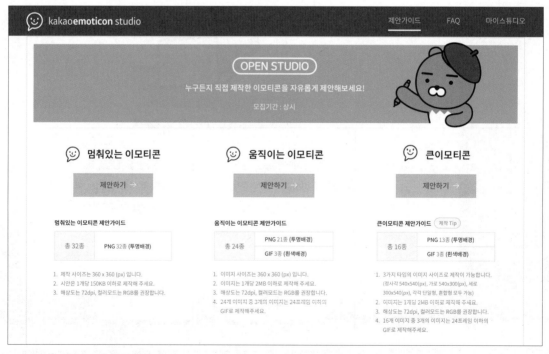

▲ 카카오 이모티콘 스튜디오 제안 가이드

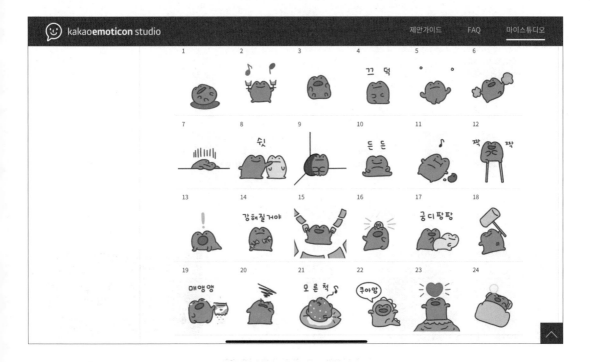

OGQ 크리에이터 스튜디오

OGQ의 스티커는 메인 이미지, 스티커 이미지, 탭 이미지로 구성되어 있습니다. 메인 이미지는 투명한 '240px × 240px' 크기의 PNG 파일, 스티커 이미지는 투명한 '740px × 640px' 크기의 PNG 파일, 탭 이미지는 투명한 '96px × 74px' 크기의 PNG 파일입니다. 애니메이션 스티커는 PNG 파일 대신에 배경이 투명한 GIF 파일을 올려야 합니다.

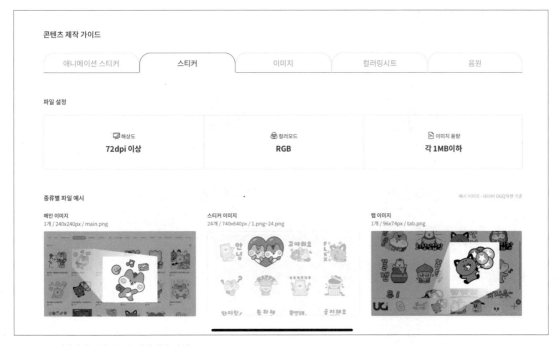

▲ OGQ 크리에이터 스튜디오 스티커 제안 가이드

▲ OGQ 크리에이터 스튜디오 애니메이션 스티커 제안 가이드

모히톡 스티커팜

등록하고자 하는 스티커 개수에 따라서 플러스팩 혹은 베이직팩을 선택합니다.

모히톡의 경우 팩 대표 이미지와 스티커 이미지가 필요합니다. 팩 대표 이미지는 투명한 '250px ×
250px' 크기의 PNG 파일, 스티커 이미지는 투명한 '618px × 618px' 크기의 PNG 파일입니다.

이미지		
	개수	크기(px)
팩 대표 이미지	1개	500KB이하, 해상도 72dpi의 250*250(px)의 PNG 파일
스티커 이미지	최소 1개 이상 최소 이미지 개수 24개	500KB이하, 해상도 72dpi, 618*618(px)의 이미지 (자세한 가이드는 왼쪽 메뉴에서 스티커 타입을 선택)
텍스트		
	언어	글자 수
팩 이름	영문 필수	최소 글자 수 3자 이상
팩 설명	영문 필수	최대 글자 수 제한 없음

▲ 모히톡 스티커팜 제안 가이드

제안을 위해 이모티콘 크기 조절하여 저장하기

01 │ 카카오 이모티콘 스튜디오를 기준으로 크기를 조절해 봅니다. 프로크리에이트 홈 화면에서 오른쪽 상단에 (선택)을 탭합니다.

02 │ 크기를 변경할 이모티콘 캔버스를 탭하여 체크 표시한 다음 (복제)를 탭합니다. 캔버스를 복제하여 원본 캔버스는 항상 따로 보관해야 합니다.

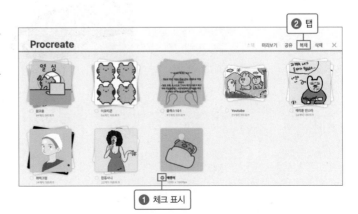

03 | 복제된 이모티콘 캔버스를 탭합니다.

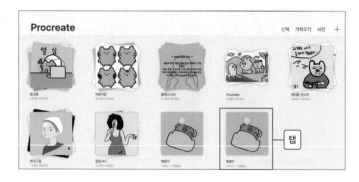

04 | [동작(🔧) → 캔버스]에서 [잘라내기 및 크기변경]을 선택합니다.

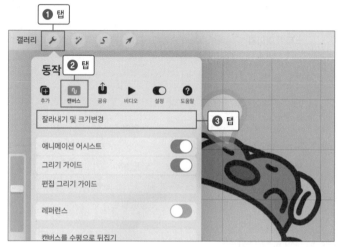

05 | [설정]을 탭한 다음 [캔버스 리샘플]을 활성화합니다.

06 크기를 카카오 이모티콘 스튜디오 기준 사이즈인 '360px'로 설정합니다.

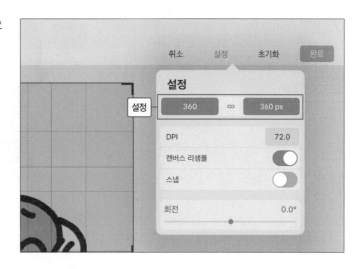

07 움직이는 이모티콘의 경우 흰색 배경의 gif 파일이 필요합니다. (레이어(⬛))에서 '배경 색상' 레이어를 선택한 다음 '흰색'으로 지정합니다.

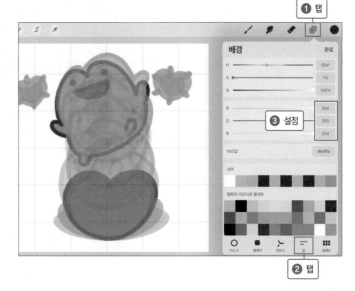

08 필요한 모션의 레이어를 모두 체크 표시합니다.

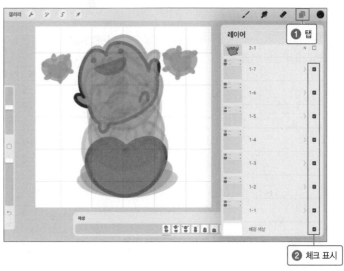

09 | 애니메이션 어시스트 메뉴에서 (설정)을 탭한 다음 (루프)로 선택되어 있는지 꼭 확인합니다. 초당 프레임은 원하는 속도로 조절합니다.

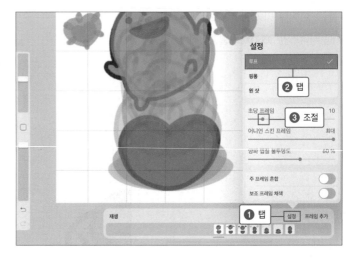

10 | (동작(🔧) → 공유)에서 (움직이는 GIF)를 선택합니다.

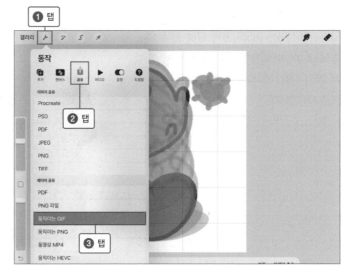

11 | (최대 해상도)를 선택하고 (디더링)을 활성화한 다음 초당 프레임을 확인하고 (내보내기) 버튼을 탭합니다.

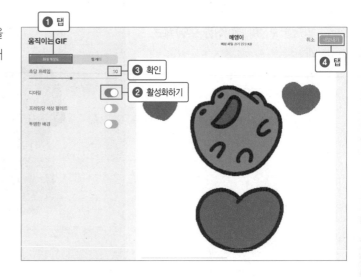

12 〔이미지 저장〕을 탭하면 '사진' 앱에 저장됩니다. 필요에 따라 편한 곳에 저장합니다.

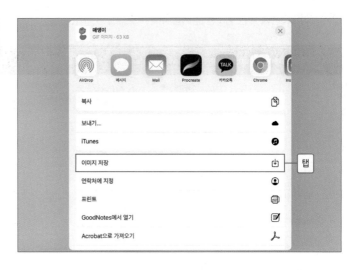

TIP   멈춰있는 이모티콘 저장하기

멈춰있는 이모티콘은 투명한 배경의 png 파일로 제안해야 하므로 〔레이어(▣)〕에서 '배경 색상' 레이어를 체크 해제합니다. 원하는 동작의 레이어를 제외한 나머지 레이어는 체크 해제하여 필요한 그림만 선택합니다.

〔동작(🪄) → 공유〕에서 〔PNG〕를 선택한 다음 〔이미지 저장〕을 선택합니다.

카카오 이모티콘 스튜디오에 제안하기

01 카카오 이모티콘 스튜디오에 접속한 다음 〔이모티콘 제안〕 탭을 선택하여 자신이 제안하려는 이모티콘 스타일의 〔제안하기〕 버튼을 탭합니다.

02 | 이모티콘에 대한 정보를 입력합니다.

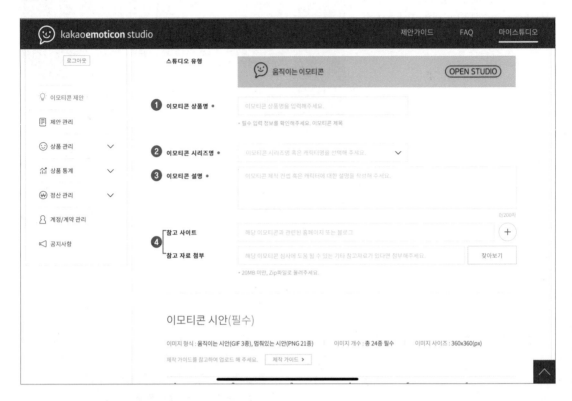

❶ **이모티콘 상품명** : 자신의 이모티콘 제목을 입력합니다. 이모티콘의 제목은 한눈에 어떤 캐릭터인지, 성격은 어떤지, 콘셉트는 무엇인지 잘 드러나면서도 어감이 정감 있고 예쁜 것이 좋습니다.

❷ **이모티콘 시리즈명** : 캐릭터의 이름을 입력합니다.

❸ **이모티콘 설명** : 제작 콘셉트와 캐릭터의 이름, 성격, 동물이라면 종류를 적습니다. 이모티콘 설명이 길다고 승인이 잘 되는 것이 아니니 간단명료하게 적습니다.

❹ **참고 사이트, 참고 자료 첨부** : 선택 사항입니다. 제가 승인 받은 이모티콘 중에서 이 내용을 작성한 적은 없었습니다.

03 | 이모티콘 시안을 빈칸에 등록해야 합니다. 빈칸을 탭한 다음 [찾아보기] 버튼을 탭합니다.

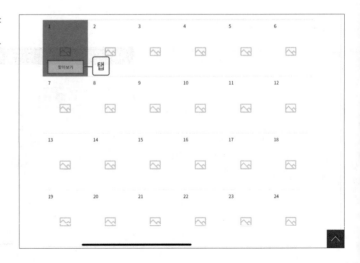

04 〔사진 보관함〕을 선택합니다.

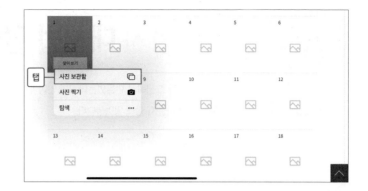

05 사진(갤러리) 보관함에서 저장한 시안 중 원하는 시안을 선택해 등록합니다. 빈칸이 없도록 모두 시안을 등록합니다.

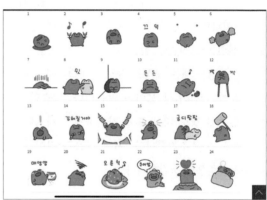

TIP 시안 업로드 요령

시안 업로드에 정답이 있는 것은 아닙니다. 하지만 하루에도 수백 개의 시안을 심사해야 하는 심사자를 배려하여 업로드할 필요는 있습니다.

❶ 움직이는 이모티콘이라면 움직이는 이모티콘을 처음 부분에 차례로 배치합니다.
❷ 멈춰있는 이모티콘이라면 콘셉트에 가장 잘 맞는 표현을 처음 부분에 배치합니다.
❸ 자주 쓰는 표현을 앞에 배치하되, 전체적으로 다양한 동세가 느껴지도록 순서를 조절합니다.
❹ 오타, 컬러 누락 등 사소한 실수가 노출되지 않도록 주의합니다.

06 모든 내용 입력과 시안 등록이 완료되었으면 〔제출하기〕 버튼을 탭하여 제출을 완료합니다.

미승인 시 **대처법 알아보기**

애정을 담아 고생해서 만들었는데 미승인이 나면 미승인 이유를 알기는 어렵습니다. 이런 경우 어떻게 해야 하는지 함께 알아봅니다.

냉정한 눈으로 자기 점검하기

이모티콘을 제안한 지 2주에서 4주가 지나면 심사 결과가 메일로 옵니다. 메일을 확인했을 때 미승인이라면 어떤 점이 부족했는지 냉정한 눈으로 자신의 이모티콘을 점검해야 합니다. 보통 이모티콘을 만들 때는 애정을 가지고 캐릭터를 그리기 때문에 단점이 잘 보이지 않습니다. 미승인을 받고 일주일 정도 지난 후에 차분하게 다시 한번 점검해 보기를 추천합니다. 저는 다음과 같이 세 가지를 기준으로 점검합니다.

- 콘셉트와 제목, 캐릭터의 3박자가 잘 어울리는가
- 24개 혹은 32개의 표현 중에서 콘셉트나 캐릭터에 어울리지 않는 표현이 있는가
- 시안 중에서 한눈에 알아보기 힘들거나 중복된 것이 있는가

▲ 카카오 이모티콘 스튜디오 미승인 안내

이렇게 세 가지를 기준으로 점검하고 수정 방향을 잡아 이모티콘을 더 매력적으로 보일 수 있는 아이디어를 며칠간 더 수집합니다.

미승인 이모티콘 수정하기

자기 점검으로 수정 방향이 정해진 이모티콘은 수정 작업을 거쳐야 합니다. 몇 가지 예시를 함께 살펴보며 이모티콘 수정하는 과정을 알아보겠습니다.

외곽선이 꾸불꾸불한 것을 콘셉트로 하는 캐릭터도 많이 있지만, 내 캐릭터에 어울리지 않는다면 선을 깔끔하게 다듬고, 색감을 조정하여 캐릭터의 완성도를 올리는 것이 좋습니다. 프로크리에이트의 경우 모노라인 브러시를 활용하면 깔끔한 선으로 다듬을 수 있습니다.

더 깔끔하게 선 수정하기

시안을 꼼꼼히 살펴보았을 때 잘 와닿지 않거나 표현이 어색한 부분을 찾아 고치는 것도 좋은 방법입니다. 오른쪽의 예를 보면 단상 위에서 왕관을 쓰고 박수하는 것보다는 잘난 척하는 표현이 더 이해가 쉽고 자연스럽습니다. 이렇게 기존 시안 중 몇 개만 더 적합한 표현으로 수정하여도 승인이 될 수 있습니다.

한눈에 알아보기 쉬운 표현으로 수정하기

시안과 콘셉트가 잘 맞는다면 캐릭터를 바꾸는 것도 하나의 방법이 될 수 있습니다. 다음 이모티콘은 승리를 콘셉트로 하는 이모티콘을 독수리 캐릭터로 제안했을 때는 미승인이었습니다. 이것을 승리라는 콘셉트와 불사조라는 캐릭터의 어울림을 생각하여 모든 시안을 붉은색으로 바꾸어서 승인되었습니다. 색만 바꾸어서 승인된 것처럼 보이지만 콘셉트에 맞게 캐릭터를 바꾸었기 때문에 승인된 경우입니다.

콘셉트에 맞게 캐릭터 수정하기

캐릭터와 콘셉트, 시안을 모두 잘 짰음에도 미승인이 될 수 있습니다. 특히 기존의 캐릭터와 비슷하게 생겼거나 유사한 느낌을 준다면 승인될 수 없습니다. 이미 수많은 이모티콘이 출시되었기 때문에 모든 경우의 수를 피하기가 쉽지 않은 일이지만 후발 주자인 작가는 이렇게 불리한 상황을 극복해야 합니다. 캐릭터의 눈, 코, 입이나 외형, 색감, 무늬 등을 바꾸어서 기존 캐릭터와 차별성을 주어야 합니다. 콘셉트와 시안이 좋다면 충분히 승인을 받을 수 있습니다.

기존 캐릭터와 겹치지 않게 수정하기

살릴 수 없는 시안은 타 플랫폼에 제안하기

자기 점검을 해 보아도 도저히 답이 없는 시안도 생기기 마련입니다. 또는 나는 마음에 들어 서너 번 고쳐 다시 제안해도 계속 미승인이 되는 시안이 생길 수 있습니다. 이런 경우 마음은 아프지만, 다른 캐릭터로 제안하는 것이 장기적으로 봤을 때 좋습니다. 시간이 지나고 실력이 늘면 그때 다시 미승인된 캐릭터를 살릴 수 있으니 보내야 할 때는 과감하게 보내야 합니다. 하지만 보낼 때 보내더라도 내가 키운 자식 같은 캐릭터를 그냥 보낼 수는 없습니다. 승인이 쉬운 타 플랫폼에 제안하여 포트폴리오처럼 기록으로 남기고 소소한 수익도 얻어 가기를 추천합니다.

OGQ에 제안하기

OGQ는 승인률이 굉장히 높고, 언제든 검색하여 내가 만든 이모티콘을 되돌아보기 좋습니다. 멈춰있는 이모티콘 혹은 움직이는 이모티콘 중 24개의 시안을 뽑아서 등록합니다. 이때 OGQ는 주로 블로그, 카페, 아프리카 TV에서 이모티콘(스티커)을 사용하기 때문에 여기에 어울리는 표현을 추가하거나 수정해서 올리도록 합니다.

▲ 네이버 OGQ 마켓

모히톡 스티커팜에 제안하기

　모히톡 스티커팜의 경우 시안 1개도 등록할 수 있다는 장점이 있습니다. 움직이는 이모티콘을 제안할 때 보통 3-5개 정도의 움직이는 이모티콘을 제작합니다. 멈춰있는 시안들로 OGQ에 제안하고 나면 남은 움직이는 시안들이 매우 아깝습니다. 이럴 때는 움직이는 시안의 개수만큼 모히톡 스티커팜에 제안하면 추가로 수익을 올릴 수 있습니다.

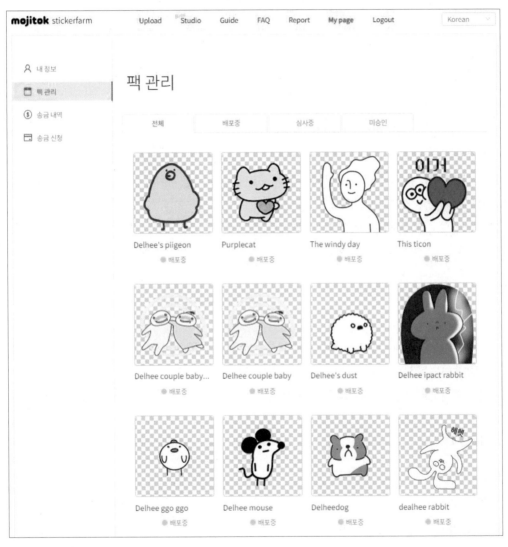

▲ 모히톡 스티커팜

　이처럼 미승인된 이모티콘을 수정하거나 다른 플랫폼에 제안하는 식의 루틴을 가지고 계속해서 이모티콘을 제안하다 보면 실력이 쌓여서 승인 받는 순간이 오게 됩니다. 이모티콘 플랫폼은 위에서 언급한 것보다 다양하기 때문에 자신에게 알맞은 플랫폼을 찾아서 제안해 보기 바랍니다. 다만, 너무 여러 플랫폼을 이용하기보다는 작업을 루틴화할 수 있도록 플랫폼을 선별해서 활동하기를 권장합니다.

03 STEP

승인 후 출시를 앞당기는
작업 방법 알아보기

승인 후 작가가 하기에 따라서 출시까지 오래 걸리기도 하고 짧게 걸리기도 합니다. 혼자서 막막할 수 있는 승인 후 과정을 살펴보고, 꿀팁도 알아봅니다.

상품화 과정 이해하기

제안 심사에서 승인을 받았다면 이제 상품화가 진행됩니다. 먼저 계약 메일이 1-2주 사이에 오고, 계약이 완료된 다음 다시 1-2주 후 상품화 검수 과정이 진행됩니다. 카카오 이모티콘 스튜디오에서 단계별로 진행되며, 가이드도 카카오 이모티콘 스튜디오에 설명되어 있습니다. 간단하게 무엇을 해야 하는지 알아보도록 합니다.

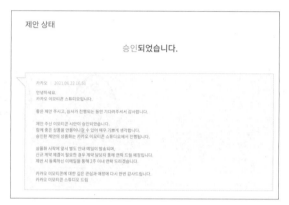

▲ 카카오 이모티콘 스튜디오 승인 안내

각 단계별로 수정 및 제출을 하면 담당자의 피드백이 옵니다. 이상이 없다면 다음 단계로 진행되고, 오류가 있다면 다시 수정하는 과정을 반복합니다. 피드백에는 보통 1주일 정도가 소요되므로 상품화 기간을 단축시키기 위해서는 실수나 오류를 최소화해야 합니다.

검수 준비	컬러 검수	애니메이션 검수	최종 파일	검수 완료

검수 준비

검수 준비 단계에서는 멈춰있는 이모티콘의 경우, 별도의 할 일이 많지는 않습니다. 움직이는 이모티콘을 제안했다면 검수 준비 단계에서 멈춰있는 PNG 파일로 제안했던 시안들의 모션을 구상하고, 구상이 끝났다면 미리 작업을 시작하는 것이 좋습니다.

컬러 검수

컬러 검수에서 상품명, 작가명 or 캐릭터명을 정하게 됩니다. 상품명은 이모티콘의 제목입니다. 이전의 제목을 수정하고 싶다면 이 단계에서만 수정이 가능합니다. 기존의 캐릭터와 이름이 겹치지 않으면서도 소비자를 사로잡을 수 있는 제목으로 바꾸어도 됩니다. 상품명은 한글과 영문으로 각각 적어서 내야 하는데,

영문은 번역기를 활용합니다. 맞지 않는 영문 제목은 상품화 담당자가 변경해 줍니다. 작가명이나 캐릭터명도 한글과 영문으로 적어야 합니다.

컬러 검수 과정에서는 내가 제안했던 시안이 무엇인지를 설명합니다. 예를 들어 '맹꽁이가 축하하는 표현'처럼 간단하게 시안이 의미하는 바를 명확하게 적습니다. 남은 상품화 과정에서 이 단계에서 쓴 설명이 기준이 되기 때문에 너무 자세하게 쓰면 오히려 자기 말에 갇히게 될 수 있습니다. 담당자가 어떤 시안인지, 어떤 모션을 할 것인지를 이해할 수 있는 수준으로 적습니다.

만약 정치적으로 문제가 있거나, 윤리 지침 준수 문제, 저작권 문제 및 오해의 소지를 불러일으킬 수 있는 시안이 있다면 이 단계에서 수정할 수 있도록 안내해 줍니다.

애니메이션 검수

멈춰있는 이모티콘을 승인 받은 경우, 애니메이션 검수 단계는 생략됩니다. 만약 움직이는 이모티콘을 승인 받았다면, 컬러 검수에서 적은 내용을 바탕으로 WEBP 확장자로 만든 시안을 등록해야 합니다. GIF가 아니라고 걱정할 필요는 없습니다. 카카오 이모티콘 스튜디오에서 카카오 전용 애니메이팅 프로그램을 제공하고 있습니다. PNG 파일을 순서대로 넣고 저장하는 아주 간단한 프로그램입니다. 애니메이션 검수 과정에서 모든 시안의 모션을 완성해야 합니다. 가장 시간이 많이 걸리는 부분입니다. 오버 컬러링이나 점이 잘못 찍힌 프레임 등 사소한 부분까지 잘 점검해야 상품화 시간을 단축할 수 있습니다.

최종 파일

이모티콘을 상품화할 때 필요한 모든 파일을 정리해서 제출하는 단계입니다.

'이모트'는 멈춰있는 이모티콘의 경우 PNG, 움직이는 이모티콘의 경우 WEBP 확장자로 등록하여 채팅창에서 실제로 사용됩니다.

'키보드 섬네일'은 사용자가 이모티콘을 사용하기 전에 보이는 내 이모티콘을 말합니다. 움직이는 이모티콘의 경우 해당 표현을 가장 잘 나타낼 수 있는 대표 이미지를 등록합니다.

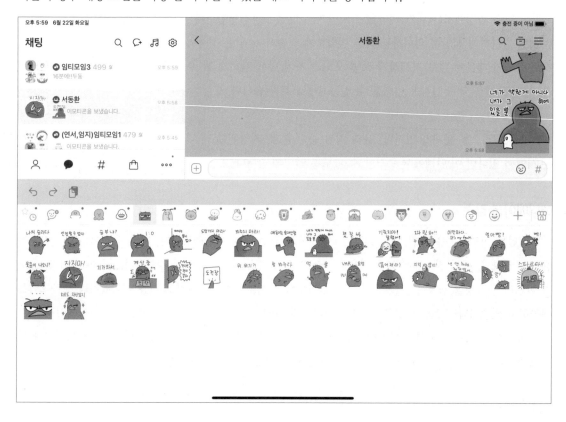

'키보드 탭 아이콘'은 이모티콘을 선택할 때 탭하는 이미지입니다. 크기가 매우 작으므로 눈에 잘 보이는 간단한 형태로 제작합니다. 보통의 경우 캐릭터의 얼굴을 그립니다.

'스토어 리스트 타이틀'은 다른 이모티콘과 함께 보이는 타이틀 이미지입니다. 다른 캐릭터와 함께 비교되는 이미지이므로 내 캐릭터의 매력이 가장 돋보이는 이미지로 선택하는 것이 좋습니다. 스토어 리스트 타이틀의 경우 텍스트를 사용하지 못하기 때문에 텍스트 없이도 캐릭터를 잘 나타낼 수 있는 시안에서 고르도록 합니다.

'앱 상세 타이틀'은 사용자가 스토어 리스트에서 내 이모티콘을 선택했을 때 노출되는 타이틀 이미지입니다. 텍스트가 들어갈 수 있습니다.

'웹 상세 타이틀'은 카카오 이모티콘 샵 웹 사이트에 보이는 타이틀 이미지입니다.

'선물 이미지'는 구매하거나, 공유할 때 노출되는 이미지입니다. 가장 매력적인 16개 시안을 담아서 제작합니다. 상단의 간판에는 제목과 함께 캐릭터를 배치합니다. 꼭 시안에 없더라도 캐릭터의 매력을 어필할 수 있도록 제작해도 좋습니다.

승인을 위한 최소한의 작업

프로크리에이트로 대부분의 작업을 할 수 있지만 최종 파일을 등록하려면 포토샵을 이용하는 것을 추천합니다. 포토샵 구독 비용이 부담될 수 있지만 이모티콘의 수익으로 충당할 수 있으므로 과감하게 투자하기 바랍니다. 작가의 창작 윤리에 따라서 불법적인 경로의 프로그램은 사용하지 않는 것이 좋습니다. 포토샵 이용이 처음이라면 체험 버전을 사용하는 것도 좋은 방법입니다.

승인 후 상품화 과정을 이해했다면 작가는 미리미리 다음 작업을 준비하는 것이 좋습니다.

텍스트에 흰 테두리 선 넣기

프로크리에이트에서도 흰 테두리 선을 넣을 수 있지만 너무 불편하기도 하고, 정확하지 않습니다. 포토샵을 이용하면 간단히 해결할 수 있습니다.

01 │ 포토샵을 실행한 다음 원하는 이모티콘 시안을 불러옵니다. 흰 테두리 선을 넣을 글씨를 올가미 도구()로 드래그하여 선택 영역으로 지정한 다음 Ctrl + Shift + J 를 누릅니다.

02 │ 레이어 패널에 선택 영역으로 지정한 글씨가 새로운 레이어로 분리됩니다.

03 │ 메뉴에서 [편집] → 획을 실행합니다.

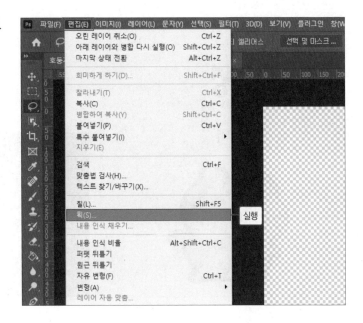

04 │ 획 대화상자가 표시되면 폭을 '3픽셀', 색상을 '흰색', 위치를 '바깥쪽'으로 선택한 다음 〈확인〉 버튼을 클릭합니다.

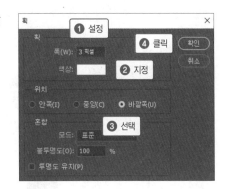

05 │ 글씨에 테두리가 생긴 것을 확인할 수 있습니다.

06 | Ctrl + E 를 누르면 아래 레이어와 합쳐집니다. 이 과정을 반복해서 모든 텍스트에 흰 테두리를 만듭니다.

07 | 파일을 추출하기 전 알아야 할 것이 있습니다. 프로크리에이트와 포토샵의 레이어 정렬 순서는 반대이므로 순서를 변경해야 합니다. 레이어 패널에서 Shift 를 누른 상태로 모든 레이어를 선택합니다. 메뉴에서 **[레이어] → 정돈 → 반전**을 실행합니다.

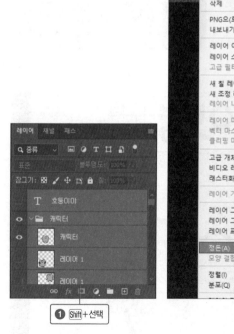

❶ Shift + 선택

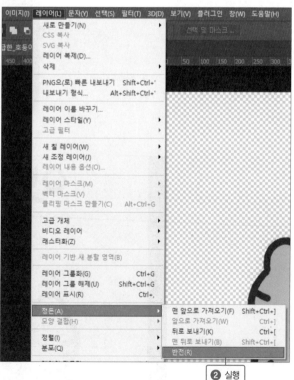

❷ 실행

08 모든 작업을 완료했다면 PNG 파일로 저장합니다. 메뉴에서 **(파일) → 내보내기 → 레이어를 파일로**를 실행합니다.

09 레이어를 파일로 내보내기 대화상자가 표시되면 대상에서 〈찾아보기〉 버튼을 클릭하여 원하는 폴더를 지정합니다. 파일 유형을 'PNG–24', 'ICC 프로필 포함', '투명도'를 체크 표시한 다음 〈실행〉 버튼을 클릭합니다.

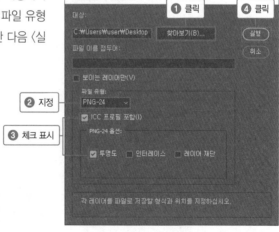

TIP 절대 '레이어 재단'은 체크 표시하지 않습니다.

TIP 만약 텍스트가 이미지가 아닌 따로 텍스트 레이어로 지정되어 있다면 다음 방법을 활용합니다.

❶ 레이어 패널에서 텍스트 레이어를 선택합니다. 메뉴에서 [레이어] → 레이어 스타일 → 획을 실행합니다.

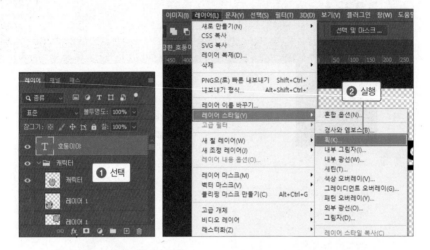

❷ 레이어 스타일 대화상자가 표시되면 크기를 '3px', 위치를 '바깥쪽', 혼합 모드를 '표준', 색상을 '흰색'으로 설정한 다음 〈확인〉 버튼을 클릭합니다.

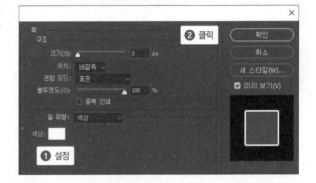

❸ 텍스트에 흰 테두리가 생겼습니다. 레이어 패널에서 텍스트 레이어와 그림 레이어를 선택하고 마우스 오른쪽 버튼을 클릭한 다음 **레이어 병합**을 실행합니다. 두 레이어가 합쳐졌습니다. 파일 추출 과정은 이전과 동일합니다.

노력을 덜어 주는 파일 정리 방법

    컴퓨터에 캐릭터 폴더를 만들어서 정리하면 상품화 과정을 효과적으로 진행할 수 있습니다. 세 번째 '웹피(소스정리)' 폴더에는 이전 레이어 추출 과정을 따라 파일을 추출하여 정리합니다. 웹피(소스정리) 폴더에는 시안별로 폴더를 만들어 둡니다.

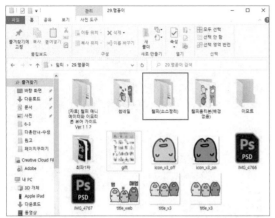 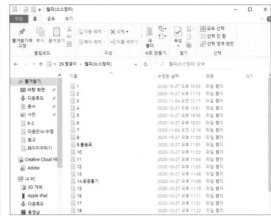

    각 시안 폴더에는 프레임이 번호순으로 정렬되어 있습니다.

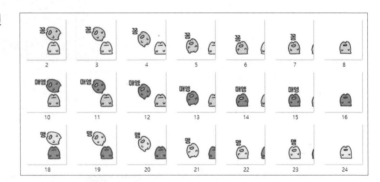

    나머지 과정은 현재 저장한 PNG 파일들을 조합해서 만들 수 있습니다. 카카오 이모티콘 상품화 가이드를 정독하면 누구나 출시까지 무사히 마칠 수 있을 것입니다.

TIP **출시 후 2탄은 언제 내나요?**

시리즈의 경우 처음 출시된 이모티콘의 수익이 중요한 기준입니다. 정확하게 몇 위를 해야 한다고 단정 지을 수는 없지만, 다른 작가님의 사례로 비추어 보았을 때 50위 안에 들면 시리즈를 제안했을 때 승인이 될 가능성이 높다고 할 수 있습니다.

2탄을 제안하는 시기는 보통 출시 후입니다. 카카오 이모티콘 스튜디오에서도 이를 권장하고 있습니다. 다만, 1탄이 전체 인기 순위 1위를 하는 등 소위 '대박'을 거두면 2탄 출시 전에 3탄이 승인되는 경우도 있습니다.

요즘은 출시되는 이모티콘의 숫자도 많고, 이미 팬덤이 형성되어 있는 캐릭터가 많아 초보 작가가 진입해서 좋은 성적을 내는 것은 쉽지 않은 일입니다. 많은 대중에게 사랑받는 캐릭터를 만나는 것은 정말 큰 행운과도 같습니다. 그런 캐릭터를 만나기 전까지 다양한 캐릭터로 대중에게 어필해 보는 것을 추천합니다.

내 캐릭터로 **굿즈 제작하기**

STEP 04

내 캐릭터가 디지털 세계에 있는 것에 만족하지 않고 현실 세계로 소환하고 싶다면 내 캐릭터를 활용한 굿즈 만들기만큼 좋은 방법은 없습니다. 굿즈를 만드는 방법에 대해 알아봅니다.

내가 만든 캐릭터를 굿즈화해서 수익을 내거나 추억으로 간직하는 것도 내가 만든 이모티콘을 활용하는 방법 중 하나입니다. 가장 먼저 해야 할 것은 굿즈를 제작해 주는 업체를 찾는 것입니다. 업체마다 크기 및 파일 형식이 다릅니다. 샘플 용지를 제공하는 경우가 많으니 꼼꼼하게 확인합니다.

오프린트미에서 스티커 굿즈 만들기

01 │ 아이패드 앱스토어에서 '오프린트미'를 검색하여 앱을 다운로드합니다.

02 │ 오프린트미 앱을 실행한 다음 왼쪽 상단에 '메뉴' 아이콘(☰)을 탭하여 [스티커]를 선택한 다음 형태에서 [DIY]를 선택합니다.

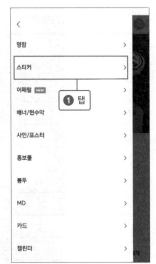

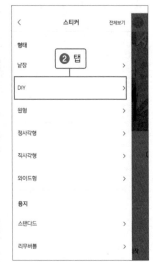

03 │ DIY 스티커를 만들 수 있는 화면으로 이동되면 사이즈, 용지, 칼선, 코팅, 수량을 지정합니다. 아래로 내려가면 각 선택 사항에 대한 자세한 설명이 있으므로 잘 읽어보고 원하는 것을 선택하면 됩니다.

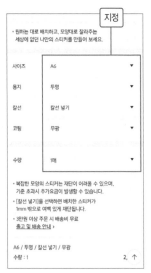

04 │ 선택을 완료했다면 [시작하기] 버튼을 탭한 다음 [직접 디자인 하기]를 선택합니다.

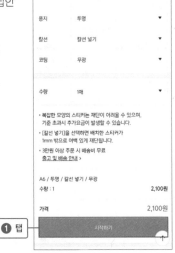

05 활용 가이드를 확인한 다음 (닫기) 버튼을 탭합니다. 스티커를 업로드해야 합니다. 상단에서 '자' 아이콘(🎗)을 탭합니다.

06 (사진)을 선택한 다음 사진에서 원하는 그림을 선택합니다.

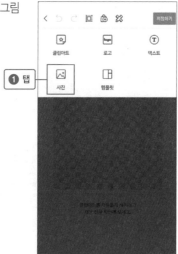

07 선택한 그림이 투명 배경에 생성되었습니다. 원하는 위치로 이동할 수 있고, 크기도 조절할 수 있습니다. 분홍색으로 표시되는 선은 칼선입니다. 같은 방법으로 내가 원하는 그림들을 불러와 완성하였다면 (저장하기) 버튼을 탭합니다.

08 | 제목을 입력한 다음 (저장하기) 버튼을 탭합니다. (장바구니 가기) 버튼을 탭한 다음 결제하면 스티커가 배송됩니다.

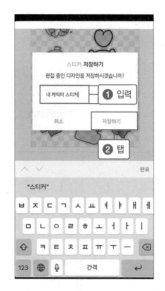

미리캔버스에서 내 캐릭터로 휴대폰 배경 화면 만들기

돈을 들여서 실물 굿즈를 사용하는 것도 즐거운 일이지만, 무료로 핸드폰 배경 화면을 만들어 사용하고, 주변 지인들에게도 선물해서 같이 사용하는 일도 굉장히 즐거운 일입니다. 내 캐릭터로 휴대폰 배경 화면을 만들어 보겠습니다.

01 | 미리캔버스 사이트에 접속합니다.

▲ miricanvas.com

02 | 미리캔버스의 검색창에 '배경화면'을 검색합니다. 여러 가지 휴대폰 템플릿을 살펴보고 원하는 크기의 템플릿을 선택합니다.

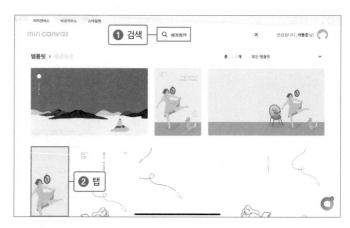

03 | 템플릿을 선택하면 템플릿의 크기와 비율을 알 수 있습니다. 템플릿을 사용하기 위해서 (이 템플릿 사용하기) 버튼을 탭합니다.

04 | 상단에 '새 페이지 추가' 아이콘(+)을 탭하여 캔버스를 추가합니다.

05 │ '배경 색상' 아이콘(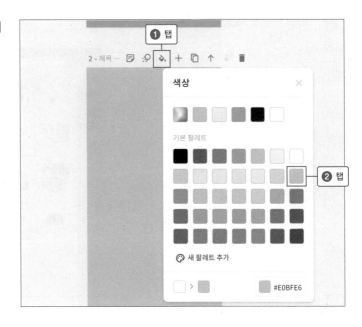)을 탭하여 배
경색을 지정합니다.

06 │ 왼쪽 〔업로드〕 탭에서 〔내 파일 업로
드〕 버튼을 탭합니다.

07 │ 〔사진 보관함〕을 선택합니다.

08 │ 원하는 그림을 선택한 다음 (추가)를 탭합니다.

09 │ 왼쪽 (이미지) 탭에서 내가 선택한 이미지를 확인할 수 있습니다. 그림을 탭하면 캔버스에 그림이 표시됩니다.

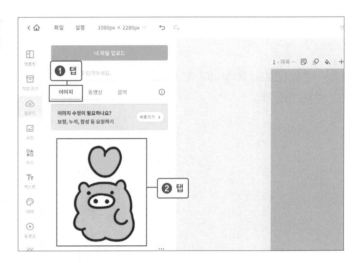

10 │ 크기를 조절하고 원하는 필터 효과가 있다면 선택하여 적용합니다.

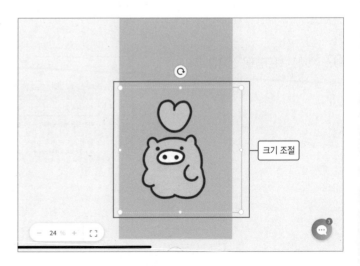

11 │ 문구도 넣을 수도 있습니다. 왼쪽 (텍스트) 탭을 탭하면 문구를 삽입할 수 있는 텍스트창이 표시됩니다.

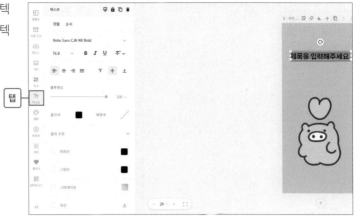

12 │ 문구를 다 입력하였다면 크기를 조절하고 적절한 위치로 이동합니다. 왼쪽에서 다양하게 텍스트를 설정할 수 있습니다.

13 │ 배경 화면이 완성되었다면 오른쪽 상단에 (다운로드) 버튼을 탭한 다음 (고해상도 다운로드) 버튼을 탭합니다.

14 (다음에서 열기)를 탭한 다음 (이미지 저장)을 선택합니다.

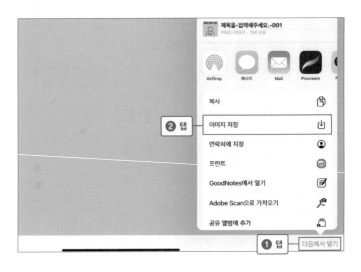

15 간단하게 내 그림을 배경 화면으로 만들었습니다.

OGQ에서 내 그림 온라인 판매하기

01 OGQ 크리에이터 스튜디오에 로그 인한 다음 (이미지)를 선택합니다.

ogqmarket.naver.com ▶

02 │ 이미지 업로드 화면이 표시되면 이미지의 최소 사이즈를 확인한 다음 판매할 이미지를 업로드합니다.

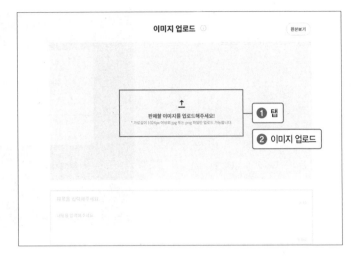

03 │ 이미지를 업로드한 다음 제목, 내용, 해시태그를 차례로 입력합니다.

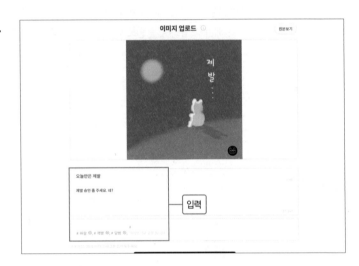

04 │ 가격을 선택한 다음 (업로드 하기) 버튼을 탭합니다.

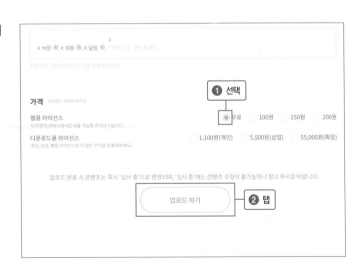

05 │ 심사 접수가 완료되었다는 내용이
표시되면 [확인] 버튼을 탭합니다.

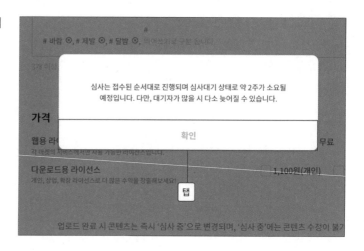

06 │ [심사 관리] 탭에서 정상적으로 심사가 이루어지고 있는 것을 확인할 수 있습니다. 약 2주에서 4주 후 결과가 나옵니다. 승인되면 정상적으로 판매가 시작되며, 승인되지 않은 경우 이미지의 품질이 떨어지거나 사용성이 떨어지는 것이므로 수정해서 등록합니다.

Index

Foreign Copyright:
Joonwon Lee   Mobile: 82-10-4624-6629

Address: 3F, 127, Yanghwa-ro, Mapo-gu, Seoul, Republic of Korea
            3rd Floor
Telephone: 82-2-3142-4151
E-mail: jwlee@cyber.co.kr

프로크리에이트로 배우는
댈희의 카카오 이모티콘 클래스

2021. 9. 10. 1판 1쇄 발행
2022. 5. 20. 1판 2쇄 발행
2024. 5. 29. 1판 3쇄 발행

지은이 | 댈희
펴낸이 | 이종춘
펴낸곳 | BM (주)도서출판 성안당

주소 | 04032 서울시 마포구 양화로 127 첨단빌딩 3층(출판기획 R&D 센터)
       | 10881 경기도 파주시 문발로 112 파주 출판 문화도시(제작 및 물류)
전화 | 02) 3142-0036
       | 031) 950-6300
팩스 | 031) 955-0510
등록 | 1973. 2. 1. 제406-2005-000046호
출판사 홈페이지 | www.cyber.co.kr
ISBN | 978-89-315-5774-9 (13000)
정가 | 28,000원

이 책을 만든 사람들
책임 | 최옥현
진행 | 오영미
기획 · 진행 | 앤미디어
교정 · 교열 | 앤미디어
본문 · 표지 디자인 | 앤미디어
홍보 | 김계향, 임진성, 김주승
국제부 | 이선민, 조혜란
마케팅 | 구본철, 차정욱, 오영일, 나진호, 강호묵
마케팅 지원 | 장상범
제작 | 김유석

▪ 도서 A/S 안내

성안당에서 발행하는 모든 도서는 저자와 출판사, 그리고 독자가 함께 만들어 나갑니다.
좋은 책을 펴내기 위해 많은 노력을 기울이고 있습니다. 혹시라도 내용상의 오류나 오탈자 등이
발견되면 "좋은 책은 나라의 보배"로서 우리 모두가 함께 만들어 간다는 마음으로 연락주시기
바랍니다. 수정 보완하여 더 나은 책이 되도록 최선을 다하겠습니다.
성안당은 늘 독자 여러분들의 소중한 의견을 기다리고 있습니다. 좋은 의견을 보내주시는 분께는
성안당 쇼핑몰의 포인트(3,000포인트)를 적립해 드립니다.

잘못 만들어진 책이나 부록 등이 파손된 경우에는 교환해 드립니다.